凝心聚力 创建
"国家中等职业教育改革发展示范学校"

YANGWANG XINGKONG
JINGGENGZHIYUAN

仰望星空
精耕职苑
——教师论文集

厦门市同安职业技术学校　　组织编写

仰望职教的星空　领悟教学的真谛
汇聚名师的智慧　追逐职教的梦想

知识产权出版社
全国百佳图书出版单位

图书在版编目（CIP）数据

仰望星空，精耕职苑 ：教师论文集 / 厦门市同安职业技术学校组织
编写． -- 北京 ：知识产权出版社,2015.7
　　ISBN 978-7-5130-3619-1

　Ⅰ．①仰… Ⅱ．①厦… Ⅲ．①职业教育－教学研究－中国－文集 Ⅳ．①G719.2-53

　　中国版本图书馆CIP数据核字(2015)第154675号

内容提要

　　本书为厦门市同安职业技术学校在创建"国家示范校"过程中，以培养人才，发展学生的潜能，促进学生的发展为目的，由众多有丰富教学经历和技能的专业教师编写而成的论文集。68篇论文各有侧重，多种类型荟萃，在职业教育理论运用、课程改革、教学方法创新、课堂教学评价、师资队伍整体提升、职业教育技术提升等诸多方面具有论述。由于职业技术学校更倾向于学生的实践能力，具有一定的实用价值，可作为各职业学校的参考用书。

　　责任编辑：许波

仰望星空,精耕职苑:教师论文集

YANGWANG XINGKONG JINGGENG ZHIYUAN JIAOSHI LUNWENJI

厦门市同安职业技术学校　组织编写

出版发行：知识产权出版社 有限责任公司	网　址：http：//www.ipph.cn	
电　话：010 - 82004826	http：//www.laichushu.com	
社　址：北京市海淀区马甸南村1号	邮　编：100088	
责编电话：010 - 82000860转8380	责编邮箱：xbsun@163.com	
发行电话：010 - 82000860转8101 / 8029	发行传真：010 - 82000893 / 82003279	
印　刷：北京中献拓方科技发展有限公司	经　销：各大网上书店、新华书店及相关专业书店	
开　本：720mm×1000mm　1/16	印　张：21	
版　次：2015年7月第1版	印　次：2015年7月第1次印刷	
字　数：392千字	定　价：62.00元	

ISBN 978-7-5130-3619-1

编 委 会

代序：一枝一叶总关情

时令已是暮春，神州大地春意闹。放眼华夏，职业教育的春天已经来临了。在这满庭芬芳的时节，我们职教人欣喜之余，思考应该做些什么，如何在历史留下痕迹？

哲学家黑格尔指出："一个民族拥有那些关注天空的人，这个民族才有希望；如果一个民族只关心脚下的事情，这个民族是没有未来的。"睿智的话语发人深思。

职业教育是系统的工程，是严格的科学，要树德立人，要凸显技能学习，这些工作需要我们不断地进行探究和创新。适逢我校 2013 年 4 月被教育部、人力资源社会保障部、财政部三部委批准为"国家中等职业教育发展改革示范学校"建设计划学校的良机，我校 179 名教师全员参与，凝心聚力，闻鸡起舞，用热情与梦想，用汗水与智慧，探索着职业教育的真谛，开拓着我校职业教育的新天地，构建跨越的新常态，进行了大量卓有成效的改革，紧跟职业教育的发展潮流——"支撑中国制造，成就出彩人生"，下企业深入市场搞调研，重新建构人才培养体系，制定新的适合市场发展要求的课程标准，编写富有明显区域特色的新教材，锤炼师资队伍，翻转传统课堂，推进现代学徒制，从思想到实践，从课堂车间到就业市场，多角度、多侧面大力改革，戮力前行，掀开了学校有史以来的触及灵魂的大变革。

在工作中，学校倡导教师进行教学科研，撰写论文，"弄潮儿向涛头立，手把红旗旗不湿"。要求广大教师"力行省察"，大力宣传：一名优秀教师在成长过程中，必须要努力去不断地对自我的教育实践进行反思。只有通过不断地自我反思，才能促进自身的不断发展，真正实现自我的成长。每一份教育的精彩无一不是深思的结晶，机械的教学催生的是被动的教书匠。只有会思考的教育者才是真正的教育家。一个有抱负的教师要努力成为有影响力的名师，成为专家型的学者。真正的教学科研应该是融入每天教育工作的深入思考，是探索教科研的有效学习，将思考和学习的点点滴滴收获积累起来，整理、消化、反思，内化为自己的教育行动，提升自己的教育品质。

苏联教育家苏霍姆林斯基说："如果你想让教师的劳动能够给教师带来乐趣，使天天上课不至于变成一种单调乏味的业务，那你就应该引导每一位教师走上从事研究这条幸福道路上来。"

时代在发展，社会在进步，教师的角色也应发生相应的变化，教师的在日常教学之余，还应该使自己成为研究者、成为教育科研的主力军，通过教育科研促进自己的专业成长，提升自己的教育教学质量。恰逢学校创建"国家示范校"，我们更加明确"教育的最终目的是为了培养人才，发展学生的潜能，促进学生的发展"。

于是，众多有心人将所做所思凝集于笔端，流淌于键盘，将自己丰富的教学经历和技能实习实践中闪耀着思想火花的精华倾泻出来，带着泥土的芳香，有着接地气的朴素。这里收集的 68 篇文章，是我校部分教师在职范里辛勤劳作的汗滴，是他们鲜活思想的喷发。有的侧重于职业教育理论运用，课程改革、教学方法创新、课堂教学评价和师资队伍整体提升等诸多方面；有的侧重于职业教育技术提升，现代学徒制实践的某个体环节的知微知著。多种类型萃集，云水相关，相映生辉，使得这本论文集景象万千，真可谓"一枝一叶总关情"，个中流淌着的是一腔对学校创建伟业的热血与豪情。

作为一个胸怀理想、充满激情的教师，应该是一个追求笔耕、不断充实自己的教师，我们从本论文集中看到了这一点。

本论文集中强调为师之道，不仅是专业成长之道，也是道德追求及快乐生活之道。从其中许多普通教师的实践及成功案例可表明本论文集"理论实践的求实求是"之特征。

职业教育是一项固本培元促进经济发展的事业，关乎社会的发展与个人的职业生涯。适逢盛世，我们没有理由不投身创业追求向前？我们的追求是：仰望职教的星空，领悟技能的真谛，汲取各师的智慧，追逐职教的梦想。

敢问教师专业化发展之路在何方？

路就在脚下——深入，扎实，有效的投身学校创建"国家中等职业教育发展改革示范学校"的历史洪流之中，有效地开展教育教学科研！

"有的人把教育科研写在纸上，有的人把教育科研踩在脚下，写在纸上，飘逸潇洒；踩在脚下，醇厚实在"。确实，教育科研不是靠笔写出来的，而是靠实践一步一步踏踏实实走出来的。

有人说："教师的一生不一定要干成什么惊天动地的伟业，但他应当如百合，展开是一朵花，凝聚成一枚果。他应当如星辰，远看像一盏灯，近看是一团火。"

仰望星空，使人眼界深远；脚踏实地，更觉使命重大！

诚然，由于时间匆促，加上编者水平有限，可能个中文章中些微瑕疵未能得到甄别。在风格上难免让人叹息，这是以后要加以完善的事情了。

谨以此书奉献给创建"国家中等职业教育发展改革示范学校"的同仁们。

当我写下对你的誓言，更加懂得了脚下这片大地的美丽；

我与祖国有约，大地飘荡着幸福的滋味；

当白鸽从蓝天飞过，那是我对你的爱无怨无悔。

编　者

2015 年 3 月于厦门同安

目　录

数控技术应用专业课程体系改革方案/卓金恭 …………………………… 1

狠抓实训师资建设，确保教学质量/洪永庆 ………………………… 8

数控专业建设与尖端数控设备选购策略的分析/刘力 ……………… 18

浅谈仿真软件在加工中心课程中的运用/张绿萌 ………………… 24

浅谈数控仿真软件在数控专业教学中的利弊/陈秋鸿 ………………… 28

数控车削中工件尺寸精度控制方法/李军斌 ……………………… 32

关于现行汽修专业学生培养的思考/仇秀文 ……………………… 37

中职学校汽修实训室建设和管理探讨/王亚辉 ………………… 41

关于我校汽修模块课程教室建设的探索与思考/王志兵 ……………… 46

机电一体化专业课程体系改革方案/陈庆毅 ………………… 51

浅谈中职生操作技能培养/陈佳惠 ………………… 58

汽修专业课堂的趣味性教学/王志兵 ………………… 61

用"行动研究法"浅析机械基础/姚智斌 ·························· 65

中职学校开展校企合作探索/林妙丽 ·························· 70

关于职业教育技能教学评价体系的思考/陈永卫 ············· 74

6S管理理念在实训教学中的运用/王进发 ·················· 79

中职电子专业教学改革与创新/柯天勇 ···················· 82

《计算机网络》课程的教学探讨/陈稳赞 ·················· 87

护理学专业临床实践教学基地建设的实践与体会/吴晓鸿 ··········· 91

PBL在中医学的教学探索/杨鸿女 ······················ 95

激活中职校《药剂学》课堂气氛，提高教学质量/苏碧玲 ·········· 100

在教育中应培养学生的创新能力/苏金旋 ·················· 104

PBL教学法应用于传染病护理学的效果分析/吴晓鸿 ··········· 109

职业道德，中职生安身立命之本/张睿 ·················· 113

论青少年犯罪的原因和预防/张娟 ······················ 118

加强中职生法制教育之我见/颜移秧 ···················· 121

中职学校学生法制教育探析/卓雄燕 ···················· 126

浅谈中职德育的多样化途径/张睿 ································· 130

浅谈中职生法律意识的培养 /胡志萍 ······················· 135

构建物流高效课堂，提升课堂幸福指数/郭巍佳 ············ 139

我国电子商务物流现状与发展趋势分析/陈韶越 ············ 144

电子商务教学方法研究综述/徐志红 ······················· 151

对中职学校物流专业学生就业问题的思考/乔林琼 ········· 158

反思会计专业教学中存在的问题/黄秋红 ··················· 164

论鼓励学生考取会计从业资格证书的重要性/周蜜 ········· 169

中职《Dreamweaver网页制作》课程教学方法探究/李亚秋 ······ 173

浅谈任务驱动法在计算机基础教学中的应用/蔡志兴 ········ 180

项目教学法在中职计算机课堂中的应用/杨果 ············· 183

浅谈《Flash二维动画》中的教学方法/林燕华 ············ 186

学生如何更好地学习陶笛/王晓芳 ························· 190

小议中职旅游教学中人文素质教育的渗透/吴慧佳 ········· 193

"翻转课堂"之我见/郭巍佳 ······························· 197

"六大解放"之职业教育/郭秀凤 …………………………………… 203

中职焊接课程改革小论/邵合川 …………………………………… 210

以建示范校为契机全面提升办学水平/陈韶越 …………………… 213

问渠哪得清如许，为有源头活水来/洪永庆 ……………………… 218

探讨兴趣教学法在中职体育教学中的应用/钟庆发 ……………… 225

中职学生参与课外体育活动现状与对策研究/徐双智 …………… 230

注重科学训练，提高耐力素质/邵加兴 …………………………… 236

浅谈中职学校学生终身体育锻炼意识的培养/陈少云 …………… 241

互动评改习作有效作文教学/洪永庆、张世惠 …………………… 248

谈体育教学质量的提高/高水源 …………………………………… 254

九年一贯制学校体育教学衔接探究/陈英 ………………………… 259

探讨中职学校体育教学中学生自我评价/张丽华 ………………… 265

浅议中职体育教学中影响终身体育的因素及对策/徐双智 ……… 270

健美操校本课程的开发与应用策略研究/钟庆发 ………………… 274

浅谈中职"问题学生"的教育与转化/李萍芳 …………………… 279

论团体心理辅导对中职校班级建设的作用/胡志萍 ……………… 282

"导"与"演"的教学模式活化英语教学/李慧文 ……………… 288

加强实践教学，提高学生的专业知识/张跃强 ……………… 292

合作教学在中职英语教学中的应用/蒋海蓉 ……………… 296

中职学生的认知特点与教学策略/王琳 ……………… 300

浅谈如何创建良好的师生关系/李荣芳 ……………… 304

沟通——打开心灵天窗的钥匙/李慧文 ……………… 306

培养中学生的自我教育能力/吕晴华 ……………… 310

寄宿生管理工作浅析/邵加兴 ……………… 313

如何做好男生班的班主任/杨锦恋 ……………… 317

培养学生健康人格/高水源 ……………… 320

数控技术应用专业课程体系改革方案

卓金恭

厦门市同安职业技术学校　高级讲师

随着企业对数控技术应用专业人才要求的变化,中职校如何确定数控人才的培养方向,如何分析人才能力培养目标,如何制订实用高效的教学计划,如何设置科学合理的课程体系,是数控专业教学改革能否实施成功的关键。为此,本文通过市场调查,了解企业对数控人才的需求,分析学校数控专业教学现状,明晰数控专业的课改思路,明确数控专业课改目标,提出数控专业课程体系改革方案。

一、课改的必要性

1. 行业背景与社会需求

作为数控技术应用专业及其专业群主要服务产业的机械装备制造业一直是厦门市的支柱产业,而厦门市的机械装备产业长期以来一直具有较强的制造和配套能力。厦门市人力资源和社会保障局发布的用工需求信息表明,近三年来,特别是 2011 年厦门市紧缺工种中,加工中心操作工、数控车工、数控铣工等数控工种位列前三,《厦门市国民经济和社会发展第十二个五年规划纲要》明确指出,厦门市确定十三条制造业产业链,机械制造业为厦门市支柱产业之一。数控加工技术是现代制造的核心技术之一,是一门实践性非常强的高新技术。人才需求日益凸显,企业对人才质量要求也日益提高,要实现校企深度融洽、无缝对接,必须深化课程体系改革。

2. 专业定位

数控专业定位是以职业岗位工作对知识、能力、职业道德和职业素质结构要求,实行"2+1"人才培养模式,培养德、智、体、美全面发展,具有相应的文化水平与素质、良好的职业道德和创新精神,掌握数控技术领域的专业知识,具备相应实践技能及较强的实际工作能力，熟练进行数控加工设备的操作，掌握零件的数控加工工艺设计和数控加工程序编制，主要面向生产第一线从事普车、数车和加工中心等技术工种的中级技能应用型人才，应具备相应实践技能及较强的实际工作能力，以职业岗位的知识和能力要求设置课程与教学内容，充分发挥"校企合作办学，主动服务社会"的优势，坚持走校企融合、教产学一体化的人才培养模式，校企共育人才之路。

服务面向定位是坚持依托制造业行业，立足厦门，面向厦门、漳州、泉州三个地区，为区域经济和社会发展服务。数控专业的准确定位让课改有了明确的方向性、针对性和实效性。

3. 专业基础

学校现有数控专业师资队伍力量雄厚，专业教师 18 人，"双师型"教师达 95%，本专业师资为本科学历的达 95%，研究生学历新增 4 人，专任教师具高级职称者达 35% 以上，外聘企业兼职教师 9 人。掌握较先进的新工艺技术，并具有丰富的教育教学实践经验，确保人才培养质量。

学校是国家数控技术应用专业领域技能型紧缺人才培训基地，数控技术专业是厦门市的示范专业，还拥有一流的教学实训设备。基地建设得到中央和地方财政重点支持，现实训设备总值达 837 万元，拥有精密加工中心 10 台、数控车床 16 台、普通车床 15 台、线切割机 1 台、火花成型机 1 台、磨床、铣床、钳工实训台等共 345 台套。此外，学校有稳定的校外实践基地 5 个，满足了专业教学和实训之需。

数控专业教材选用国家规划教材和专业教师自编的实用校本教材，技能鉴定起步早、服务面广，2005 年开始进行数控车工、普通车工和加工中心操作工等职业技能鉴定。数控专业良好的基础为课改的有效实施提供质量保障。

二、教学现状及存在的主要问题

教学设备欠完善，学校对设备的添置跟不上日新月异的企业新设备，实训工位不足，不能实现小班化教学；高水平的专业教师欠缺，特别是引进企业的能工巧匠较少；教学方法有待变革，仿真实训室未完善，信息化教学手段应用不够深入，数控专业资源库稀缺，抽象讲解或简单的 PPT 教学效果和效率均不能满足要求；多年未深度修改教学计划，未与企业技术骨干深入探讨课程体系改革与完善教学质量评估。

三、市场调研结果

市场调研结论：90%的企业最看重学生的专业技术能力和职业道德，其次看重学生的数控专业技术能力和社会交往能力、表达能力，最不看重的是外语能力。职业道德方面包括爱岗敬业的工作态度，安全文明生产能力，思考和解决技术问题的意识，沟通与协作能力，质量意识、安全意识和环保意识等。在数控专业技术能力方面，企业最看重的是制图与识图的能力、零件加工工艺能力、数控机床操作能力、数控编程能力，其次是工装夹具设计制作能力、普通机床操作能力、二维计算机绘图技能、产品质量控制能力等。此外，存在以下五方面问题：

（1）学生在学校内所学习的专业技能缺乏社会实用性，与生产实际结合不够紧密，专业技能的实训不能与企业生产接轨。

（2）部分学生不能以积极的、正常的心态面对社会，对社会缺乏了解，对自己缺乏足够的认识，个人的素质有待提高，职业道德和责任心不足，眼高手低，站在这山望那山高，就业稳定率低。企业要求的不是简单的操作工，而是要具有一定的职业综合素质和较好的职业发展基础。

（3）就社会大环境而言，用人单位对学生的操作技能有较高的要求，不少学生不能胜任整个加工工艺流程，特别是编程与过程质检监控，造成成品率低，影响企业经济效益。

（4）一些大公司的就业门槛过高，一般都要求本科以上学历，在学历上我们的学生就已失去了绝大多数著名企业的准入资格。而准入门槛较低的小企业在用人制度方面存在缺欠，待遇较低，缺乏人才培训机制，易造成跳槽等不良现象。

（5）企业对员工的要求：第一是吃苦耐劳精神、团队协作能力和高尚的企业道德，第二是专业技术水平、处事能力和创新能力；而学校对学生的培养只注重技能的培养，缺乏人格修养等综合素质的培养，大部分毕业生缺乏检测技能、质量意识和成本意识。

四、课改思路

数控专业课改必须紧跟《国家中长期教育改革和发展规划纲要》的步伐，按照国家中等职业教育改革发展的要求，结合厦门区域特点，以产业需求为导向，主动适应海峡西岸经济发展需要。

（1）广泛开展企业调研，在对数控企业进行广泛调研的基础上，召开由企业技术能手和一线技术骨干组成的实践专家研讨会，分析探讨数控专业人才成长规律，依照完成典型工作任务对知识和能力的要求，参考行业技术规范要求和国家职业资格证考核鉴定要求，校企合作开发出工学结合的学习领域课程。由专业指导委员会召开专题研讨会进行研讨论证，在突出综合职业能力培养的基础上，融入企业文化元素，制定出具有工学结合特色的课程体系。

（2）以提高"综合职业能力"为目标建立学习领域课程模式，根据数控技术行业的发展趋势和职业岗位的能力要求，以任务教学为引领，以实际项目为驱动，深化课程体系改革。围绕学习领域对应开发编写工学结合教材，每门课程不是传授单纯的专业知识，而是让学生在尽量真实的职业情境中学习"如何工作"，即以工作过程为导向，依据数控领域的职业能力和相关工作任务要求，以学生为主体完成理论与实践一体化的综合学习任务。课程体系模块由公共基础课（含德育课、文化基础课）、专业课（含专业核心课、专业方向课和专业实践课）和选修课（专业拓展课和职业素养拓展课）三大部分组成。

五、课改目标

（1）完善课程体系的知识和能力结构，使新的课程体系具备必需的文化基础知识、扎实的专业理论、过硬的专业技能和应变的综合能力。

（2）满足企业对岗位的需求。在企业调研中了解到，企业对机械加工专业毕业生岗位需求方面，明确表示：加工编程、加工操作、设备维护、质量检验仍将是主要岗位，文化课以够用、专业课以实用为原则，在校期间的实训课应对接生产实际。

（3）以综合素质为基础，以职业能力为本位，以生产性实践为教学主线，注重综合职业素质培养，培养健康的心态、较强的责任心和工作能力。

（4）构建"基于生产过程"的课程体系，构建优质核心课程体系，优化模块化课程体系、理实一体化教学模式、"大专业、小专门化"课程架构。

六、课程体系改革内容

根据职业岗位和岗位群对岗位人才综合素质的要求，设置课程体系结构，文化课以够用、专业课以实用为原则，确保专业基础课和专业技能课的教学效果和效率。以职业岗位为依据，设置实践教学体系，把专业技能强化训练和职业资格考证衔接起来，注重专业课程的有效开展。构建"校企融合，教、产、学一体"的人才培养模式，实现教学过程与生产过程对接，完善课程体系建设。

1. 构建"基于工作过程"的课程体系

随着企业岗位对数控人才要求的变化，中等职业学校如何确定数控人才的培养方向，分析人才能力培养目标，设置科学合理的课程体系，制订实用高效的教学计划，是数控专业教学改革能否成功实施的关键。为此，必须打破原有的学科课程体系，修订人才培养方案，调整课程结构，构建以能力为本位、"基于工作过程"的课程体系。

新的课改必须依据"多能并重，学做一体，校企融通"的校企合作、工学结合人才培养模式要求，在分析调研企业岗位需求和梳理典型工作任务的基础上，把企业生产要求与行业企业标准以及国家职业技能鉴定标准结合起来确定课程学习领域；校企合作共同开发学习情境和编写教材；以完成工作任务为导向，采用学、做一体的形式组织教学；把学校"双基训练"和到企业进行顶岗实习结合起来，既强调学生专业技能的培养，又重视学生职业道德和社会、工作方法和能力的培养，突出综合职业能力的培养主线。采取深入企业调研、召开实践专家研讨会、梳理典型工作任务、开发学习领域课程、工学结合实施教学、顶岗实习、毕业生跟踪反馈等，构建"基于工作过程"的课程体系。

2. 构建双证融通课程体系

数控专业的技能主要以取得的职业资格证书呈现，所以新的课程体系架构必须以能力证书化为目标，做到课程内容和行业标准深度融合、顶岗实践和就业深度融合。实现教学内容、能力训练和考证融会贯通，实现课程内容与行业、职业标准对接，满足企业用工的技术要求。

新的课程体系必须创新教育内容，加强教材建设、应用及更新，以课程对接岗位、教材对接技能为切入点，深化教学内容改革，建立由行业、企业、学校和有关社会组织等多方参与的教材建设机制、动态更新机制，实现课程内容与职业标准对接，与企业合作共同开发以"工作过程"为导向的专业课程体系。

针对数控类企业所需的工作岗位，通过调研和考察掌握每个岗位的工作过程，确定工作过程对应的职业技能目标，确定关键能力目标，根据应用能力的培养思路和职业养成规律，由浅入深安排学习内容，并由企业实际工作提炼出典型的工作任务。确定数控技术应用专业课程主线，以"职业基础""职业素养""职业技能"三大系统为学习内容。学生根据岗位目标要求按"模块化、组合型、进阶式"等方式进行学习，逐步深入。开发以项目化、职业化为特征，充分体现岗位技能要求的综合性核心课程及核心技能实训课程。编写"基于工作过程"的课程体系架构调研报告、专业教学标准和课程标准。以《数控车工》《普通车工》《机械制图》和《数控铣工》4门核心课程教材的开发为切入点，逐步完成"基于工作过程"精品课程课件4套、校本教材4本，与企业共同研发实训课教学仿真软件，增强教学的实效性。

3. 新课程体系构成

（1）公共基础课。根据职业岗位和岗位群对岗位人才综合素质的要求，重视德育、体育课，在德育教学中，要尽量培养学生规划好人生目标、塑造好良好的职业道德、人生价值观、世界观等；体育课主要是增强体质和培养耐挫、耐劳能力，不容忽略。语文课应重视应用文写作，忽略古文等深奥知识传授，英语也以从简为妥。主要课程及学时分配：德育（生涯规划、职业道德与法律、经济政治、哲学人生）144学时，语文144学时，数学144学时，英语144学时，物理72学时，计算机108学时，体育144学时，共900学时，占总学时27.8%。

（2）专业课。

①专业核心课：主要由机械基础、公差配合与技术测量、金属材料与热处理三科组成。其具体课时分配如下：机械基础36学时，公差配合与测量基础54学时，金属材料与热处理36学时。此外，应开足机械制图课，特别是绘图能力和识图能力的培养；要编制实用校本教材，掌握好专业技能基本功，开足实训课，练好专业技能基本功。学时分配为：机械制图144学时、数控机床编程与操作72学时、金属切削原理与刀具36学时、机械CAD72学时、车工工艺学54学时，共378学时，占总学时的15.6%。

②专业方向1：以熟练掌握数控车工应知、应会为主线，专业技能课与职业资格考证紧密融合，教学过程中增加生产性实践教学环节，开足实训课。具体课时比例分配如下：普车生产实习144学时，数控车工实习180学时，数控铣工生产实习108学时。专业方向2：以熟练掌握数控铣床加工中心加工技术的应知、应会为主线，专业技能课与职业资格考证紧密融合，教学过程中增加生产性实践教学环节，开足实训课。具体课时比例分配如下：普车生产实习144学时，数控车工实习108学时，数控铣工生产实习180学时，占总学时的13.3%。

③顶岗实习：主要通过构建校企长效合作运行机制和不断完善顶岗实习管理制度、校企共同评价实习生学习质量来实现，以工学结合为载体，创新校企人才共育、过程共管人才培养机制。具体课时比例分配如下：社会实践540学时，毕业实习及报告540学时，共占总学时的33.3%。

（3）选修课。主要包含技能拓展和素养拓展两方面。为了增加专业方向的拓展能力，使数控专业的学生不但成为普通车工、数控车工，还要成为企业中广泛需求的人才——数铣/加工中心的技术人员,为此应加深机械CAD的知识延伸,增加机械CAM,增加钳工基础知识与基本技能，专业老师根据教学经验融入加工中心编程的教学，提高学生的制图能力和编程能力；把电工安全融入电工电子技术基础，让学生在校有限的学时内学到更多更强的实践技能。具体课时比例分配如下：钳工基本技能72学时，数控加工CAM72学时，电工与电子技术基础72学时，共216学时，占总学时的6.7%。此外，还可增加素养拓展，开设音乐、美育、书法、礼仪或心理健康等课程108课时，占总学时的3.3%；第三、第四学期开展校内生产性实习各一周。

狠抓实训师资建设，确保教学质量

——谈中等职业学校的教师因素

洪永庆

厦门市同安职业技术学校　高级讲师

一、引言

近年来，中等职业教育是国家重点建设的职业教育之一，目的是培养适应生产、建设、管理、服务第一线所需要的中等技术应用型专门人才。"加快现代职业教育体系建设，深化产教融合、校企合作，培养数以亿计的高素质劳动者和技术技能人才"是我们的奋斗目标。为此，要加快生员结构的改善，提升师资队伍的整体素质，进一步加强学校内部的教学管理，培养一流中等职业学校的学生（以下简称"中职生"），建设适应现代化新常态要求的中等职业学校。

2014 年 6 月 23~24 日，国务院在北京召开了第三次全国职业教育工作会议。2014 年 7 月 1 日，我们从《厦门日报》上看到了《国务院关于加快发展现代职业教育的决定》，其为人们描绘了职业教育的发展前景。职教人欢喜雀跃，职业教育的春天来到了。

欣喜之余，我们不能不对我们当今正在从事的中等职业教育做一番深刻的反思。2014 年春季，笔者于开学后的第 6~7 周深入生产实习车间随堂听课，了解生产实习教学（以下简称"实习教学"）实际，共听课 15 人 24 节次，从中了解了我校目前实习课的教学现状，也产生了一些深入思考后的想法，下面就生产实习指导教师（以下简称"实习教师"）队伍建设等方面进行阐述。

二、提升实习教师队伍素质迫在眉睫

一所中职学校要办出水平与特色，综合因素很多，不仅要有优质的生源、能满足教学需要的设备，还要有一支高素质的师资队伍。学校要办好，教师是关键，领军型、创业型人才最重要。

近年来，随着社会对职业教育的日趋重视，政府加大了对职业教育的投入，我校的生产实习设备从简陋到逐步现代化，已基本能满足学校正常的教学需要了。从地方投入到中央专项资金的到位，我校的生产实习设备早已更新模式。许多到我校参观的同行对此羡慕不已。

我校现有在编教职工共计 127 人，人事代理 3 人，外聘人员 131 人（不含临时工）；现有专职教师 179 人，行政人员 12 人。在编 50 岁以上教师 11 人，占总数的 9%；在编 41~50 岁的教师 43 人，占总数的 37%；在编 31~40 岁的教师 20 人，占总数的 17%；在编 30 岁以下的教师 22 人，占总数的 19%。由此可见，我校教师年龄结构合理，中青年教师占大多数，充分反映了年龄上的优势。从学历结构上看，在编专职教师 103 人［男 54 人，女 49 人，研究生 15 人（含在职学习），本科 86 人，大专 2 人］，全校在编本科学历以上教师 95 人，占教师总数的 82%，在编专任教师学历达标率为 82%；从专任教师的职称结构看，高级讲师、高级实习指导教师、高级实验师共 31 人，讲师 41人，其中"双师型"教师达到 92%。学校办学规模不断扩大，办学水平逐步提高。现有 85 个教学班，学生 3579 人。

学校采取灵活多样的办学形式，不断完善教学设施，调整专业设置，目前学校开办22 个社会需求量大的专业（加工制造类：机电技术应用、数控技术应用、船舶机械装置安装与维修 3 个专业；交通运输类：汽车运用与维修、汽车美容与装潢 2 个专业；土木水利类：建筑工程施工 1 个专业；信息技术类：计算机应用、计算机动漫与游戏制作、电子技术应用 3 个专业；财经商贸类：会计、电子商务、国际商务、物流服务与管理 4 个专业；旅游服务类：酒店服务与管理、旅游服务与管理、中餐烹饪、西餐烹饪 4 个专业；文化艺术类：美术设计与制作 1 个专业；医药卫生类：护理、助产、药剂、中医康复保健 4 个专业）是厦门地区唯一一所办学专业覆盖第一、第二、第三产业的中等职业学校。

学校坚持走全日制教育与职业技能工种培训相结合的办学模式，常年面向社会开展专业技术人员计算机操作、电工、焊工、乡村医生、厂内机动车驾驶 5 种培训与职业工种等级考试；毕业生实行"双证制"，由行政主管部门发给毕业证书，通过考核发给职业资格证书；常年面向本校学生与兄弟学校学生开展计算机操作员、普通车工、数控机床车工、数控铣床车工、医药商品购销员、中式烹饪师、西式烹饪师、客房服务员、无线电装接工、电工、焊工、乡村医生、厂内机动车驾驶 13 种职业工种的培训与等级考试，是同安区仅有的一所能组织职业技能鉴定、发证的学校。

学校制定科学的校园总体规划，致力于校园校舍的改造、建设，初步形成教学区、教学生产实习区、运动区、生活区的合理布局。学校环境整洁有序，教学设备齐全。学校占地面积117346.7平方米，生均41.9平方米；校舍70226平方米，生均8.5平方米。建有400米标准塑胶跑道运动场1个，足球场1个，标准篮球场9个，标准排球场3个以及室外体操区、室内乒乓球馆和室外乒乓球台等。现代化教育技术设备先进，拥有校园广播、校园闭路电视、校园计算机网络3个系统，教室全部配备多媒体教学设备，是"数字校园学校"。

当地政府始终把对职业教育的投入摆在重要的位置上，保证教育经费的落实。通过政府财政拨款等多种渠道，学校有稳定的教育经费来源，生均公用经费逐年增长（其中生均公用经费2008年460元，2009年460元，2010年460元，2011年460元，2012年750元，2013年910元）。学校近年基础建设、大型设备添置等专项经费均纳入政府财政预算。学校每学年缴存财政专户管理的预算外资金都能及时足额返还学校。

近年来，在各级政府和上级主管部门的高度重视和大力支持下，学校投入3089.45万元的资金，用于扩建校舍，添置设备，不断改善办学条件。新建的体育馆和汽车维修中心、物流配送中心建筑面积达5873.62平方米。在抓好校园建设的同时，我校重视教学设施设备建设，优先添置各种必需的教学设备、设施。现已按I类标准配齐理科教学仪器和实验设施；按省标配备配齐科技（劳技）、体育、音乐、美术、卫生等科室的器材；图书室和图书资料也达到省标配备的标准；在信息技术装备及设施方面，各班教室全部配备了信息化教学设备；配置了多媒体电化教室、计算机室、视听阅览室和电子备课室；学校建有校园网，安装有教育资源库；校园网采用14千兆光纤接入厦门教育城域网。

学校针对学生特点，因材施教，突出以技能训练为主的办学特色，实习设备不断完善。主要教学设备有：钳工实习车间2个，机加工实习车间3个，电工实习车间2个，电子装接、检测实习车间2个，综合实习车间2个，电化教室2个；电工、电子、电力拖动三合一实习教室2个，多媒体教室95个，计算机网络中心1个，烹饪实习车间4个，设立助产、护理、药剂实习场所以及旅游专业用的形体训练厅、实习餐厅、客房等设施，固定资产总投资约1.2亿元，能满足全体学生生产实习的需要。

学校重视教师的业务成长，以科学发展观为指导，以提高教师队伍综合素质为核心，大力抓师资队伍建设。根据教育部《关于改进和加强教学研究工作的指导意见（征求意见稿）》的精神，结合校本培训管理办法及我校办学工作实际，制定本校相关制度：《厦门市同安职业技术学校 2013~2017 年师资队伍建设（五年规划）》《厦门市同安职业技术学校国家中等职业教育改革发展示范学校建设计划项目建设任务书》《厦门市同安职业技术学校师资队伍建设实施方案》《厦门市同安职业教育改革发展示范学校建设专业学科带头人、骨干教师培养方案》《厦门市同安职业技术学校国家中等职业教育改革发展示范学校建设"双师型"教师培养方案》《厦门市同安职业技术学校国家中等职业教育改革发展示范学校建设兼职教师聘任条件及考核管理办法》等，严格落实政治要求严，理论素养好，工作担子重，教研水平高，探究能力强的要求，狠抓专业学科带头人、骨干教师培养；强化措施，多层次培养，不断壮大"双师型"教师队伍，满足专业建设发展和提高教学质量的需要。学校根据中等职业学校教育教学特点和学校办学实际需要，以国务院《关于大力发展现代职业教育的决定》精神为指导，以提高教师能力为本位，从社会、学校和企事业单位选拔、聘请具有较丰富的教学、管理经验或具有较丰富的专业技术与实际操作经验的人员担任教师，改革、完善、优化行业、企业技术能手到校担任兼职教师机制，进一步优化整体实训教师队伍结构，突出特色，深化改革，建立竞争和激励机制，加强管理，使教师队伍的整体水平上一个新台阶。

日常工作中，注重新知识、新教学手段的学习运用。以新课程为导向，以教师为研究主体，以课题研究带动教研，以集体备课落实教研，促进教师与新课程同步成长。组织全体教师紧跟职业教育发展新潮流，学习微课，聘请国家级专家到校开展微课培训与信息化教学设计讲座，组织全校教师开展微课设计制作大赛；学习典型的教改经验，特别是要学习情景教学法、案例教学法、任务驱动教学法、理实一体化、工学结合、现代学徒制等好的课堂教学模式和成功的教学方法，从而整体高效地推进教师的业务提升，提高了学校整体的教学质量。

学校利用千载难逢的创建国家中等职业教育改革发展示范学校的契机，以示范校项目建设为抓手，按照国家示范校重点专业建设的要求，积极培养各学科专业带头人，数控、电子、护理三个重点建设专业组织专业教师下企业调研，编写课程标准，撰写校本教材，并应用于实际教学活动之中。

根据专业建设把全校教师分为 15 个专业教研组，教学质量稳步提高。每学期安排新老教师的"传帮带"工作，尤其对新入编教师，不仅组织多场的教学能力培训，而且专门安排一个成熟教师给予指导，要求师徒互相听课 3 节以上，把教学管理工作经验无私传递到新老师的工作之中。

学校要求教师重视课题研究，树立"问题即课题"意识。两年来，学校承担省级教育改革试点项目课题 1 个，厦门市级"十二五"规划教育科研课题 1 个，校本教研课题 12 个，参加课题研究的教师共有 48 人，占全校教师的比例为 40.6%，高级教师有 24 人参加课题研究，占教师总人数的 20.3%。其中依据福建省教育改革试点项目建设撰写的论文《校企共建实训基地探索与实践》获市级三等奖。

学校教学、实习、生活设施齐全，交通便捷，管理规范，严格按国家规定收费，积极推荐毕业生就业，历年毕业生就业率都在 98% 以上。2010 年 5 月，福建省教育厅发文确认我校为"福建省级重点职业技术学校"。2012 年 8 月，我校顺利进入"国家中等职业教育改革发展示范学校"建设行列。

自 2008 年秋季迁址新校区——同安五显文教区办学以来，为厦门地方经济发展培养了近万名的技术工人，为高一级职业院校输送大量的学有专长的学生。

高素质的师资队伍是职业学校教学质量的保证。职业学校的教师与普通学校的教师完全不同，一个合格的职业学校教师，既要具备理论知识，又要掌握操作技能。理论教师应能掌握两门或两门以上课程的教学，并能掌握一个工种的操作技能。

我校自 2008 年秋季整合办学以来，中等职业教育还处于起步阶段，在实习教师队伍方面，专业教师的比例还偏少，许多教师是原来的高中教师，上课时还是用要求高中学生的标准来要求中等职业学校的学生。此外，许多教师采用讲学的形式来讲授课程，其教学工作还在遵循过去传统的模式，与学生互动教学整体欠缺或不到位，这与中职校的实习教学要求存在相当大的差距，师资队伍结构有待加快充实。

实习教师，是中等职业学校教师队伍中一支重要的力量，担负着生产学习教学重任，主要是传授实际操作技能，培养学生的职业能力，以适应今后的职业生涯。衡量一所中等职业学校的办学水平，学生的操作技能水平是生命线，是一所中等职业教育办学是否成功的方向标。

怎样提高学生实际操作技能是中等职业学校教学的重要课题，在这方面不少中职学校有许多成功的经验。中职校实习教学除了具备一套科学的管理方法和必要的物质条件外，拥有一支高素质的实习教师队伍是不可或缺的。"只有一流的教师团队才会培养一流的学生。"这个看法早已经成为厦门市职教人的共识。

实习教师应具有丰富的教学经验和较强的动手能力，即除能熟练地担任生产实习课的教学外，还要求能讲授本工种的工艺理论课。从我校实习教师的现状来看，一部分是从高校毕业生中择优选用的，大部分未经过系统的培训和理论提高。从高校毕业生中择优选用的实习教师大多没有经过正规的师范教育，在编写生产授课计划、教案或讲义及课堂授课等方面存在许多困难。另一部分是从本学校毕业生中择优录用的，这部分人大多动手能力较强，但专业理论素质不高，与学生的沟通能力不强。留校的青年教师在实际教学中深深体会到由于实践经验不足，在实习教学过程中不能理论联系实际，只好照本宣科，因此很难启发学生内在的思维潜力。实践证明，这样的师资现状难以适应当前市场对职业教育发展的崭新要求，我校面临亟须提升实习教师师资整体水平的迫切现实。

中等职业学校教师专业技术职称分为理论教师、实习指导教师。实习教师分为三级实习指导、二级实习指导、一级实习指导、高级实习指导，分别等同于理论教师的教员、助理讲师、讲师、高级讲师（副高）。实习教师的实际操作技能应达到高级工以上水平，并获得高级工以上的《国家职业资格证书》，才能从事学生实践技能教学指导工作。

这从理论上界定了实习教师应具备的文化素质、专业理论素质和职业技术工种等级资质。目前我校的实习教师队伍整体离主管部门的从业要求还有一定的距离。多数大学毕业生分配到中职校后直接到理论教学的岗位，一方面，由于理论教师较缺；另一方面，其本人不愿意从事实习教师的教学工作，即使经过短期的实习，要胜任实习教学的工作还是有一定的困难的。就我校的数控、电工电子、护理、汽车、计算机、物流等技术工种的师资状况来看，其素质有待进一步提高。

随着科技发展和新技术不断涌现，国家要在"十二五规划"期间大力快速发展职业教育，这就需要实习教师紧跟形势，通过外在的促进与自身的努力练就一身过硬的本领。为了培养更多的技术人才，中职校尽快提高实习教师的业务能力是很有必要的，也只有不断提高师资素质才能适应当今日新月异的职业教育发展的客观需要。

学校在办学中深知提升实习教师师资问题的重要性，从2009年起有计划地从企业聘请一些专家与实习教师"结对子"，聘请有技术、有文化的能工巧匠进校充实实习教师队伍。这些人员进校的条件之一就是要有较高的专业理论知识，能独自承担实习教学任务，有较好的敬业意识。在生产实习教学过程中，学校采取"以老带新"或组织教师下企业（医院）实习和日常在岗业务自学等措施提高教师的素质，取得了较好的成效。

近年来，乘着改革发展的东风，学校大力推进"国家中等职业教育改革发展示范校"的升级工程建设，在同安区人民政府的支持下，学校自 2009 年秋季以来从

"985""211"等高校中招聘了 36 名工学、理学、经济学、医学、管理学等专业的优秀毕业生充实了我校的专业技术教学，这为加强学校的实习指导教师队伍奠定了坚实的基础。

目前，我校的实习教师一般能熟练地指导学生的操作技能训练，还能主动负责学生的专业理论辅导，学生上课内容更加丰富充实了。在实习教学每天入门指导时段，教师不但要将操作技能要领和注意事项讲解清楚，而且将相关的专业理论要点讲透，同时做好示范引领，让学生在实习中提高职业工种操作技能水平，加深对理论知识的理解和巩固。实习教师在课堂教学实时巡回指导中，及时发现问题不但能在操作方法上给予矫正，还从理论上帮助分析。

另外，教师们为训练学生良好的心理素质还注重"以赛促学"，选拔技能操作优秀的学生，参加学校的兴趣小组，利用课余时间，由专业的实习教师对他们进行指导，进行创造性的学习，不仅开拓了学生视野，还培养了学生的进取意志和励精图治的精神。

2010 年 4 月，我校学生参加福建省职业院校（中职组）农林类花木嫁接技能大赛，获得一个二等奖，两个三等奖；

2014 年 1 月，我校学生参加厦漳泉三地同城竞赛，获得焊工组第 1 名；

2014 年 5 月，护理专业学生苏慧娟、陈鸿代表厦门到南京参加全国职业院校护理技能大赛，分获二等奖和三等奖；

2015 年 3 月，护理专业苏慧娟代表厦门到福州参加全省职业院校护理技能大赛，获二等奖；

2015 年 4 月，我校学生张嘉斌参加福建省职业院校中职组焊接竞赛，获二等奖。

同时，学校积极鼓励引导教师参加各级各类教师技能竞赛：

2013 年春季，郭巍佳、陈韶越参加 2012 年"凤凰创壹杯"全国职业院校信息化教学大赛，获商贸组三等奖；

2013 年 11 月，本校 16 名教师参加厦门市中职校教师教学能力抽测，张绿萌获数控组第二名，王琳获医学组第二名，张跃强获德育组第二名，吴晓鸿获医学组第三名，郭巍佳获商贸组第三名；

2014 年 4 月，蒋淑婷参加厦门市总工会举办的职工技能大赛，获得"技术能手"称号；

2014 年 6 月，本校 8 名教师参加厦门市中职校教师国家技能大赛选拔活动，杨鸿女获医学组一等奖，张绿萌获数控组一等奖，另有教师获一个二等奖，四个三等奖。

2014 年 11 月 1~3 日，由教育部主办的 2014 年"凤凰创壹杯"全国职业院校信息化教学大赛在南京举行。由全国各地经过市级选拔赛及省赛逐层遴选而产生的 1468 名职教教师组成的 37 支代表队云集南京参加决赛，一共有 726 件作品同台展示。参赛作品、参赛教师数量均创历届之最，本次大赛共开设了信息化教学设计比赛、信息化课堂教学比赛、信息化实训教学比赛等多个赛项。我校医药类教师杨鸿女，孤身一人赴会，克服种种困难，参加了中职组信息化教学设计医药卫生专业组竞赛，目标坚定，勇敢拼搏，成功登顶，荣获一等奖（该组共设有两名一等奖），实现了本校教师在全国性教师职业技能大赛中金牌"零的突破"，为正在积极创建"国家中等职业教育改革发展示范学校"的我校增添了一抹亮丽的色彩，赢得了荣誉。11 月 3 日 10 时，喜讯从南京闭幕式会场传回，全校一片欢腾，极大地鼓舞了全校师生搞好职业教育的坚定意志。

厦门市代表队中职组由市教科院陈振源主任领队，参加了大赛中的 12 个赛项的比赛，赢得多项荣誉：获奖项目 10 个，获奖率为 86%；高职组参加 8 个赛项的比赛，获奖项目 4 个，获奖率为 50%。厦门市参赛教师在激烈的竞争中共斩获一等奖 4 名，二等奖 5 名，三等奖 5 名，成绩优异，实现了历史性的大跨越，总成绩名列全国第七，厦门市教育局荣获大赛"最佳组织奖"。

多年的教学实践证实，中职校教学质量的提高，首先在于教师各方面素质及业务能力的提高，特别是对实习教师业务能力要求的更高，我校办学质量的进一步提升，学生思想品德和掌握专业理论操作技能的熟练程度是反映学校实习教学的晴雨表。

我校为了加强师资队伍建设，除了坚持日常集中培训学习外，还采用灵活的方式。

（1）分期分批地把有培养前途并热爱职业教育事业的实习教师送到高等职业师范院校或有关院校进修。2014 年 6 月，学校选派数控专业刘力、黄贤渴，计算机专业陈稳赞、叶志海四位教师参加厦门市骨干教师专业培训，到天津职业技术师范大学进行脱产业务学习。

（2）鼓励教师参加学历进修。自 2013 年 10 月起，护理专业王琳到上海医科大学进行为期两年的脱产研究生学习，现已毕业；目前学校有郭巍佳、张丽华、张绿萌、陈韶越、邵黎乖、刘力、徐双智等老师参加在职研究生学习。

（3）有计划地安排教师定期或轮流到外地考察学习。2013 年暑期，学校创建国家示范校骨干专业团队一行 20 余人到上海同济大学学习；2014 年 7 月上旬，学校创建国家示范校护理专业团队一行 7 人远赴兰州，到甘肃卫生学校、环境资源学院学习取经，收获丰硕。

（4）深入企业参加生产实践活动，学习生产中的工艺操作技术。自 2013 年起，学校利用寒暑假组织大批的专业教师深入工厂、企业、医院、酒店等单位，开展每人阶段性的 20 天生产实践活动。

总之，人才是支撑科学发展的第一资源，创新是推动学校科学发展的不竭动力。培养和造就一批高素质创新型的科技人才是我校打造美丽校园，建设创新型学校的关键。中职校要坚持人才优先发展战略，紧紧围绕专业设置，有目的、有计划地加强专业教师队伍建设，为人才引进营造良好的科研工作条件和创业环境。

近年来，学校坚持人才优先发展战略，把培养、吸收和用好人才作为科技兴校的重要任务和内容。通过大力发展适合社会市场需要的有高附加值的专业，搭建科技创新平台，组织实施创建省级重点职业学校、国家示范校等升级工程，优化创新创业环境，为人才引进营造了良好的教学科研工作条件和创业环境。

此外，学校进一步扩大科技对外开放，充分利用社会各界的科技人才资源，在更高起点上推进改革创新。并积极争取研究院所、企业集团到校开展科技活动，吸引一批人才来校就业、创业。

种种实践案例表明，一批领军型创业人才的引进为学校新兴专业的崛起和原有专业的改造、转轨、升级增添了新的活力。筑"巢"才能引"凤"。几年来，学校以市场需求为导向，大力发展社会急需人才的热门专业，并注重发挥产业对人才的承载和吸引作用，积极引导实习教师到名牌高校、优资企业进行锻炼培养，增强了生产实践意识和自主创新能力。通过搭建争创国家示范校的创新平台，对创新创业人才产生"虹吸"效应，引导实习教师投身于服务经济建设的主战场，在推动经济发展的创新实践中实现人生价值。从 2012 年秋季起，围绕国家示范校建设，每年投入资金超过 4000 万元，为领军型人才创新创业提供强力支撑。逐步推进实习教师的"理论教学+生产实习指导"的一体化建设，朝建立起一支高素质的有专业理论知识和专业操作技能的实用型复合式"双师型"教师队伍的目标奋力前进。

三、结束语

德国哲学家黑格尔说过："一个民族有一些关注天空的人，这个民族才有希望。如果一个民族只有关心眼下脚下的事情，这个民族是没有未来的。"

厦门市首批正高级中学化学教师、厦门二中校长吴启建提倡教师要"力行省察"。他这样认为："一名优秀教师的成长过程中，必须要努力去不断地对自我的教育实践进行反思。只有通过不断地自我反思，才能促进自身的不断发展，真正实现自我的成长。"

中等职业学校的办学一定要紧跟时代潮流，面向社会，强抓发展机遇，"坚持以立德树人为根本，以服务发展为宗旨，以促进就业为导向，适应技术进步和生产方式变革以及社会公共服务的需要，深化体制机制改革，统筹发挥好政府和市场的作用，加快现代职业教育体系建设，深化产教融合、校企合作，培养数以亿计的高素质劳动者和技术技能人才"，要争当时代进步的弄潮儿，手擎红旗向潮头立。全体中职校教师要认清社会改革发展大趋势，狠抓教学改革，深挖内部潜力，提升教学质量，为社会培养更多更好的实用型复合式技术人才，为建设小康社会多做贡献。

有人说："教师的一生不一定要干成什么惊天动地的伟业，但他应当如百合，展开是一朵花，凝聚成一枚果。他应当如星辰，远看像一盏灯，近看是一团火。"

诚哉，斯言！

笔者回顾 32 年的教学生涯，深切地认识到：仰望星空，使人眼界深远；脚踏实地，更觉使命重大！

参考文献

[1] 国务院关于加快发展现代职业教育的决定国发〔2014〕19 号，2014.6

[2] 厦门日报，2014.7.1/2014.7.8

[3] 陈至昂.职业教育模式创新与规范管理全书[M].长春：吉林摄影出版社，2002

[4] 吴启建.托起明天的教育——青年教师成长之道[M].厦门：厦门大学出版社，2013

[5] 戚更晨，等.生产实习教学法概论[M].长春：吉林科学技术出版社，1993

[6] 李晓松.护理学基础[M].北京：人民卫生出版社，2008

[7] 劳动部教材办公室.钳工生产实习[M].北京：中国劳动和社会保障出版社，1985

[8] 李超.数控加工实例[M].沈阳：辽宁科学技术出版社，2005

[9] 许友谊，等.数控实训基地负责人培训讲义[M].江苏大学

数控专业建设与尖端数控设备选购策略的分析

刘力

厦门市同安职业技术学校 高级讲师

厦门地区中职学校数控专业建设近年来取得长足发展，可谓方兴未艾。据统计，公办中职学校中，开办数控专业的有厦门轻工学校、集美化工学校、同安职业技术学校、海沧职业技术学校、集美职业技术学校、技师学院（中高职综合）等，其在校生规模逐年扩大，2013 年超过 1000 人，数控专业用工需求和技术工人培养规模扩大相互促进，得益于厦门特区外向型经济快速稳定发展。随着数控技术的不断发展和应用领域的扩大，特区建设的一些重要行业，如 IT、汽车、轻工、机械、电子、医疗等行业，尖端装备的数字化已是大势所趋。马克思曾经说过："各种经济时代的区别，不在于生产什么，而在于怎样生产，用什么劳动资料生产。"可以说，数控技术的应用给厦门的产业发展带来了一次革命性的变化，尖端数控技术的应用也将为特区建设的第二次腾飞插上翅膀。

中职学校是培养数控专业技术工人的主力军，要适应不断变化的劳动力市场需求，源源不断地培养出适应社会需要的合格技术工人，就必须审慎面对专业建设中的诸多新思想、新问题。怎样根据数控专业的教学需求选购尖端设备？怎样把数控尖端设备的作用转化为教学推动力？这一系列的问题已成为中职学校关注的热点，数控设备的先进性、复杂性和发展的迅速性，以及品种、型号、精度、档次的多样性，决定了科学选用尖端数控设备的必要性。

一、中职学校数控机床选用中存在的问题

目前中职学校普遍缺乏尖端数控设备的使用经验和掌握数控复杂加工技术的人才，在数控机床选购中存在盲目性、片面性，主要表现在以下 4 个方面。

（1）部分学校认为配置高精度数控设备是学校档次的象征，机床选型时不考虑投资效益，忽略性价比，盲目追求进口、高档，片面讲究功能齐全，对教学的实用性认识不足。

（2）选购不同厂家的产品，机床选型混乱，高端、中端、普通机床不成系列，数控操作系统难以统一，机床类型、规格不配套，造成操作、编程和维护的困难，难以充分发挥高端设备的效用。

（3）购置高端数控机床时只重视主机性能，而忽略附件和刀具的配套，导致在使用中因缺少某个附件或刀具而影响整个主机的运行，高端的设备的先进性不仅体现在设备本身，更重要的是它搭载的数控系统和先进刀具、夹具和量具等，没有这些相应的配套，机床就好像一个没有工具的工人，空有一身力气而无从发挥，所谓"工欲善其事，必先利其器"。

（4）对学校专业发展和用工市场变化预测不足，和千变万化的商品市场一样，由于各地优势产业的不同，比如同样用于模具加工的数控设备，厦门地区偏重于制造冲压模，生产轻工类产品，广东省偏重于制造注塑模，生产家电产品，泉州地区偏重于制造鞋模，以生产服装鞋类产品见长等，不同的设备需求决定了学校选购高端设备的意向，因势利导，才能有的放矢。

二、尖端数控机床选购的策略

1. 实用性

选购高端数控机床时，学校要有明确的目的和出发点，首先应该考虑的是数控机床的实用性。

（1）规格、精度的实用性。数控专业的教学过程主要是"任务驱动法"，首先应确定加工教学典型零件的相关技术参数。典型零件的尺寸大小决定了机床的加工尺寸范围；典型零件关键部位的精度决定了所选机床的精度等级。机床精度的评定指标较多，共有的关键指标是定位精度、重复定位精度及综合加工精度，这些指标既反映了伺服机构的刚度，也说明了位置反馈测量系统的质量。定位精度与传动链各环节的弹性、间隙等因素有关，反映了机械系统中的扭曲、挠度、爬行、共振等诸因素造成的综合误差。选购时应避免盲目追求高精度，注意机床精度、规格与工件精度、尺寸形状相匹配。

（2）数控系统功能的实用性。数控系统的设计从二次大战开始具有雏形，发展到今天已经有诸多种类，比较典型的是德国的西门子（SIEMENSE）系统、日本的法拉克（FANUC）系统等，我国也有广州数控、华中数控、航天数控等较为成熟的系统。数控系统功能可分为基本功能与选用功能，各种数控系统的基本功能都类似，但为用户提供的多种可选功能就有显著差别，要从控制方式、驱动形式、反馈形式、检测、操作方式、接口形式和故障诊断等方面来衡量，合理地选择适合尖端数控机床的可选功能，放弃不实用的可选功能。

2. 长期性

选购数控机床时，学校要从数控专业建设和发展的时间规律着想，还要考虑的是数控机床使用的寿命——长期性。

（1）尖端数控机床使用过程的长期性。以数控系统方面的使用寿命为准，数控机床设计的使用寿命一般为 7 年，购买尖端数控机床后，要在机床折旧期限内，尽量多地使用于实践教学和竞赛训练、考试等过程中，以降低使用成本，提高使用效率。另外，还要综合考虑机床的市场占有率，一般尖端数控机床都是应用于复杂精密度高的高端零件加工中，市场占有率高的数控设备说明是旺销产品，行业内保有期长，已受到多数用户的青睐和肯定，学生在校内学会的此类机床专门的操作知识和技能基本不会因工作环境的变化而有大的影响，因而也解决了对生产厂家设备的适应性问题。

（2）尖端数控机床精度稳定的长期性。尖端数控设备的精度可靠性是广大数控设备用户必须关心的焦点问题，选用数控设备时应注意厂家的生产规模和市场占有率，确认其产品是否达到国家规定的平均无故障时间标准（规定为 500h）。目前多数机床厂都采购成熟的数控系统和零部件进行组装。国内应用较多的数控系统有日本的法拉克、德国的西门子等。立式加工中心的床身出自昆明和南京的居多，而床身中的直线导轨、主轴又分别来自德国和中国台湾等国。所以机床的主要零部件的质量一般是可靠的，需要重点考察的是数控机床组装厂家的售后服务网络是否健全，服务队伍的素质是否能胜任工作，服务能否及时，是否能履行承诺等，才能够长时期在使用过程中始终保持机床的精度。

（3）尖端数控机床精度领先的长期性。数控技术作为机械加工前沿的学科，总是有领先发展的无限活力，在新技术、新工艺、新材料不断提升的过程中，此时技术领先的尖端数控机床，经过一段时间后往往就退居为普通数控机床，因此尖端的数控机床或产品总是只具有相对的优势，比如前几年的四轴加工中心，如今五轴加工中心已经"飞入寻常百姓家"，中职学校作为教育单位，应该像德国职业学校看齐，以技术超前的眼光和魄力，选购行业内最新、最尖端的数控设备并尽快应用于教学过程中，以保证教学设备保持一段较长时间的技术领先。

3. 回报率

尖端数控机床的价值高，采购时既是对学校财力的考验，使用时又是对学校管理能力、技术能力和使用效率的考验，设备折旧和贬值都会对投资造成影响，学校必须考虑投资的回报率。

学校选购数控机床考虑的投资回报率，不同于生产企业对设备的估量。多数企业购买的尖端数控机床用于批量生产，以节省编程、对刀等辅助时间，提高产品的质量档次，对操作者的技术要求不高，人工费用占比相对较低。数控机床的主要优势是工序集中，使用效率很高，能够在短期内收回投资的机床才是好机床。而学校使用尖端数控机床主要用于单件小批生产，培养学生技能水平和教学、竞赛训练、技术革新等，考虑到数控机床的升级、更新较快，不需要加工定型产品或产品附加值较低的产品，因此学校购置尖端数控设备的目的，只要和教学效果、训练水平和竞赛成绩能够挂钩，对学校数控专业水平的提高有充分的作用，则其投资回报率就是合理的。

4. 专业竞赛需求性

教育部对职业学校确定的办学方针有一个非常重要的导向："普通教育有高考，职业教育有大赛"。尖端数控机床应用于竞赛具有急迫性，每年的大赛考题都代表了该专业技术的领先水平，只有拥有先进尖端设备的学校培养的学生才能在大赛中摘金夺银。

当竞赛成绩成为衡量学校办学专业水平的一个重要参数，各中职学校在竞争中都力图抢占"制高点"，尤其是近几年，数控类竞赛紧跟该行业发展的尖端水平，从加工零件的复杂程度、加工效率逐渐向加工零件的精准度和加工难度的方向转变，竞赛训练设备的先进性成为制约选手成绩的一个首要因素。从教育部组织技能大赛所需数控设备发展的趋势来看，智能化、开放式、网络化成为当代数控系统发展的主要趋势，设备选购主要研究热点、采购方向有以下几个方面：一是高速多轴数控设备，目前主要是五轴联动加工中心；二是车铣复合加工数控设备，典型的是德国的 DMG 复合数控机床；三是三维扫描设备，典型的是激光、红宝石触头三维扫描仪（如 FARO Prime 系列）和配套的 3D 打印机（如 REPIN ONES 系列）；四是 3D 建模软件的开发和更新，如 UG 软件和 Mastercam 软件等。这些均契合当前数控技术发展的趋势，高效率、高质量是先进制造技术的核心，高速切削、高精度加工技术可极大地改变加工条件，提高产品的质量和档次，缩短生产周期和提高市场竞争能力，实现绿色加工环境的理想，也为未来实现新的学校教学模式如敏捷制造、虚拟学校、全球网络教育打下坚实的基础。

三、对尖端数控设备的操作教师提出新的挑战

学校拥有了尖端数控设备，并非就能够理所当然地提高教学效果。要提高数控实训的教学水平，教师对设备操作专业技能的熟练程度是最重要的一环。目前厦门地区几乎所有数控专业教师都拥有本科学历，相当一部分拥有学士、硕士学位，论学历平均水平和学术能力，都算是达标，但是论专业实践能力，尤其是尖端设备的操控能力，则良莠不一，原因在于其中绝大多数教师都是科班毕业生，只是从一个学校到了另一个学校，没有在工厂第一线操作尖端设备的工作经历，纸上谈兵的成分多，能够熟能生巧的少，因此培养掌握尖端数控设备操作能力的合格的"双师型"教师成为最迫切的需要。教师在数控实训中起主导作用，提高教师的专业技能，将很大程度上决定学生的培训质量，名师出高徒，只有自己有"一桶水"，才能够传给学生"一杯水"。

尖端数控机床的选型、采购和使用，不仅需要一批有专业知识的管理人员和技术人员的参与论证，更是一项综合性的专业化技术工作。计划购置尖端数控设备的中职学校应首先物色好合适的编程、操作和维护设备的人才，建立一支必备的数控研究、开发、管理人才的基本队伍，培养经验丰富的技能型人才，最好引入校外行业专家、设备生产厂家、本地区该行业骨干企业的技术参与。正确的选择能使所选机床尽快充分发挥其综合功能，顺利完成实训教学、竞赛训练、科研开发等工作，给学校带来丰厚的回报，进而以此为核心逐步建设学校数控产业基地，有了优秀的设备操作人才，有了优秀的设备管理制度，有了成套系列设备的规模效应，尖端设备才能充分发挥专业领先优势。

途径一：组织校内教师的培训。学校可以通过分批安排教师到设备生产厂家，进行一段时间的培训和生产锻炼，在生产第一线熟练掌握设备的操作要领，同时提倡并鼓励老师取得数控各工种的高级工或技师的职业技能证书。另外，可选派教师参加国家职业技能部门组织的各项培训，研究尖端设备的攻关成果，以提高教师的基本职业素质，增强对尖端设备使用的理解能力。

途径二：聘请企业能工巧匠。校内教师的资源是有限的，要扩展视野就必须有包容社会人才的胸怀，采用兼课或讲座及技术指导的方式，聘请校外各级各类专业人才担任校内、校外实训教师，尤其是在生产一线中聘请技能水平高的技术人员担任学生顶岗实习中的指导教师，此举不仅能给学生提供高水平的生产经验，而且通过学校、工

厂的桥梁纽带作用，实时了解工厂生产动态、设备型号、技术工人需求，随时为校内的数控专业教学改革提供第一手资料。

本文针对中职学校数控专业建设尖端设备的选购和使用问题，从数控专业培养目标、数控实训设备、指导教师队伍建设及教学方式角度提出了一些自己的看法，数控设备的使用是使学生从理论走向实践的桥梁，尖端数控设备的使用在整个数控专业的教学实训计划中具有举足轻重的地位，中职学校要通过尖端设备的采购、消化、吸收、使用、革新、创造等一系列步骤，使数控专业教学改革真正发生质的变化，培养出适应社会发展并能与时俱进的、具有创新创造能力的技术工人，为全新的数控制造业做出应有的贡献。

参考文献

[1] 周志宏.过程装备与控制工程专业学生知识结构培养体系的研究[J].职教平台中国职业教育，2009（12）

[2] 魏成国.职业技术教育理实一体化教学探讨[J].赤峰学院报，2008（1）

[3] 孔祥田，李兴保.现代教育技术学[M].济南：山东大学出版社，2000

[4] 杨旭辉.德国职业教育的文化底蕴[J].中国职业技术教育，2013

[5] 叶海滨.UG软件的一体化教学运用[J].装备制造技术，2011（6）：92-93

[6] 孙动策.数控车削编程与实训[M].北京：经济科学出版社，2010

浅谈仿真软件在加工中心课程中的运用

张绿萌

厦门市同安职业技术学校　讲师

当今社会，信息在某种意义上已经成为比物资或能源更为重要的资源，以信息价值的生产为中心，以信息工业为支柱，我们的社会生活正在发生着剧烈的变化。

信息化进程的推进改变了我们生活的方方面面，甚至在潜移默化地改变着年青一代，特别是中小学生的思维和生活方式。那么如何在我们的职业教育教学中利用信息化技术呢？首先，教育信息化是指在教育领域运用计算机多媒体和网络信息技术，促进教育的全面改革，使之适应信息化社会对教育发展的新要求。其次，我们面对的职校学生，大多数对理论学习热情不高但计算机的运用能力却很强，这和我们的信息化教育相契合。接下来，笔者就如何在加工中心课程中运用多媒体软件进行信息化教学谈几点粗浅的看法。

一、加工中心仿真软件介绍

1. 软件运用的必要性

首先，数控加工中心由于其结构复杂、体积庞大，无法观察到机床的内部结构，产品展示局限于产品局部外观，因此不够生动形象，使学生无法对机床做深层次的了解。

其次，数控加工中心的设备价格昂贵，身价从几十万元到上百万元不等，新人在实际操作中容易出现失误，产生大量的维护维修费用，造成经济损失；职教资源紧缺，学生的实际操作机会少。

最后，职业周期长，传统的数控机床操作人才的培训往往需要 3~5 年的时间，且无法随着各种数控机床的革新而及时有效地熟悉机床的部件和操作方法。

这就形成了社会需求与学校人才培养之间的突出矛盾，为了破解这个难题我们自主研发设计了加工中心仿真软件。

2. 软件功能

加工中心仿真软件主要包括四部分内容：资源库、情景设置、仿真实训、考核评价。

首先，在资源库里，我们为学生准备了丰富的教学资源，学生可以自主学习，具体机床部件介绍、刀库、夹具和项目任务等。例如：学生可以打开机床部件文件架，通过文字介绍和 3D 模型自主学习它的工作原理；也可以打开项目工作任务，直接调用图形进行仿真加工，观察坐标变换，刀具的选择和刀具的走刀过程；

其次，情景设置：依据学习情景理论，我们为学生设计了一个真实的工作环境。车间使用 6S 模式进行设计，让学生主观感受所学为所用，提高其学习兴趣和安全生产意识，突破教学难点。

再次，在仿真实训环节，系统建立逼真的三维互动机床模型，学生可以对机床的各个部件进行拆装学习，对工件进行模拟加工，可实现助教助学，突破教学重点；

最后，完成工作任务之后，可以通过颜色对比对工件的完成情况进行考核评价，直观高效。

3. 技术特点

本软件采用虚拟现实技术制作数控加工中心机床的主机及其部件，采用 C++、C 等主流语言程序开发，全部通过打包加密后再利用编译程序进行系统优化，大大加快系统整体运行速度。此外，可运用目前流行的机械工业软件 UG 进行二次开发，开发成本低，而且教师可以自主开发，方便快捷。

二、以《机床拆装》项目学习为例分析软件在教学中的应用

1. 教材分析

《机床拆装》是《数控铣床加工中心加工技术》第一章第二节的内容，加工中心的拆卸较为复杂和难于实现，但是对学生日后清理和保养机床，甚至对维修维护机床等高级人才的培养有着非常重要的帮助。

2. 学情分析

本课程学习的主体是中职二年级的学生，这部分的学生已经有一定的机械基础，而且大部分的学生计算机运用能力较强，思维敏捷容易接受新事物，但是理论学习热情不高。

三、教学目标分析

根据教材内容及中职学生的学习规律，我们为课程设置了三项目标。

知识目标：了解机床工作原理，熟悉机床的构造以及掌握机床各部分名称。

技能目标：学生通过学习，便可以在没有操作实体机床的情况下熟悉数控机床的各零件，熟悉机床的安装、拆卸流程，进行虚拟实验，掌握加工中心的编程和操作方法。

情感目标：培养学生善于思考的学习习惯，强化学生安全生产意识，提高学生的职业素养。

毫无疑问，对于一个实践性很强的专业而言，知识目标的培养是我们教学的重点，而如何在学习过程中潜移默化地培养学生的职业素养，提高技能，培养安全生产意识，则是我们教学中的难点。

四、学习过程

首先通过 3D 场景，让学生在车间慢行，主观感受车间环境。在 3D 模拟的加工中心车间内，不论机床的摆放、材料成品半成品的位置，还是地板的颜色，比如绿色代表通道，蓝色代表加工区域，这些都是按照企业 6S 管理模式设计的，可以通过鼠标滚轮放大或缩小场景，便于观察和体验，车间还设有编程人员和耗材管理人员等，以模拟真实的企业加工场景，潜移默化地提高学生的职业素养，激发学生的学习兴趣。

1. 提出任务，明确学习目标

教师提出任务：如何对机床进行拆装？

2. 分析任务

学生带着任务进行思考，在教师的指引下对任务进行分析，将任务分解为部件学习、机床拆解和机床安装，并明确其中的重点和难点是机床各部分的拆卸和安装。

3. 教师分层次示范

（1）机床部件介绍：软件采用虚拟现实技术制作数控机床主机及其部件，具有逼真的 3D 互动虚拟实验效果，能够进行机床整体的观察和三维旋转，显示各个部件名称，同时配合相应的文字介绍产品的性能、状况。此外，还能够对各个部件进行隐藏、显现。

（2）机床的拆解：可对机床进行爆炸性拆解，还可通过三维旋转对各个部件进行360 度全方位观察，3D 数控机床模型或其部件都可以进行任意方向旋转且具有视点变换的功能，这种教学方式为培养数控机床维修维护人才打下了基础。

（3）机床的安装：以学校和企业广泛使用的华中数控加工中心为原型，学生通过对机床各个部件的安装，熟悉机床结构，掌握机床的机械原理，比如机床的输入装置、伺服测量装置等，学生通过精确虚拟的实验，将知识烂熟于心。

4. 学生仿真操作

通过这部分的学习，学生可以熟练地掌握机床的工作原理、零部件及其拆装工具，为更深入、更全面地掌握加工中心打下基础。

5. 考核评价

机床安装完成之后，机床可以进行仿真加工，整个加工过程 3D 效果明显，并且加工完成之后我们可以通过颜色的对比考核工件完成的效果，比如红色部分表示工件切削过量。通过考核评价，让教学有成果、有反馈，有效解决了评价不及时的问题。

总之，在加工中心教学中运用信息化技术，旨在优化加工中心课堂教学，提高学生的专业知识、信息素养、实践能力及其创新精神，高质量地完成加工中心教学任务。但仿真软件作为辅助教学的手段，有其优越性，也有其局限性。如果只追求形式，滥用仿真软件，效果会适得其反。因此，要在恰当的时机合理利用仿真软件，实现仿真软件与加工中心教学的有效整合，使学生通过仿真软件喜欢学习，爱上学习，尽显信息化教学魅力。

参考文献

[1] 曹峰，王昕明，陆华.中等职业教育课程改革实践与探索——优秀课例集. 南京：东南大学出版社
[2] 邓泽民.中等职业教育专业教学整体解决方案研究（第 1 册）.北京：中国铁道出版社，2011
[3] 何克抗.教学系统设计[M].北京：北京师范大学出版社，2003
[4] 潘云泽，王以宁.信息化进程中教育技术的创新与应用[M].长春：吉林大学出版社，2004
[5] 钟绍春.关于教育信息化一些关键问题的思考研究[J].电化教育研究，2005（10）
[6] 黄甫全.试论信息技术与课程整合的基本策略[J].电化教育研究，2002（7）

浅谈数控仿真软件在数控专业教学中的利弊

陈秋鸿

厦门市同安职业技术学校 讲师

随着现代科学技术的发展，数控仿真软件的应用越来越广泛，尤其是在数控专业教学中应很广泛。在职业学校的数控教学当中，软件仿真作为一种既能满足学生的感观要求，又能解决数控设备昂贵与校方资金短缺的普遍性矛盾，因而受到了广泛关注。在我还未深入接触仿真软件之前，仅仅通过信息化教学的途径了解了仿真软件的皮毛，觉得该软件可以解决上述问题，而且不存在危险性，确实可以在教学中广泛推广。但 2015 年有幸同时讲授《数控仿真软件操作》和《数控车工生产实践》这两门课程后，我对仿真软件的使用性产生了怀疑，仿真软件是否可以真正作为实训操作的一个重要补充呢？我觉得目前的仿真软件如不加改进，是很难做到这点的。下面是我对仿真软件的利弊一些简单认识。

仿真软件在过去的十几年内经久不衰，甚至成为数控车工中级考证的一个重要组成部分，可见其优点还是很受认可的。

一、仿真软件能够做到理论和实践相结合，打破了传统枯燥的数控教学方式

在启用仿真软件教学之前，我校均采用理实分开的教学方法。一方面，虽然数控车注重实际操作，但学生如果未掌握一些相关的理论知识，例如编程的指令学习、加工工艺的分析等，在真正上机时学生会无所适从，不知道该如何独立完成工件的加工。另一方面，如果在实操课前讲授理论知识，一则受时间限制而仓促讲授，且占用上机操作时间，二则车间讲授效果较差，噪声大，氛围差，学生的学习效果大打折扣。而仿真软件的使用可以真正做到理实结合，教师可以通过仿真软件让学生自行编程、检验、修改，化被动学习为主动学习，激发了学生的求知欲望，同时也减轻了教师的工作量。

二、仿真软件可以弥补教学中的设备不足，提供更广阔的训练平台

每个中职院校或多或少存在机床设备不足的现象，我校虽然每年都会购买相应设备，但是相对于学生数，其配备还是远远不能满足要求的，仿真软件的使用就能很好地解决这个矛盾。我校有 50 个仿真操作点，完全可以满足一个班的正常上课要求，真正做到人手一机。教师通过计算机可实现一对一教学，能及时了解学生对知识的掌握情况。同时仿真软件还提供了不同数控系统和不同数控机床，能提高学生的适应能力，使学生到了工厂后能在最短的时间内融入生产当中。另外数控仿真加工系统不存在安全问题，不会因为学生的错误操作造成机床的损坏，更不会造成人身伤害，学生可以大胆地、独立地进行学习和练习。

仿真软件的好处数不胜数，但当它真正和实操联系在一起时，却又暴露出了很多弊端。仿真顾名思义就是像真的，实际上它和实操是不能画等号的。在《数控仿真软件操作》和《数控车工生产实践》两门课程的教学过程中，我自认为数控仿真和实操差异较大的有以下几点。

（1）加工参数可随意设置，参数的修改是实操无法做到的。在仿真操作的过程中，许多加工参数是可以随意设置的，以刀具的刀尖圆弧半径补偿为例，见图1。

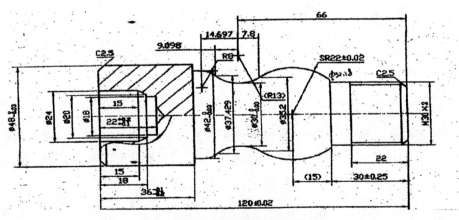

图1 数车中级考证仿真试题（1）

图 1 为我校 2012 级数车中级考证仿真试题，为了确保 R22、两个 R8 圆弧的准确性，在实操中我们采用刀尖圆弧半径补偿 G41、G42 的方式来控制圆弧的准确性，这也是唯一的方法。但在仿真操作中，除去实操中我们所采用的刀尖圆弧半径补偿这种方法外，学生还可采用修改刀具参数的方法，如图2所示，把左下角刀尖半径直接改成0,调

用程序加工后也可保证 R22、R8 圆弧的准确性。这在实际中是不能实现也不可想象的，学生如果在长期使用仿真时养成随意设置参数的坏习惯，那么在机床上加工时也往往会自以为是地偷偷修改机床的某些参数，导致机床碰撞，增加实操的不安全性。

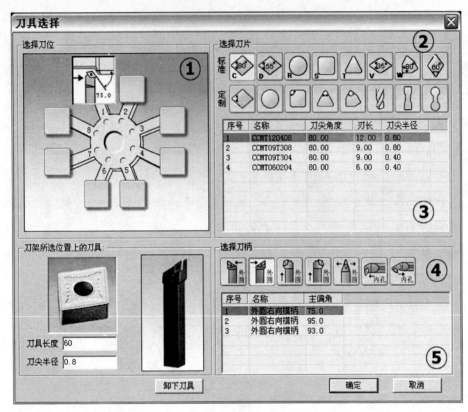

图2　刀具选择界面

（2）仿真加工可不用考虑零件的加工工艺，装夹的地方和装夹的长短都不影响加工。仿真加工时可以不考虑加工工序问题和装夹问题，以图 3 为例，实操加工由于考虑装夹，只能先加工右端工件，最后车削加工螺纹。但在仿真操作中却可以先加工螺纹，调头装夹螺纹后车削右端工件，且不影响加工结果。而加工工艺和装夹位置的选择却是数控中最重要的，学生在仿真这个虚拟的操作过程中发现不了工序问题和装夹问题的重要性，学生只有通过上机操作亲自实践才有体会。

（3）仿真操作不具有危险性，导致学生缺乏安全意识和应变能力。在仿真状态下，就算发生撞刀等重大事件都不会有什么危险。这就导致学生安全意识非常淡薄，认为仿真既然是模拟实操，在实操中只要防护门一关也就不会发生危险。同时不知道如何处理实际操作中的突发事件，不知道应根据不同状态下车床所发出的声音及时调整所需要的参数。仿真软件除了上述的弊端外，其实还有很多跟实操不同的地方，仿真和实操两者之间还是有差距存在，二者不能混为一谈互相代替。所以，我们在教学过程中要把仿真软件作为认识事物的中介和桥梁，规避、削减其负面效应，让它更好地为数控实操服务。

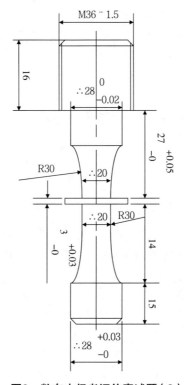

图3　数车中级考证仿真试题（2）

参考文献

[1] 赵红梅、黎苇.浅谈仿真软件在数控教学应用中的利与弊[D].现代文化企业，2008（15）

[2] 贺利群.数控仿真实训教学的利弊[D].湖北城市职业学校

[3] 何建平.杂谈数控仿真软件在实训教学中的应用[D].重庆市科能高级技工学校

数控车削中工件尺寸精度控制方法

李军斌

厦门市同安职业技术学校　高级生产指导教师

在数控专业教学中,学生通过实习训练明白了数控车削加工过程中导致尺寸精度降低, 按照加工流程做出的工件却不一定尺寸合格的原因是多方面的。通过分析和反复实践, 笔者发现在实际加工过程中造成尺寸精度降低的影响因素一般有四方面: 装夹与校正、刀具、加工、工艺系统。工艺系统所产生的尺寸精度降低可通过对机床和夹具的调整来解决, 而其他三项因素对尺寸精度的影响可以通过操作者正确、细致的操作来解决。下面就笔者近年的教学实践, 谈谈数控车削中如何有效控制工件尺寸精度。

一、装夹与校正对尺寸精度的影响

工件校正不正确及工件装夹不牢固,其在加工过程中会产生松动与振动以至降低零件的尺寸精度, 甚至发生事故。因此必须重视对工件正确的装夹找正。

1. 工件棒料的装夹

装夹工件棒料时应使用三爪自定心卡盘夹紧,并留有一定的夹持长度,伸出长度应考虑零件的加工长度及必要的限位安全距离等。另外, 棒料中心线尽可能与主轴中心线重合。如果装夹外圆已被精加工的工件, 必须在工件外圆上包一层铜皮, 以防止夹伤其表面。可靠、正确的装夹操作, 可以保证工件在加工过程中位置不发生变化, 从而为零件的尺寸精度提供保障。

2. 工件棒料的找正

找正装夹时必须将工件的加工表面回转轴线找正并与车床主轴回转中心重合。找正的方法和普通车床上找正工件相同, 一般可用划针盘找正或用百分表找正。用三爪卡盘装夹较长的工件时, 工件离卡盘夹持部分较远端的旋转中心不一定与主轴旋转中心重合，必须找正；三爪卡盘卡爪有磨损或失去应有精度时，也要找正工件。

在数控车削加工过程中，细致认真地完成找正工作，熟练掌握其中的技能技巧会达到事半功倍的效果。找正既是提高工件定位精度的必要操作步骤，也是减小工件装夹误差对尺寸精度影响的有力措施。

二、正确安装刀具，有效减小安装误差对尺寸精度的影响

装刀与对刀是数控机床加工中及其重要的一项基本工作。装刀与对刀的好与差，将直接影响到加工程序的编制及零件的尺寸精度。只有掌握好装刀与对刀技术才能保证加工质量。

1. 刀具的装夹

（1）车刀刀尖与工件轴心线等高。数控车刀刀尖与车削回转中心不等高时，加工后形成的工件表面直径会产生加工误差。通过理论分析，可以得出刀尖高度误差越大，加工直径与对刀直径相差越大，加工尺寸误差将越大的结论，因而车刀刀尖应该尽量与工件轴心线等高，以减小因刀尖高度误差对加工后形成的表面误差（尺寸、形状和表面粗糙度误差）的影响。

（2）车刀伸出部分不宜过长，伸出量一般为刀杆高度的1~1.5倍。伸出过长会使刀杆刚度变差，切削时易产生振动，影响工件的加工精度。

（3）严格保证刀杆中心线与工件轴线垂直，否则主偏角和副偏角的数值会发生改变。比如螺纹刀装夹时，应用螺纹样板进行对中装夹，以防止螺纹牙型半角产生误差等。

2. 对刀要准确

对刀是加工前关键的一步。如果对刀的误差大，在加工过程中使用补偿时会很麻烦。目前，常用的是手工试切对刀法，正确、细致的操作可以得到较准确和可靠的结果。

（1）掌握正确测量技术。一定要掌握正确的量具操作技术，并熟练应用。测量工件外圆直径，一般使用千分尺测量。在测量前需要校验"0"位，并予以校正。具体来说，不能因为量具本身的误差，影响读数的准确性；工件应准确地放置在千分尺砧座和量杆之间，保证千分尺和工件垂直，不偏斜；可测量多个点用来相互印证读数的准确性。测量孔时，一定要很细心，稍微地失误都会导致尺寸偏差加大。

（2）多刀位车刀对刀技巧。在经济型数控车床上加工形状复杂的零件时，其四工位转位刀架最多可以同时夹持四把车刀，每把刀都需要对刀。当加工较多数量的工件

时，每把刀会出现不同程度的磨损，就需调整每把刀的刀补，同时还要注意避免一把刀具的刀补对其他刀具产生影响。若操作方法不当，不但费时费力，而且达不到理想的加工精度。

一般来说，以加工外圆尺寸精度要求高的刀具为 1 号刀，即外圆精车刀，采用试切法（通过车端面、车外圆）进行对刀，并把操作得到的数据输入 T01 号刀具补偿中；其他外圆粗车刀、切断刀、螺纹刀等尺寸精度要求低的刀具为 2 号、3 号、4 号刀；外圆粗车刀、切断刀、螺纹刀等对刀时，分别将刀位点移至工件右端面和外圆处进行对刀操作，并把操作得到的数据输入 T02、T03 号等刀具补偿中。

在加工过程中，如果外圆精车刀有磨损，通过测量工件直径发现直径变大，可以修调 T01 号刀具补偿 X 向的磨损值，从而满足直径加工精度。其他刀具虽有磨损，但只要尺寸不超差，就不需再对刀调刀补；加工尺寸超差时，可根据超差值，修改相应刀具的刀补，这样调刀补能避免对其他刀具产生影响。

需要注意的是，外圆粗车刀及切断刀对刀时不能再采用切端面对刀，只能将刀位点移近至工件右端面进行对刀，否则会使轴向尺寸产生误差。

三、零件加工过程中控制尺寸精度的方法

1. 单件小批量生产

在加工程序编制中，编程尺寸的处理方法如果得当，会消除公差带位置的影响，对保证和提高数控机床加工工件的尺寸精度有重要的意义。

单件小批量生产，为便于控制零件轮廓尺寸精度要求，在保证零件极限尺寸不变的前提下，调整改变基本尺寸和公差带位置，从而通过计算得到编程尺寸。即一般按对称公差带调整，编程时常取极限尺寸的平均值作为编程尺寸。公式为

$$编程尺寸 = 基本尺寸 + \frac{上偏差 + 下偏差}{2}$$

例：如图 1 所示，计算 $\Phi 20_{-0.084}^{0}$ mm 和 $\Phi 16_{-0.07}^{0}$ mm 外圆的编程尺寸。

解：$\phi 20_{-0.084}^{0}$ 编程尺寸 $= 20 + \dfrac{0 + (-0.084)}{2} = 19.958$mm

$\phi 16_{-0.07}^{0}$ 编程尺寸 $= 16 + \dfrac{0 + (-0.07)}{2} = 15.965$mm

编程时按上述的编程尺寸进行加工，这样在精加工时用同一把车刀，相同的刀补值就可保证工件加工的尺寸精度。

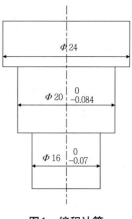

2. 成批零件生产

在数控机床上进行成批零件生产时，如何发挥数控机床作为一种高技术、高精度、高效率的现代化加工设备优势，要求我们认真分析问题，科学使用机床，讲究操作技巧。

分析问题：在加工精度要求较高的零件时，按普车工艺要求，一般分为三个阶段，即粗车、半精车和精车。而进行数控车床（FAUNC 系统）编程加工时，一般粗车时用 G71 或 G73 复合循环指令，精车时用 G70 循环指令，"忽略"了半精车的加工程序。在加工零件时，零件的尺寸精度不容易达到图样的要求。

图1　编程计算

原因：由于存在对刀时误差和加工时刀具磨损，因此不能很好控制加工尺寸精度的稳定。

解决方法：在数控机床上进行成批零件生产，要做好首件的试加工。

在首件加工中，针对存在对刀时误差和加工时刀具磨损的情况，可以在粗加工之后，进行一次半精加工，利用刀具补偿来消除这种的影响，从而保证首件加工质量。

首件加工尺寸精度控制步骤：

（1）在程序粗加工结束，精加工开始之前，设置停车程序段。

（2）当程序粗加工结束，程序运行到 M05、M00 程序段时，停车测量精加工余量，根据精加工余量设置精加工刀具磨损量，避免因对刀不精确而使精加工余量不足出现缺陷。

（3）继续运行精加工程序，一次精加工结束时，停车测量。

（4）根据测量结果，修调精加工车刀磨损值。

（5）再次运行精加工程序，二次精加工结束时，停车测量。

（6）如此重复执行，直至达到尺寸要求为止。

首件加工尺寸调试好后，将程序中 M05、M00 指令删除即可进行成批零件的生产，加工中不需要再测量和控制尺寸，直至刀具磨损超出公差要求为止。

总之，在数控车削加工中，虽然尺寸误差产生的原因是多方面的，但操作者养成细心、认真、严谨的学习作风，对尺寸精度的影响因素进行详细的分析，通过提高自身操作技能水平，采取相应的措施，减少加工误差，从而提高工件尺寸加工精度。

参考文献

[1] 沈建峰.数控加工工艺编程与操作（FANUC系统车床分册）[M].北京：中国劳动社会保障出版社，2008

[2] 黄华.数控车削编程与加工技术[M].北京：机械工业出版社，2008

[3] 朱明松.数控车床编程与操作项目教程[M].北京：机械工业出版社，2008

关于现行汽修专业学生培养的思考

仇秀文

厦门市同安职业技术学校

近年来，随着社会经济的不断发展，我国私家车的保有量也在急剧增加。中国巨大的汽车市场也引来许多国外汽车品牌的加入，这使得我国汽车品种、车型等不断地更新换代。汽车维修也由原来的机械修理和简单电路检修为主的方式，迅速转向依靠电子诊断设备和信息数据进行诊断与维修。在这种背景下，国内许多中职院校开设了汽车维修专业，为了适应行业技术的不断更新，培养职业技能过硬的实用型人才已成为中等职业学校的培养目标。如何实现这个目标，培养出合格的人才，是我们教育教学工作者的主要任务。中职教师应该清醒地认识到：必须认真分析汽修行业的需求，探索出一条与汽修行业发展相适应的汽修专业学生素质培养的有效途径。

一、汽车维修行业对汽修人员的要求

目前所招中职学生素质较低，学生参差不齐，而企业对汽车运用技术专业的毕业生要求却越来越高。在与企业的调研访谈过程中，用人单位多次提到了实习学生的职业道德、质量意识、执行能力、合作精神的重要性。因此，学校首先应着力培养学生良好的道德品德、思想素质、注重自身形象，展现出良好的精神状态。其次，注重学生动手能力的培养。只有具备扎实、过硬的专业知识和技能，才能通过用人单位的层层筛选与考验，才能有立足社会的看家本领。再次，注重培养学生的服从意识与组织观念，让学生明白"是你去适应环境，而不是环境适应你"。复次还要有团队协作精神，有可塑性和发展潜力，能为企业发展创造价值。最后，注重培养学生的礼仪常识，与客户的沟通能力及表达能力。只有这样，才能向客户展示企业的良好形象，自己也成为被社会大众所接受认可的企业形象代表。

二、培养学生浓厚的学习兴趣

兴趣是最好的老师，一个人一旦对某事物有了浓厚的兴趣，就会主动去求知、探索和实践。对学生而言，学习兴趣不仅能推动学生主动学习，而且能使学生在学习活动中获得乐趣，产生好学乐学的积极情绪，从而进一步产生学习愿望。

现代教育技术的发展，使我们可以运用多媒体进行教学，制作图声并茂的课件，这种教学方式有助于激发学生学习兴趣。以往在讲述"发动机放炮"这一知识点时，怎样描述"放炮"的声音往往令教师感到很头疼，学生也难以准确理解和把握。使用多媒体教学手段可以让学生看到图像，听到声音，直接感知现象，让学生产生好奇心和学习兴趣。

案例教学对学生来说有一定的新鲜感，同时，这种以学生为主体的教学模式可以使学生在整个教学过程中都保持着浓厚的兴趣。如我在讲述"发动机油电路故障的诊断与排除"一课时，就采用了案例教学法，先从实习时所遇到的"发动机不能起动"的问题入手，让学生自行讨论，教师只适当引导，让学生自己分析不能起动的各种原因及解决方法，然后在随后的实习中验证；整个教学过程中，学生发言踊跃，提出了很多问题和设想，并主动参与到学习中。课后很多学生还意犹未尽，主动找老师研讨。

以活动为载体来培养学生的学习兴趣，效果是空洞的说教所无法比拟的。我校经常开展知识竞赛、技术比武、技术能手评选、便民服务等多种多样的活动，通过活动营造出"比、学、赶、帮、超"的学习氛围，以此激发学生的学习兴趣。这一做法收到了良好效果。

三、坚持理论够用，实践为主

现在的教材理论都很全面,很细致,其实相当多的汽车部件只要知道其功用即可。由于汽车上大量使用电子元件，其原理相对较复杂，理解起来相对较难。现在的中职学生在学时间短，基础薄弱，如果一味追求片面高深的原理，学生学起来困难、吃力，而教师由于耗去大量时间，势必占用一定量的技能实训时间，对完成中职汽修整体教学工作带来一定影响，而且学生学习效果也很差。我认为理论课要坚持"理论够用"的原则进行教学，并且尽可能地结合实物展示教学，如果有教学条件，最好在课堂上边拆解边讲解，使学生学起来不抽象，不要什么都要靠想象，很多部件结构很复杂，仅仅依靠想象是很难理解的。就算有多媒体，对于初学者也是很难懂的，所以要依靠实物展示、拆解、组装等手段辅助学生来理解课堂内容。现在中职汽修教材过于全面、细致，作为专业教师要把教材内容概括、精简、通俗化，要把书读薄，突出重点内容，必要的理论要让学生读懂、读透，这样才能把理论与实践结合起来。现在汽车修理作业中，经常都是不问过程只问结果，对技能的熟练、经验的丰富要求很高。然而作为中职汽修教育，对汽修经验的传授存在难度，经验需要长时间总结、积累，而中职学生在学时间短，实训课程本来就有限，如果实训条件有限，实训课就开展得更少了，因此我们在实训过程中要做到保量，即每位学生要保证一定的维修工时量，这样才能保证学生技能的熟练程度，而不是"花拳绣腿"的招式。至于维修经验只能在后期的顶岗实习和就业过程中加以总结、积累。

四、推行理论实践一体化模式教学

理论实践一体化模式教学将是中职学校教育改革的重点内容，那么如何更好地实施汽修专业理论实践一体化模式教学，提高学生的专业素质呢？我结合自己的工作经历浅谈一下。

1. 设置理论实践一体化教学课程

汽车维修理论实践一体化模式教学可将维修课程分为发动机、底盘、电器、现代汽车新技术、汽车保养维护实务五大模块，各大模块按其特点，下设子模块，在各子模块下进一步细分，按照系统的构造特点—常见故障现象—诊断分析—修理的路径，从简单到复杂，从单一到综合，难度逐渐递增。这避免了按传统学科模式可能重复讲授教学内容，导致学生知识概念零乱、教学效果不佳的状况。在合理打破学科体系的同时，更重要的是联系企业实际，将企业工作项目转化为学校课程，因地制宜编写适应一体化教学的校本教材，逐步实现专业技术核心课程模块化、综合实训岗位化、技能训练项目化。教学时，注重培养学生解决实际问题的能力。把课程从教师讲解为主，变成以教师积极引导，创造学习环境条件为主；把课程评价从以"老师讲过""老师讲得好""老师完成了教学进度"为准，变成以学生有兴趣、学生的能力明显提高为准。

2. 培养"双师型"师资队伍

建立一支优秀的"双师型"教师队伍是进一步完善理论实践一体化模式教学的关键。从目前各学校配备的专业教师来看，具备双师素质的教师人员比例较低，专业水平也参差不齐。这远远满足不了目前和后续学校的发展需求。学校应该在专业建设上将人才储备和培养作为一项重要工作来抓，教师储备不仅是满足理论实践一体化模式教学的需求，更是为今后学校规模发展创造条件和打好基础。对专业教师的吸收可以从高职以上和一线工作五年以上优秀企业骨干两个方面进行甄选，并进行定人、定岗、定模块培训，相信1~3年后会有实质性的改变。

3. 建设理论实践一体化的实训中心

由于一体化教学方法要求在同一时间、同一场地完成教学的多种任务，因此要实施一体化教学就必须具备既能满足理论教学又能满足实训教学的一体化实训中心。这就要求实习车间要有足够的工位、必需的教学环境，如实习工位、多媒体教学设备，甚至是黑板。理实一体化实习车间要为教学提供"教、学、做"合一的环境，为理论与实践交替进行提供有力的保障，保证理实一体化教学顺利实施。加强实训基地建设，是实现理论与实践一体化的重要环节。"在黑板上上实训课，在练习本上练工艺"是绝不可能提高学生的技术能力的，为此，学校必须建立功能齐全的实训基地，要不惜投入大量资金，增添实训实习设备，优化实训环境。

中职汽修专业优秀人才的培养是一项迫在眉睫的工作，这就需要职业教育工作者能与时俱进，在平时的工作中多总结好的教育教学经验，根据学校的实际情况，努力培养具有较高专业素质的人才，为国家和社会做出自己的贡献。

参考文献

[1] 皮连生.教育心理学[M].上海：上海教育出版社，2011
[2] 张琴友.汽车性能与检测[M].北京：中国劳动社会保障出版社，2004
[3] 赵奇.汽车发动机构造与维修[M].北京：中国劳动社会保障出版社，2004

中职学校汽修实训室建设和管理探讨

王亚辉

厦门市同安职业技术学校

一、实验实训室建设与管理的重要性

做好中职院校实验实训室建设与管理是培养高素质技能人才的必备条件。中职教育的宗旨是培养应用型技能人才，并突出应用能力。实验实训室是中职院校开展实验教学和基础技能练习的必需场所，是学生对所学知识进行验证、理解，并学习操作技能、实践动手能力的平台，使学生能独立思考和解决问题，是实现"零距离"上岗、增强学生综合竞争力的重要场所。

二、实验实训室建设与管理中存在的问题

1. 课堂教学模式单一化

实训课堂采用"教师演示，学生模仿"的教学方法，使学生机械式地模仿操作，不能有效激发学生动手操作的创新能力，也降低了学生的学习兴趣，应该采用使学生从被动接受变为主动自主学习，教师从旁引导的创新教学模式，不能只注重"教"而缺失学生的"学"。课堂应始终以学生为中心，教师为主导。

2. 仪器管理不到位

为了适应学校的高速发展，不少中职学校都加大了大型、贵重仪器设备的购置力度。然而，由于实验实训教辅人员数量有限，其精力到大多投入常规实践教学任务中，缺乏对仪器设备的日常维护，导致先进、贵重的仪器设备成为摆设，不能发挥其正常的作用。

3. 实验教学与理论教学脱节

虽然近几年不断进行教学改革，增加了实践课时的比重，但教学改革力度不大，实验实训与理论教学相结合研究比较薄弱，实验实训课程设置没有脱离理论课程的约束，未能按照实验实训技术自身的系统性和科学性进行教学。

4. 实训室不能够开放式管理

实验实训室只能有限度地实现开放式管理，开放的深度、广度还远远不够。

5. 学校缺乏校办实习工厂

学校缺乏校办实习工厂导致学生所学理论与实训在对接上存在问题，且不能够很好地让学生完成从学生到员工的角色转变，大部分学生毕业之后进入企业还需要"二次实习"，这不利于现代职业教育的发展。

三、加强中职学校实验实训室建设与管理的几点建议

1. 转变教学观念，充分利用实训室

（1）中职学校应该把实训课放在教学的首要位置。教师要摒弃实训课只是理论课的补充的观念，中职学校应该把实训课放在教学的首要位置，开发出更多的实训教学项目，实现大部分专业课以实训课方式进行教学，突出以实训为主的教学理念，摒弃实训课只是为了验证理论知识、原理的观念。实训课除验证理论原理外，更重要的是培养学生探究知识的兴趣，提高学生实际动手能力、专业技能等综合职业能力。教师应根据课程特点，以培养学生能力为本，开发实训项目。为保证实训课的教学质量，在实训课前，教师需要对实训项目进行规划和设计，要到实训室进行实训项目的准备，自己先熟悉实训设备的使用，设计好实训的各个环节，对学生实训过程中可能遇到的问题进行评估，并做好应急准备，保证学生能顺利完成实训任务。

（2）实训室管理教师应转变观念。实训室管理教师要摒弃工作任务主要是实训室管理和设备维护的观念，实训室管理教师不仅是实训室管理和设备维护人员，更是实训项目教学的指导人员。管理教师不仅要熟悉本实训室的设备使用，还要熟悉实训室所承担的实训项目。在上课时，不仅要解决设备、工具和材料等问题，还需要指导学生进行实训，甚至在教师课前准备实训项目时，帮助或指导教师进行实训项目设计。

（3）教师和实训室管理教师取长补短，互相配合，保证实训教学质量。以往曾经出现这样的现象，教师带学生到实训室上实训课，教师在两节实训课期间，示范实训操

作，解答学生问题，忙得团团转，两节课下来，教师筋疲力尽，但教学效果并不好，甚至觉得不如在教室上课效果好。出现这种情况的原因主要是教师在实训课前没有到实训室进行准备或准备不足，或者是实训室管理教师没有没有做好充分的准备。因此只有教师和实训室管理教师共同合作，发挥教师的教学专长，发挥实训室管理教师动手能力强的特点，做好实训前准备，互相配合做好实训指导工作，实训课才会取得较好效果。

2. 基于工作过程导向的职业教育理念建设实训室

当前，基于工作过程导向的职业教育改革正推动着职业教育课程体系的建设，职业学校应以教学方法和教学环境改革为契机，推动职业学校实训室的建设。基于工作过程导向的职业教育改革，其核心思想就是基于工作过程导向改革课程体系，以行动教学法实施教学，创设接近真实工作情景的教学环境，实施理实一体化教学，学生在学习过程中获得工作过程知识，形成工作经验。因此，基于工作过程导向的职业教育也决定了教学模式必须以实训教学为主，职业学校需要开发更多的实训项目教学。为满足基于工作过程导向的职业教育课程的教学实施需要，实训室的建设也应相应改进。

（1）以基于工作过程导向的课程改革理念建设实训室。工作过程导向的课程内容来自企业实际工作任务，课程的内容序化以企业实际工作过程来排序。因此基于工作过程导向的实训室建设，要为学生构建典型的工作环境，合理布局设备，模拟企业生产场景，以学生能实际操作和完成一个完整的典型工作任务为原则建设实训室。在开发组建实训室时，开发人员应由职业教育培训专家、企业一线管理人员和学校专业教师共同组成。另外，要把企业实际工作过程内容转化为学习内容，把企业工作情景转化为实训情景。在引进企业实际生产设备或贴近企业实际生产的设备时，尽可能体现专业领域的新技术、新工艺、新设备，体现现有行业中高技术及技能要求。

（2）以基于行动导向教学法理念建设实训室。行动导向教学法是以学生为主，教师为辅，小组合作共同完成教学任务，教学的场所是理实一体化教学场所。因此实训室设备的陈列，实训设备外观设计等要优先考虑学生实际操作，保证学生能顺利、安全地操作设备。同时考虑教师教授和示范的需要，把学生操作设备和教师教授、示范设备有机结合起来，既要满足学生操作又要方便教师教授和示范。此外，理实一体化实训室还要满足学生自主探究学习需要，由于学生在学习时要查询资料，制订学习计划，自主解决问题等，因此实训室还应准备信息查询设备和资料，比如计算机、无线网络和相关的图书等。

3. 适度开放实训室，满足学生学习需要

（1）开放实训室的意义。

①学生的实际需要。中职学生拥有的学习资源很少，课外基本没有机会自己动手操作设备，学生很希望能多到实训室上课，希望能有更多的实践机会，以提高他们的动手能力。

②实训室开放有利于学生综合能力的提高。开放实训室，学生可以自主到实训室探究实训项目，进行技能训练，甚至可以在实训室设计产品，独立解决实训过程中碰到的实际问题，提高分析问题、解决问题的能力。

③实训室开放有利于教学质量的提高。通过不断训练、分析和归纳实训项目，还可以培养学生一丝不苟、实事求是的科学素养，提高综合素质。

（2）适度开放实训室。

实训室在现阶段还不可能做到全天开放，但可以根据学校教学的需要适度开放实训室，实行分时段、分层次开放。

①中职学校一般都有下午课外活动时间和晚自修，可以利用这两个时间段开放实训室，这样既不会耽搁正常上课的时间，学生还可以充分利用课外时间进行学习和技能训练。

②中职学生每学期都有一些科目进行技能竞赛和技能鉴定，对参加技能竞赛和技能鉴定的科目和学生，可以开放相应实训室，保证学生正常的训练时间，为他们准备技能竞赛和技能鉴定提供便捷条件。

4. 科学管理实训室

（1）领导要重视实训建设和管理工作。学校实训室建设和管理的质量将直接影响到教学质量，各课程开出哪些实训项目，实训项目教学完成的质量如何等，教学部门领导应有统筹安排。教学部门领导可以通过查看教师实训计划、实训室工作安排、实训登记表等掌握实训教学的情况，以督促实训教学按时高质完成。教学部门领导需对实训室反映的情况及时处理，并给予实训室必要的支持。如实训室开放时，实训室管理教师需要到场为学生提供服务，领导要予以支持并制定合理的规则，否则开放实训室将达不到预期效果。

（2）组建优秀的实训室管理队伍，提升实训室管理教师的业务能力。以往在配备实训室管理教师时，对实训室管理教师的主要任务要求是对实训室进行管理和维护，而很少关注实训室管理教师的教学能力。而新的要求表明，实训室管理教师应既是实训

设备的维护与管理者，也是教学者。因此需对部分实训室管理教师进行教学能力方面的培训，同时要淡化实训室管理教师和课程专职教师的界限，提高实训室管理教师待遇和地位，以促进教师向一专多能方向发展，实现课堂教学与实训教学的有机结合。此外，可以实行课程专职教师和实训室管理教师合理流动的管理机制，并吸收部分优秀教师一起组建实训教学骨干队伍。

（3）严格执行实训管理制度和采用 6S 管理方法。在贯彻中等职业学校的实训室使用制度、安全制度、卫生制度等的同时，引进企业的 6S 管理方法。从学生踏进实训室开始，就要以企业的方式严格要求学生，让学生养成良好的实训习惯，为以后的工作奠定基础。实训室是中职学校教学的重要场所，是学生进行技能训练和培养综合职业能力的实践基地之一，实训室建设和管理的质量如何，直接影响到教师的教学和学生的学习。中职学校应该特别重视实训室的建设和管理工作，为教师和学生提供优质的教学实训环境。

四、重视汽修实训室建设和管理取得的良好效果

随着本校教学改革的不断深入，实验实训室必须贯彻"以人为本"的管理理念，运用科学的方法进行开放式管理，为中职院校发展提供有力保障。我校汽修专业类学生连续五年参加职业技能鉴定考核成绩优异，合格率为100%，多次参加各项技能大赛均取得优异成绩。厦门各大 4S 店及汽修厂对我校汽修学生的满意度不断提升，合作愿望不断增强，毕业生就业率始终保持名列前茅，扩大了学院影响的同时还能为学生实训提供校外场所，为企业解决实际困难，提高效益，从而实现校企双赢。而这所有的成绩都离不开学院各专业实训室的建设和管理。

参考文献

[1] 姜大源.职业教育学研究新论[M].北京：教育科学出版社，2007
[2] 吴翠荣，吴翠玲.建设开放式实验室推进高职教育教学改革[J].中国现代教育装备，2010（5）：124-127
[3] 黄静华.加强中职学校实验室管理与建设的思路及措施[J].现代企业文化，2010（15）：184-185
[4] 杜云海，柯献辉，余海洋，等.谈实验室信息化建设的规范化[J].实验室科学，2007（5）
[5] 胡建波，谭晓芳.校内生产性实训基地建设的思考[J].价值工程，2010（34）

关于我校汽修模块课程教室建设的探索与思考

王志兵

厦门市同安职业技术学校

汽修专业的课程就像是一个系列，其中可以分为很多模块，如汽车构造（含发动机构造、底盘构造）、汽车电器、发动机电控、车身修复、汽车美容、汽车内外饰加装、汽车维护与保养、钣金、涂装工艺等。这些课程实践性很强，课程的学习将直接影响到学生今后的实际工作。但是，由于学生对各种汽车部件、汽车行业知识接触很少，没有感性认识，对这些课程的学习常产生难懂难理解的感受，客观上影响了学生对于基础理论知识的掌握。

在我校，一方面，汽修专业仍是传统教学，专业课的安排不够科学，重点专业科目的教学存在较大的时间跨度，而且专业理论课的教学在普通的教室进行，技能训练在实训车间进行，整个教学过程造成理论和实践脱节的局面。另一方面，学校师资力量不够，不能满足正常的教学需要，而且汽修班级人数过多无法进行有效的实训，不能把学生的"学"和"练"有机地结合起来，严重地影响了教学效果。

我们该如何打破瓶颈改变汽修教学的现状呢？建立相应的汽修模块课程教室应该不失为一个行之有效的办法。我校专业课程教室的建设已然迫在眉睫，一方面，改善教学条件，让真实的设备和企业标准操作规范展示现在学生面前，使教师的理论教学与实践教学一体化，更加具有针对性和实用性，提高课堂教学效果；另一方面，通过学生的操作演示，教师可以随时掌握学生存在的问题，从而更加有效地改变教学策略。

目前我校示范校建设工作正在紧锣密鼓地进行，也在不断探索课程教室的建设，为教学改革提供了重要的平台。而汽修模块课程教室的建立不是一句话就可以完成的，它涉及课程设置、课程结构模块化、课程内容、教学模式、教学考核和教师队伍建设等内容，它的建设是一个系统工程。作为一名汽修专业教师，了解学校汽修教学现有的问题，为了较好地处理知识与技能训练的关系，为完善汽修专业建设，我对汽修模块课程教室建设做了一些探索和思考。

一、科学课改构建汽修专业模块化课程体系

所谓"课程教室"不仅是教室，还是学生学习技能的地方，是理论和实践有机结合的学习场所，既有理论的学习，又有技能操作的演示和练习，既有课堂理论教学的设施，又有师生实操的设备和新的学习氛围。

1. 以市场为导向优化课程设置

作为一个中等职业学校,我们的培养目标是为社会和企业一线培养高素质的技能型人才。因此，课程设置的指导思想应以就业为导向，以市场需求为主线，以技能培养为抓手，以综合能力培养为目标。课程的内容要以工作任务引领知识、技能和方法，让学生在完成工作任务的过程中学习相关知识，来发展学生的综合职业能力；关注的重点放在通过完成工作任务所获得的成果上，以激发学生的成就感。

2. 以工作任务为中心来设计课程内容

结合学校现状，为保证在校汽修专业学生的基本学习和训练，我们可以开设发动机拆装与维修、底盘拆装与维修、电气设备检测与维修、发动机电控检测与维修、汽车二级维护与整车检测、汽车钣金与喷涂技训、汽车维修信息资料室七个模块教室。有了课程教室这个平台之后，如何设计课程内容显得尤为关键。以完成工作任务为引领，不特别强调知识的系统性，而注重内容的实用性和针对性，将"讲、学、做"一体化，是我们课程改革的关键。

首先，在每一个模块课程内容的设置上要做到少而精："少"要以够用为度，不追求专业理论知识的完整性，而是严格按照职业岗位工作的需要去精选适合的专业理论知识，职业岗位需要什么,就教什么,需要多少,就教多少；"精"要做到以实用为度，即着眼于理论在实际中的应用，课程内容要突出专业理论在生产实践中的直接效用性，重点介绍专业理论知识的应用范围、应用范例，有利于学生真正掌握专业理论知识解决生产实际问题。

其次，模块中每一项目的学习和训练都围绕岗位工种技能要求来设计。以车身修复模块为例，可设置机电维修工位、钣金工位、喷漆工位，质检工位等。平时教学要以实例中的应用为认知起点，比如钣金、喷漆工位还可以细化成更小的单元，如抛光、研磨、打蜡等。课程内容从基础开始，选取体现从简单到复杂的教学过程的认知规律。按

照训练的项目先后顺序将理论内容加在不同的项目之中，每一部分的理论知识都是项目训练所需要的。同时将企业的操作规范、安全生产要求、产品检验标准等贯穿始终。

最后，在综合训练模块中，主要是考虑如何与汽修企业对接。我们以汽修企业标准来设计整个项目，按照汽修企业的生产要求，通过实物拆装可以锻炼学生的拆卸、装配能力，掌握汽车各个部件之间的装配、检测、维护与保养等知识；使学生具有汽车故障检测与排故的初步能力，培养学生逻辑思维能力与发现解决问题的能力，特别强调岗位规范的训练和职业道德的培养，在这过程中也可结合汽修技能考证进行强化训练。

3. 以岗位要求为参考来制定课程标准

根据岗位能力需求，详细制定模块课程标准，并规定各模块理论和实践的教学要求及各模块的教学时间安排，并不断地更新和完善。

二、以培养学生职业能力为目的建设课程教室

汽修课程教室的建设是以培养学生综合职业能力为目的。课程内容的开发关键是为每一节课设计最有效的活动。活动过程的设计逻辑是始终以学生为核心，活动内容的设置必须适应于市场和汽车维修工作环境中岗位技能需求和工作绩效，课程强调的是"做"，而不仅仅是"知道"，通过获取各种汽车维修技能，迅速体现学习的成果。一方面，教师通过设备演示和链接讲解知识，使学生直观地理解教师所讲的理论和技能知识要点；另一方面，我们将职业素养训练融入模块化课程实施中，让学生形成"上学即上班，上课即上岗"的意识。避免由于实训车间的嘈杂与无序而影响学生的注意力，另外也避免盲目地讲解和训练，导致学生经过若干时间的训练后到企业仍然不能顶岗生产的尴尬局面。

以培养学生的职业能力为目的，要体现课程在教学组织形式与教学手段上的特殊性，要强调校企合作、工学结合。

（1）强化案例教学或项目教学，注重以工作任务为导向型案例或项目，激发学生的学习热情，使学生在案例分析或项目活动中了解汽修的工作领域与工作过程。

（2）教学应以学生为本，注重"教、学、做"的互动。抓住汽修专业课程的重点，在重点及难点处安排课内实践及讨论内容。选用典型案例，由教师进行操作性示范，并组织学生进行实际操作，让学生在案例应用项目教学活动中明确学习领域的知识点，并掌握汽修课程的核心专业技能。

三、改革教学方法充分发挥课程教室的作用

课程教室建起来之后，如何发挥它的作用，采用合理的教学方法显得非常关键。采用一体化教学方法能较好地处理理论与实践的关系，一定要避免将那些无关繁杂的知识灌输给学生，以最大限度地发挥技能化教室的作用。在现场操作中首先要强调安全性，反复提醒学生操作中容易出现的问题；其次要强调操作的规范性，把行业标准、企业标准纳入操作之中。

（1）在教学过程中，要创设工作情景，同时应加大实践的容量，提高学生的岗位适应能力。应注重专业案例的积累与开发，以多媒体、录像与光盘、案例分析等教学模式提高学生解决问题与分析实际应用问题的专业技能。

（2）教学过程中教师应积极引导学生提升职业素养，提高职业道德。另外，实施教学中可根据模块课程标准，开发我校的汽修专业模块课程"教学包"，主要包括：教师工作指导手册、学生工作指导手册、PPT 等，通过不断开发和完善来指导汽修专业的教学。

四、改变评价模式有效提高教学质量

改变评价模式，努力提高教学质量和效率，需要制定具有我校特色的针对学生、教师及课程的评价方案。

（1）学生评价体系要突出评价的教育功能。可以从"品德行为表现""学习过程表现""职业能力表现"等多方面对学生进行全面的评价，设立由学生自评、学生互评、家长评价、教师总评多种评价手段。

（2）对教师的评价要重视及时反馈和有效性。第一，课程实施中，让学生相互发表对课程的意见；第二，在每个模块后设置教学质量反馈表；第三，通过教研活动定期小结，进行自评。

通过不断地琢磨和探索，我们可以慢慢制定出一套汽修专业课程的管理制度，主要包括课程标准、课程编制、课程实施、课程实施条件、课程评价部分，来指导和促进后期教学。

五、建设"双师型"教师队伍成功运转课程教室

课程教室从根本上保证了"一体化"教学的实施，但要达到预期的效果，关键是有一支"双师型"教师队伍。

与传统教学模式相比，"课程教室"的应用对教师教育教学质量提出了更高要求。一名教师同时承担理论教学与技能训练指导，可使学生在同等时间内学到更多的知识和操作技能，同时理论教学与技能训练能够相互渗透、相互补充。因此要求教师必须有较高的基本技能、较强的指导能力和深厚的理论知识。

学校可以利用企业培训让专业教师进行"理—实"结合，按照企业生产流程顶岗训练，同时学习企业的管理理念，教师的专业技能水平就会有"质"的提高，在课程教室教学过程中将得心应手，运用自如，有助于将课程教室的作用发挥得淋漓尽致，使学生水平上一个台阶。

总之，汽修模块课程教室搭建了产学合作平台，充分利用汽修行业的企业资源，满足学生对汽修专业课程的学习及专业实训、后续顶岗实习和毕业设计中相关项目的需求，并在合作中关注学生职业能力的发展和教学内容的适当调整。作为理论与实践相结合的一个中间纽带，课程教室的建设较好地解决了理论教学与实践教学的关系，必将对学生综合职业能力的培养起到积极的作用。

参考文献

[1] 佟强，张素云. 中等职业学校的课程设置如何体现专业培养目标[J].中国职业教育，2010

[2] 易贵平，等.中等职业学校工学结合与校合企作培养模式的应用[J].中职教育，2009

[3] 孙井龙. 浅谈如何提高汽车修理教学实习质量[J].中国校外教育（基教版），2012（5）

[4] 朱敏，朱海燕. 浅谈汽车维修专业"模块式一体化"教学[J].江西化工，2008（4）

[5] 周乐山，等."中职汽车运用与维修专业模块化课程体系的构建与实践"教学成果报告[R]，2013（11）

机电一体化专业课程体系改革方案

陈庆毅

厦门市同安职业技术学校　高级生产指导教师

机电一体化技术是集机械、电子、计算机等学科于一体的新兴交叉学科，机电技术的发展对人才的知识、能力、素质结构提出了新的要求。为了适应市场需求，就必须对现行的课程体系、教学内容和教学方式等进行改革，以满足制造业发展对人才的需求。

为此，本文通过市场调查，了解企业对机电一体化专业人才的需求，分析学校机电一体化专业教学现状，明晰机电一体化专业的课改思路，明确机电一体化专业课改目标，提出机电一体化专业课程体系改革方案。

一、课改的必要性

1. 行业背景与社会需求

作为机电技术应用专业主要服务产业的机械装备制造业一直是厦门市的支柱产业，而厦门市的机械装备产业长期以来一直具有较强的制造和配套能力。厦门市人力资源和社会保障局发布的用工需求信息表明，近三年来，特别是 2011 年厦门市紧缺工种中，装配钳工、电工、焊工等机电专业工种位列前十，《厦门市国民经济和社会发展第十二个五年规划纲要》明确指出，厦门市确定十三条制造业产业链，机械制造业为厦门市支柱产业之一。机电技术是现代制造的核心技术之一，是一门实践性非常强的传统专业技术。人才需求日益凸显，企业对人才质量要求也日益提高，要实现校企深度融洽、无缝对接，必须深化课程体系改革。

2. 专业定位

机电技术应用专业定位是以职业岗位工作对知识、能力、职业道德和职业素质结构要求，实行"2+1"人才培养模式，培养德、智、体、美全面发展，具有相应的文化水平与素质、良好的职业道德和创新精神，掌握机电技术领域的专业知识，具备相应实践技能及较强的实际工作能力，掌握钳工、焊工、电工操作技术，主要面向生产第一线从事机械装配、设备维修等技术工种的中级技能应用型人才，应具备相应实践技能及较强的实际工作能力。服务面向定位是坚持依托制造业行业，立足厦门，面向厦、漳、泉三个地区，为区域经济和社会发展服务。机电技术应用专业的准确定位让课改有了明确的方向性、针对性和实效性。

二、教学现状及主要存在问题

近年来，随着我校数控、汽修等专业的兴起，机电专业逐渐被边缘化，招生人数逐年减少。分析其中的原因，除了受其他热门专业招生火爆的影响外，还与教学设备上的投入不足，课程设置不合理有关。教学设备欠完善，学校对设备的添置跟不上日新月异的企业新设备，实训工位不足，不能实现小班化教学；高水平的专业教师欠缺，特别是引进企业的能工巧匠较少；教学方法有待变革，信息化教学手段应用不够深入，机电专业资源库稀缺，抽象讲解或简单的 PPT 教学效果和效率均不能满足要求；多年未深度修改教学计划，未与企业技术骨干深入探讨课程体系改革与完善教学质量评估。

三、市场调查结果表明

从典型的机电产品来看，一方面，如数控机床、加工中心、机器人和机械手等，无一不是机械类、电子类、电脑类、电力电子类等技术集成融合成一体化，这必然需要进行机电设备操作、维修、检测及管理的大量专业技术人员。另一方面，机电技术的应用面广，诸如农、林、牧、渔产品的深加工企业，食品加工、造纸、印刷及交通运输以至现代商业企业等都离不开机电技术。机电专业作为电气自动化、机械制造等专业的补充与延伸，机电类应用型、技能型人才将成为各企业争夺的对象。企业、事业单位急需一线技能型操作人才，尤其是对综合技术应用人才的需求为我们的毕业生提供了广阔的就业空间。

调研表明，厦门市对机电专业的中职毕业生需求是巨大的，前提是毕业生具备实际的工作能力。而现实情况是，学生在学校内所学习的专业技能缺乏社会实用性，与生产实际的结合不够紧密，专业技能的实训不能与企业生产接轨。另外，部分学生不能以积极的、正常的心态面对社会，对社会缺乏了解，对自己缺乏足够的认识，个人的素质有待提高，职业道德和责任心不足，眼高手低，站在这山望那山高，就业稳定率低。企业要求的不是简单的操作工，而是要具有一定的职业综合素质和较好的职业发展基础。

因此，为了适应区域经济和高新技术产业发展的需要，满足社会急需，对机电技术专业进行了改革调整，该专业以社会发展对机电专业中职人才需求为着眼点，建立一套科学、完善、具有中职教育特色的教学体系。坚持应用性、整合性、实践性、先进性、综合性的原则，使毕业生既掌握机电设备的使用、制造、维修、检测、管理等专业理论知识，又熟练掌握对机电产品的维修及维护等实际技术。教改后的机电技术专业以校企合作作为人才培养新途径，提高课程的整合性、技术的先进性、知识的综合性，加强实践性，使该专业的毕业生明显具有技能型人才特色。

四、课改思路

职业教育强调人才培养要与社会需求相适应，而社会对人才的实际需求是不断变化的。这就要求学校不断检验和调整教学内容，不断丰富课程内涵。因此，课程的实施过程是动态化的，作为为培养目标服务的专业课程设置、课程开发、教材选用与编写等各个环节都处于动态变化之中。我们根据培养目标，打破原有的学科体系，将专业理论课和生产实习课以课题的形式揉成一门专业综合课程，以达到使该专业中所有专业课知识融会贯通的目的。此外，可以进一步巩固学生在课程阶段所学的理论知识，培养其独立分析问题和解决问题的能力，解决理论与实践、理论与理论之间脱节的问题。让学生在综合课程中得到系统的训练，获得综合应用能力。在教学中通过师生共同解决课题的方式来达到让学生既学到知识，又掌握专业技能的目的。

在机电专业理论基础课程中，新开设了一门专业综合课程。该课程根据学生毕业后，主要从事机电专业工作这一要求，突出技术应用能力为主线，根据各单项能力目标的主要内容、知识点、技能要求来构建课程体系和教学内容。将传统机电专业的几门主课进行了筛选重组，删减不实用的理论和烦琐的公式推导，通过知识的相互渗透，减少了课程内容重叠，增加了一些生产实际的范例，以及实践教学与实训内容，将实践教学与理论教学融为一体。

五、课改目标

专业教学改革的总体目标是通过专业教学改革，提高办学水平，增强学生就业竞争力。专业教学改革的具体任务为：

（1）改革旧的教育思想和教育观念，形成 21 世纪所需要的、具有先进性和科学性的人才观、教学观和质量观；坚持以服务为宗旨，以就业为导向的办学指导思想。

（2）改革旧的人才培养模式，确定新的培养模式，并以行业的岗位能力要求为依据，制定高效、实用的人才培养方案。

（3）改革旧的课程体系和教学内容，建立有利于培养学生职业能力创新意识和操作技能的课程体系；按工作岗位要求进行课程设置。

（4）改革传统的、单一的课堂讲授为主的授课方式，运用启发式、讨论式、现场教学、专业仿真教学等灵活多样的教学方式。

（5）改革单一的闭卷考试的考核方法，采取口试、实际操作、小创造小发明相结合的考核方法。

六、课程体系改革内容

1. 以能力培养为主线，构建机电综合课程内容

综合课程开发最重要的是必须在科技发展需要、地方经济发展需要和学生实际情况之间找到结合点。学生基础差是事实，但在工厂里进行机床操作的大多数是初、高中毕业生，他们能掌握科技知识，作为职校的机电专业学生，更能掌握当代科技知识。关键是如何进行课程改革，如何应用现代化手段进行教学。我们应该以人为本，学生能学进哪些知识，哪些知识在社会上是有用的，我们就可以教给学生哪些知识。这种教学较好地解决了理论教学与实习教学的脱节问题，减少了理论课程之间及理论课与实习课程之间知识的重复，增强了教学的直观性，充分体现了学生的主体参与作用，提高了课堂教学的效率。

（1）以提高学生的思想、文化科学素养和社会的需求为出发点，必须对现行机电专业教材内容作适当的增删。首先，建议删减课程门类，适当压缩课时，使学生对必学的基础知识、实践技能学得扎实、学得生动。将《电工基础》《机械基础》《电气识图》《电工技能训练》《电机与变压器》等课程进行综合教学。一方面，这几门有密切的内在联系；另一方面，要减轻学生过重的课业负担，要提高教学质量必须减少现行课程门类。其次，建议删减教学内容，主要是理论性、学术性太强及过深过难的知识。"以宽基础、窄专业"为主导思想，以能力为本位，实施专业课程改革。"窄专业"是指学生学完必需的基础课后，学校应根据学生的专业特点、市场需求和办学条件，灵活选

择相应的专业课程来实施教学计划。以讲授实用理论为主，突出教学内容的实用性、先进性和动态性。减少课堂讲课时数，以"必需、够用"为度，确定以讲授实用性、专业性较强的应用理论，舍弃那些不是职业能力培养必然要求的推导、证明方面的内容及理论性较强的内容。

（2）力求做到教学内容与企业技术应用同步更新，教学内容应增加新技术、新知识、新规范的介绍和应用。根据培养目标，我们将学生所学专业的相关知识和技能分成若干个课题，每个课题依据不同的知识点分成若干个子课题，每个子课题中均有对专业理论和专业技能的具体要求，课时比一般为1：2。例如，"电工"专业从入门到掌握初级技能有几个课题，其中又有若干个子课题。从初级到掌握中级技能有几个课题，其中又有若干个子课题。教学过程不再是单一的学科教学，而是瞄准目标，围绕课题的综合化教学。

（3）为了培养的学生既见树木，又见森林，树立对机电专业的整体认识，我们对各课程进行了整合。根据职业岗位和岗位群对岗位人才综合素质的要求，设置课程体系结构，文化课以够用、专业课以实用为原则，确保专业基础课和专业技能课的教学效果和效率。以职业岗位为依据，设置实践教学体系，把专业技能强化训练和职业资格考证衔接起来，注重专业课程的有效开展。构建"校企融合，教产学一体"的人才培养模式，实现教学过程与生产过程对接，完善课程体系建设。

2. 改善教学手段，调整教学方法

综合课程是专业技术基础课程，与生产实践的联系较为密切。为了使学生掌握的理论知识向实践能力转化，根据课程章节内容，采取不同的教学方法，在教学进程中理论教学、实训教学交叉进行，走"实践—理论—再实践"之路。

专业综合课程在施教的过程中，采用理论教学、实训教学、现场教学、课堂讨论等多种形式相结合的方法来进行，突出学生的主体作用，调动学生的积极性，鼓励学生独立思考。根据不同章节的特点及学生所需达到的专项能力的要求，把实训、现场教学等实践性教学环节融入教学过程中。并让学生亲手操作，强化应用，强化实践。例如，在"车削加工"这一节里，采用的教学方法是理论教学和实训教学相结合。在讲完车削加工的基础理论知识后，让学生到车工房亲自去操作，使理论知识更好地向实践应用转化；并结合实训中出现的问题，进行讨论；再结合常用的典型机电零件，让学生提出车削加工的方案。

在一些暂时做不到实训教学的情况下，制作了一些与实训内容相联系的多媒体教学片。利用多媒体教学手段来达到改革教学内容的目的，使教学过程更加形象生动，极大地调动了学生的学习积极性，加深了学生对教学内容的理解和掌握，较好地解决了理论与实际相联系问题。

3. 开展职业技能鉴定，推行"一书多证"制度

倡导和推进专业能力与职业技能（资格）认证相一致的思想和方针。在课程设置与教学内容确定时，注重课程教学和职业资格培训"挂钩"，实施学历文凭和职业资格证书相结合，以国家或行业岗位技能认证考试来检验学生的知识掌握情况和技能训练成果，通过职业资格培训来推动职业教育的改革，使二者有机结合、良性互动。学校积极开展毕业生职业技能培养、职业资格认证和创业培训，全面推行职业资格证书制度，要求学生在校期间至少取得一种与本专业相关的职业资格证书方能取得毕业证书。同时，我校将职业技能鉴定内容引入课堂教学，还利用课外活动时间、晚自习时间、双休日全天候开放实验室、实训室，使学生有更多的时间参加职业技能培训鉴定。在实践教学环节，我校聘请技能型人才担任实训指导教师，使学生的实践技能更贴近实际，既提高了培训效率，又激发了学生学习专业课程的积极性。

4. 课程体系构成

（1）根据职业岗位和岗位群对岗位人才综合素质的要求，在文化基础课模块方面：重视德育、体育课，在德育教学中，要尽量培养学生规划好人生目标，塑造良好的职业道德、人生价值观、世界观等；体育课主要是增强体质和培养耐挫、耐劳能力，不容忽略。语文课应重视应用文写作，忽略古文等深奥知识传授，英语也以从简为妥。此外，还可选修心理健康、书法、礼仪等综合素养课。主要课程及学时分配：德育（生涯规划、职业道德与法律、经济政治、哲学人生）160学时，语文80学时，数学80学时，英语80学时，物理40学时，计算机80学时，体育160学时，共680学时，占总课时的17%。选修课模块：音乐、美育、书法、礼仪、心理健康，共120课时，占总课时的3%。

（2）在专业基础课模块方面：应开足机械制图课，特别是绘图能力和识图能力的培养，要编制实用校本教材，把公差配合与技术测量课改为更新更实用的互换性与测量技术基础，把金属材料与热处理改为与钳工加工技术关联性更强的金属切削原理与刀具。具体课时比例分配如下：机械制图160学时，机械CAD80学时，机械基础40学时，互换性与测量技术基础80学时，金属切削原理与刀具80学时，共440学时，占总课时的11%。

（3）在专业技能课模块方面：增加焊工基础知识与基本技能，掌握好专业技能基本功，其他专业技能课与职业资格考证紧密融合，教学过程中增加生产性实践教学环节，开足实训课。具体课时比例分配如下：数控机床编程与操作 80 学时，钳工基本技能 80 学时，车工工艺学 80 学时，普车生产实习 320 学时，数控车工实习 240 学时，专业技能取证考试 80 学时，共 880 学时，占总课时的 22%。

（4）在技能拓展模块方面，为了增加专业方向的拓展能力，使数控专业的学生不但成为普通车工、数控车工，还要成为企业中广泛需求的人才——数铣/加工中心的技术员，为此应加深机械 CAD 的知识延伸，增加机械 CAM160 学时，专业老师根据教学经验融入加工中心编程的教学，提高学生的制图能力和编程能力；把电工安全融入电工电子技术基础，让学生在校有限的学时内学到更多更强的实践技能。具体课时比例分配如下：机械 CAM160 学时，电工与电子技术基础 80 学时，数控铣床加工中心加工技术 240 学时，共 480 学时，占总学时的 12%。此外，还可拓展数控设备维护课程。

（5）在实践能力模块方面：主要通过构建校企长效合作运行机制和不断完善顶岗实习管理制度、校企共同评价实习生学习质量来实现，以工学结合为载体，创新校企人才共育、过程共管人才培养机制。具体课时比例分配如下：社会实践 600 学时，毕业实习及报告 600 学时，共占总学时的 20%。

浅谈中职生操作技能培养

陈佳惠

厦门市同安职业技术学校

职业教育就是就业教育，一所职业学校举办得好不好，就看学生能否在学校掌握好与就业相关的技能。随着社会的发展，"白领"越来越多，当白领趋于饱和时，"蓝领"的地位就凸显出来了。在国外，蓝领的待遇其实比白领的还好，只是在中国的现有体制下，我们的感受与国外截然相反。但是，随着社会的发展和改革，相信这一状况肯定会随之改变，因此，如何让学生在职业学校里提高操作和运用技能以适应瞬息万变的市场需求，就成为一个比较棘手而重要的问题。本文就以下几点来谈谈自己的一些见解。

一、中职学生学习兴趣现状分析

（1）中等职业学校的学生多数学习兴趣不浓，来学校就是混日子，每天得过且过，但是不乏积极向上、想学习的同学。因此，面对新的学习环境、新的学习目标，如何重新树立学生的学习兴趣，激发学生的学习潜能是培养中职学生操作技能首先要解决的问题。

（2）俗话说，皇帝不急，急死太监。教师充分重视学生的操作技能培养，甚至担心学生没有拿到操作技能证书无法顺利毕业，但部分学生仍旧没有学习操作技能的兴趣，操作技能的培养就失去了动力；失去了职业素养的劳动者，操作技能的培养也就丧失了意义。米卢曾说过，态度决定一切。中职学生岗位操作技能的培养同样也要积极发挥学习者情感和态度的作用。因此培养中职学生操作技能至关重要。

二、中职学生操作技能培养的方法

1. 给学生压力，同时也给予学生动力

开学第一课先带学生参观以往学生的参赛作品，激发他们的兴趣，同时强调，没有技能证，就没有毕业证，给学生充分的压力，同时也让他们有动力。部分对毕业证书比较重视的同学在后续的实操学习中，会鼓足干劲，越学越有兴趣。

2. 理论联系实际

由于中等职业学校学生生源素质呈现出越来越差的一个趋势，因此教师的授课难度逐渐增加。为了让学生更好地掌握理论知识，最好是采用理论联系实际的方法进行授课。教学中，我在理论课程中穿插实践活动，同时将学校现有设备资源拍成图片并融入在自己的课件中，让学生能够在学习理论的同时直观地了解相应的设备，然后再进行实践活动，调动了学生学习的积极性，使课堂气氛活跃起来。例如，在普车实训这门课上，学生频频出现撞刀现象。撞刀有两种危害：第一，学生的安全得不到保障；第二，学校的机台会因此而损坏。对学生的撞刀原因仔细分析，主要有两方面：第一，学生是初学者，对于机台的操作尚不熟悉；第二，部分学生上课根本没有听讲，因此机台到底是如何操作的根本不了解。在这样的情况下，我开始收集每次学生的撞刀事例，拍成图片，做成幻灯片，上课时展示给学生看，特别是刀具和工件被破坏的图片，更是予以放大展示，一方面吸引学生听课，另一方面也让学生了解撞刀所带来的后果。

3. 采用任务驱动教学法

所谓"任务驱动"，就是在学习信息技术的过程中，学生在教师的帮助下，紧紧围绕一个共同的任务活动中心，在强烈的问题动机的驱动下，通过对学习资源的积极主动应用，进行自主探索和互动协作的学习，并在完成既定任务的同时，引导学生产生一种学习实践活动。"任务驱动"是一种建立在建构主义教学理论基础上的教学法。它要求对"任务"的目标性和教学情境进行创建，使学生带着真实的任务在探索中学习。在这个过程中，学生还会不断地获得成就感，可以更大地激发他们的求知欲望，逐步形成一个感知心智活动的良性循环，从而培养独立探索、勇于开拓进取的自学能力。

在每一次的实操教学中，我首先都会把当天要完成的图纸先发到学生们的手里，然后在课堂上进行操作步骤讲解，接着在机台上示范操作，最后为每位学生分配好机台，要求学生们完成任务后找教师进行检测，检测合格后予以登记，任务完成情况直接与期末考试挂钩，以此来约束一些不大乐意做以及懒于动手的学生。

任务驱动的教学模式改变了传统的教与学的结构，使学生真正成为学习的主体，教师除了具有辅导者、引导者的身份外，不再是其他任何权威。在这一模式下，学生可随时获取帮助，并随时成为"教师"。这种教学方式全面应用于技能教学，相信只是一个时间上的问题，它将完全改变传统的教学方式，使因材施教真正落到实处，让每个学生将学习当作一种享受。

4. 利用课余时间举办校内实操比赛

为什么要进行比赛？其实比赛不仅是完成学校布置的一项任务，也给予学生一个展示自己的机会。谁都有虚荣心，能在比赛中获得一定的成绩，我想这是对学生最大的鼓励，同时能让他们在后续的学习中更加鼓足干劲，一鼓作气。通过这个比赛，还可以发现学生在实训中的一些不足，例如工序分析不够合理，部分刀具的使用存在错误等，这对教师提高自己的教学业务水平也有一定的帮助。举行比赛就是为学生提供一个展示自己的平台，让学生能够在这一平台上发现一个不一样的自己。

5. 责任落实到人

现在的学生大多数持事不关己高高挂起的心态，为了调整这种心态，我采用责任到人的方法进行分组。每次实训完成后，当天操作的同学和安排到的对应组别的同学要对机台和实训室进行打扫，打扫不干净或者是工具没摆放整齐的要进行返工。这虽是一件小事，却可以体现一个人的职业道德素养。职业无贵贱，素养有高低。细节是决定成败的关键，因此一定要让学生一开始就养成良好的职业道德素养。

一个课堂就是一个活的世界。课堂是职业学校学生操作技能培养的主阵地，以情感、态度引领的学生操作技能培养是实现课堂质量优化、实现操作技能培养的期望目标的有效措施，也是理实一体化教学法值得深入探讨的课题之一。因此，在中等职校的教学中必须重视操作技能，掌握操作技能的形成过程及特点，使中职校生走出传统教学的旧格局，把中职校生真正培养成为社会需要的高素质的技能型人才。

汽修专业课堂的趣味性教学

王志兵

厦门市同安职业技术学校

中职汽修专业学生对学习很少有兴趣，这些都给教师的教学工作带来很大的压力，给学校的教育提出很严峻的挑战。虽然现在广为推崇的理论与实践一体化教学、信息化教学已经很好地被推进了职业课堂，提升了教学效果，不过这还不够，学生还是在逐渐失去兴趣。针对以上现象，我对比思考了"为何《心理健康》《哲学人生》的课堂大受学生欢迎？"我也对 12 汽修 1~3 班的学生做了专题调查"怎样的汽车专业教学课堂才会引起学生的兴趣？"对汽修专业的课堂教学进行趣味性的设计是非常必要的，使理论与实训教学生动活泼、有血有肉、更富趣味性，以此来激发学生的学习兴趣，提高教学效果。

一、中职汽修专业课堂教学的现状分析

（1）从学生的角度看，学习是一种煎熬，表现为课堂积极性不够、参与度不高、上课不认真听讲等。

（2）从汽修课程的角度看，理论教学枯燥乏味，不像《心理健康》《哲学人生》的课堂不是机械呆板的，其结合了生活情境、洋溢着学习的魅力、展现了文化知识与技巧应用的乐趣。

（3）从教师的角度看，学生一直对教学内容"避而远之"，致使课堂气氛沉闷，教学效果差，教师"一筹莫展"。

二、中职汽修专业课堂的趣味性教学

要使汽修专业课堂生动活泼，富有趣味性，教师首要的就是做好教学设计，精心设

计每一个教学环节和每一项教学内容，增添丰富的可学性强、关联性强、趣味性浓的内容，真正起到一种"提神醒脑"的作用，大大激发学生的兴趣，吸引他们的注意力。

1. 注重采用通俗易懂的教法

中职学生学习能力比较差，对学习没有信心、没有兴趣，为了激发他们的能动性、保护他们可能仅存的点滴自信心，结合传统教学，采用通俗易懂的教学方法，以激发学生强烈的求知欲。如学习"十字轴万向节"这一节的内容时，我们可以联系人体的各个"关节"，让学生在课堂上表演一场喜剧，对比展现关节可以使肢体伸缩自如，突破运动局限、灵活多变；假如没有关节，连最简单的走路都成了可笑的闹剧，这使得学生当场哈哈大笑，感受到原来汽车上万向节跟人体的关节类似，"万向节"如此形象、生动，同时激起学生强烈的兴趣；在讲解汽车空调中的"鼓风机"和"蒸发器"时，可以通俗地讲解：鼓风机即车里的风扇，一转就有风吹出来；蒸发器即风扇前面的冰块，风一吹过就变成冷风吹出来；暖风机即风扇前盆里的热水，风一吹过就变成暖风吹出来了。实践证明，采用通俗易懂的讲解方法是激发学生学习兴趣、提升课堂趣味性的有效方法之一。

2. 适当增加趣味性素材，把室外事物"搬"到室内教学中来

专任教师在备课时依据教学大纲，认真处理教材，尽量选取一些与教材关系密切的素材，既要带有趣味性，又要是学生耳熟能详的，将其应用到课堂教学中。如讲解"发动机"时，我把"心脏"一词带进了课堂，使得学生为之一惊，大脑处于极度亢奋状态，引发了学生听讲的兴趣。在讲解"冷却系统"作用时，我让同学们联系"感冒发烧"现象，加深了学生对冷却系统作用的理解，同时也增强了学生的阅读、分析课外事物的能力。又如在讲解"自动变速器中液力变矩器的工作原理"时，可以用两台电风扇作形象描述：一台电风扇接通电源就像变矩器中的泵轮，另一台电风扇不接电源就像变矩器中的涡轮。将两台电风扇面对面放好，当接通电源的电风扇旋转时，产生的气流可以吹动不接电源的风扇转动。这样两个电风扇就组成了"耦合器"，它能够传递扭矩，但不能增大扭矩。如果添加一个管道，空气就会从后面通过管道，从没有电源的电风扇回流到有电源的电风扇，这样会增加有电源电风扇吹出的气流。在液力变矩器中，导轮起到了这种管道的作用。如果在讲解这个模块的内容时采用这样的方式，同时让学生用电风扇亲自去做实验，那么学生就更容易理解、掌握。

3. 实训教学中让学生扮演"教师"，激发学生的能动性和自信心

学生刚接触汽车专业课程中的曲柄连杆机构、配气机构、汽油机供给系、润滑系、

冷却系、起动系、点火系时，需要有很强的空间想象能力。作为教师总不至于始终用"说"来形容各个机构和系统，这样的课堂无疑是给职校的学生"播放"催眠曲。结合汽修专业主干课程，以发动机构造为例，加强实践性教学环节，突破传统课堂教学瓶颈，提升学生的空间立体感。

在实训教学中，多找机会大胆尝试让实操优秀的同学扮演"教师"，代替自己去给其他同学讲解或演示，教师旁听并进行必要指导。这样一来，学生自然会对"新教师"产生好奇，吸引了他们的注意力，又营造了轻松活泼的课堂氛围，同时也可以激发学生的主体性，保护他们的自信心。

4. 倡导课堂的人文关怀，发挥教学语言的艺术魅力，为课堂带来"新鲜空气"

教学时联系学生的生活实际，充分挖掘有效的学习资源。教学中既要以沉稳端庄的师表形象出现在学生面前，又要"激扬文字"，具备幽默风趣的教学语言、准确凝练的专业术语、抑扬顿挫的磁性声调，将学生带入特定的环境中，强烈吸引学生的注意力，激发其浓厚的学习兴趣。同时倡导课堂的人文关怀理念，教师要注意充分把握课堂的突发问题，抓住典型事件，展现自身的不凡魅力，为课堂带来不一样的新鲜感，使课堂有血有肉有灵魂。

比如，有一次上课铃响了，但还有个学生没有到场，老师边点名边等待着，大约两分钟后，这位男同学终于急匆匆地跑进教室。可能很多学生担心着"这男生迟到了，会不会挨老师的批评，会不会受到处罚？"上课伊始，这位老师真的向这个男生发问了："你迟到了，有什么感觉啊？"男同学胆怯没有作答。老师追问："有什么感觉吗？"男同学无语了。老师转向全班学生："大家发现他除了害怕外，还有没有发现其他现象？"有个学生回答道："老师，我发现他满头大汗。"老师接过话题："是啊，发生迟到现象在所难免，这时要跑步会很辛苦的，所以满头大汗是很正常的现象，那就请把教室里的电风扇开大一点吧。"话音刚落，全班学生的目光齐刷刷地投向本已慢慢转动的电风扇。老师趁机问道："大家看电风扇时，发现了什么？"学生开始议论了，有一个学生答道："电风扇在转动"。老师接着说："对啦！电风扇在转动，他为什么能转起来？这就是今天我们要学习的内容——电动机。"随后让这位迟到的男同学进了教室，又幽默地对他说："你今天的行为让我们很好地引入了这节课。"接下来该男生一节课都很认真听讲，并跟老师互动。

一般来说，在传统课堂上，常见老师对迟到的学生发脾气，对其进行批评或处罚，但这位老师充分利用"学生迟到"的课堂资源，变"坏事"为"好事"，由学生迟到—满头大汗—关注风扇—为何转动，很自然地引入本节的学习课题——电动机。新课程所倡导的人文关怀理念，教学时联系学生的生活实际，充分挖掘有效的学习资源在这节课中体现得淋漓尽致。

　　总之，作为新时代的教师，应不断根据学生的实际，在实施教材的过程中，把握教材特点，开放思想，大胆实践，创造性地使用与教材紧密相关的生活素材，把握课堂的突发问题、抓住典型事件，寻求最有效的调控课堂的方法，将富有生活趣味的设计运用到课堂教学模式中，引导学生在有效的汽修实践中学习，更好地发挥职校专业教材的优势，为社会培养更多的技能型人才。若将汽修专业的趣味性教学研究成一套有价值的教学体系，要走的路还很长，"路漫漫其修远兮，吾将上下而求索"。

参考文献

[1] 柯福涛.中等职业学校汽修专业课教学的探索[J].成才之路，2011（10）

[2] 刘永记.提高中职学生思想道德教育实效性探析[J].网络财富，2010（10）

[3] 关百林.提高汽修专业学生学习兴趣增强专业知识掌握能力[J].辽宁教育行政学院学报，2008（12）

用"行动研究法"浅析机械基础

姚智斌

厦门市同安职业技术学校

在心理学研究中，波斯纳提出了一个教师成长公式：经验+反思=成长，没有反思的经验是狭隘的经验，至多只能形成肤浅的知识，就不能得到很好的教学效果。布鲁巴奇等人在 1994 年也提出了四种反思的教学方法，其中"行动研究法"就是一个重要的方法。机械基础是一门理论性很强，抽象思维和形象思维，感性认识和理性认识相互促进的机械类工种技术基础课，其教学内容多为生产上使用的零部件和机构等的实例，集理论性、技术性、实践性于一体，其中一些基本理论和概念很抽象，如果仅用语言或文字描述，这对没有接触过实际生产的学生来说，由于缺乏感性认识，抽象思维能力不足，无法调动其积极思维，达到教与学的和谐统一，因此，笔者根据近年的教学反思谈谈如何用"行动研究法"浅析机械基础。

一、激发学生学习兴趣，提高快乐课堂教学效果

（1）以"动"激趣。在开学的第一堂课讲解"机器和机构"概念时，笔者带上自己的手机，在课堂上进行现场拆装，讲解其每个零部件的作用和机器的主要组成部分。再利用每个学生随身携带的手机，指导他们现场拆装，进一步理解机器的四个组成部分，并要求在现实生活中也会判断。

（2）以"奇"激趣。课堂中的"奇"能激发学生的学习兴趣，"奇"是学习动力的源泉。学生对什么都好奇，心理学上称这种特征为"潜兴趣"，教学时充分利用"潜兴趣"就能激发学生的学习兴趣。使之在快乐中学习。比如在学习机构和机器的概念时，可以设问：是不是所有都能动的东西都是机器呢？答案很显然，比如说自行车、玩具车是一种机构，它也可以动啊，为什么不叫机器呢？学生就会感到很奇怪。于是得出结

论，要成为机器的话，必须同时满足三个条件，不然就是机构。

（3）以"疑"激趣。疑即疑难，解决疑难是学生学习的需要，提出疑难，让学生去思考，更是教学的关键环节。在学习棘轮机构时，可以向学生提问：①我们在骑自行车时，脚踩自行车踏板向前行驶，而反转踏板时，自行车却为什么不会实现倒车？②卷扬机在提升货物之后，尽管机器已经停止工作，但货物却为什么不会下降，而是稳稳地停在空中？一连串的疑问，激发起学生的求知欲望。

二、理论联系实际，培养学生的实践能力

本课程从生产实践中发展起来，又直接为生产实践服务，它是一门与生产实践紧密联系的课程，在教学中要有意识地引导学生理论联系实际，培养学生分析问题和解决问题的能力。

（1）结合课堂教学，培养学生自制教具的能力。比如在讲解铰链四杆机构时，笔者提前一天通知学生用班费买 2 包吸管、2 盒图钉。每人都要准备一张比较厚的纸皮。在课堂讲解时，每人分发 4 根吸管、4 枚图钉，要求学生把这 4 根吸管裁成长度不一的吸管（4 根长度不一样，要很明显的看出来），然后让他们用 4 枚图钉把这 4 根吸管随便组合起来（要组成一个四边形），最后把组合好的四边形用吸管钉在厚的纸皮上，做出三种不同的机构。它们分别以最短杆为支架（支架就是固定不动，下同）、以最短杆的邻边为支架、以最短杆的相对边为支架，用手去摇动，就可得出铰链四杆机构的运动规律。通过小制作，既增强了学生的动手能力，又巩固和加深了理论知识，对曲柄摇杆机构、双曲柄机构、双摇杆机构的存在条件有了更深的了解。

（2）利用多媒体资源，灵活运用直观模像。本学科的很多内容如各种机构的教学，要求有动态的演示，在缺乏教具和设备的情况下，采用多媒体辅助教学，使枯燥的内容变得生动形象，可以充分调动学生的学习积极性，这种教学方法深受学生欢迎。比如在学习凸轮机构、间歇运动机构时，采用 CAI 课件，把曲柄摇杆机构的急回特性、死点位置、凸轮机构的从动件运动规律，以及间歇运动机构的特点生动形象地进行演示，在教学过程中，师生之间的信息交流和反馈得以加强。声、像、文、图并茂的教学信息，增强了教学的艺术效果，增强了学生对学习内容的认识和理解，提高了课堂教学效率。

（3）利用实物教具，提高学生的实践能力。如虎钳，机床拖板上应用的螺旋传动；牛头刨床上的曲柄摇杆机构、导杆机构等，有些实物教具（如上述）结构庞大，不宜带

进教室，就安排学生到现场进行教学，若为小件的实物如链条、单个齿轮、轴承等就带到教室让学生传看。笔者曾经把自家的自行车链条拆下来，带回班级现场讲解。

三、利用记忆术，提高学生的记忆能力

心理学研究表明，要促进学生的知识保持方法，就必须采用多种学习策略，灵活运用记忆术。如在讲解铰链四杆机构时为学生总结了这样的顺口溜：

> 曲柄摇杆是基型，机构条件细分清。
> 曲柄主动有急回，曲柄从动死点停。
> 急回特性有 K 值，极位夹角相对应。
> 压力角小传力好，型式尺寸要决定。

四、利用身体语言、辅助有声语言

身体语言是一种无声的语言，又是一种独特而有效的语言，是有声语言的辅助，也是让学生形成感性认识的重要手段，我们在教学过程中可以大胆地采用。

在讲"齿轮啮合传动"时，因齿轮模型较小，学生能观察到主、从动轮转动而得出其齿数关系，却无法了解轮进入啮合和脱离啮合的过程，此时就可以用两手演示：张开两手，用手指代替轮齿，摆动手掌，一只手的手指一对一地分别嵌入、退出另一手的手指间。

实践表明，只要身体语言运用得当，不仅能丰富有声语言的内涵，还能增强了有声语言的说服力和感染力。

五、形象比喻、通俗易懂

比喻是利用相同或相似的道理，举出通俗的例子，用打比方的方法把问题讲清楚，这种方法不仅能使学生由此及彼、由表及里地认识问题，而且可以调动学生的情绪，活跃课堂气氛，提高学生参与教学的积极性。

在讲超越离合器时，学生无法理解：超越离合器能使同一根轴上有两种不同的转速。笔者告诉学生自行车的后轮采用了超越式离合器，然后叫学生回忆骑自行车下坡时，脚踏板是否像后车轮一样在飞速地转动？学生回答：不是。因为前、后链轮都没有像后轮一样飞速转动，显然装在同一根轴上的后链轮与后车轮的转速不同。

在给数控专业讲行星轮系时，笔者与学生进行以下对话：

教师：汽车为什么能转弯？

学生：因为汽车左、右驱动轮转速不一样。

教师：为什么不一样呢？

学生：因为有差速器。

教师：差速器的原理是什么？

学生：不知道。

教师：是利用行星轮系的运动原理。

在讲差动螺旋传动的位移计算式 L=n（Sa±Sb）前，笔者与学生进行以下对话：

教师：假如我坐在汽车上不动，汽车往前开了 2 米停下来，我的位置相对原位距离有多远？（以公路为参照物）

学生：2 米。

教师：假如车往前开了 2 米的同时，我在车上往前走了 0.5 米，这时车停了下来，我的位置离原位有多远？

学生：2.5 米。

教师：假如车往前开了 2 米的同时，我在车上向后走了 0.5 米，车停下，我的位置离原位有多远？

学生：1.5 米。

教师：若车往前开了 2 米的同时，我在车上向前走了 2.1 米，车停下，我的位置离原位多远？向前偏还是向后偏？

学生：向前偏了 0.1 米。

教师：若我是向后走了 2.1 米，情况又如何？

学生：向后偏 0.1 米。

接着画图分析：

L=n（Sa±Sb）式中，取"+""－"

计算的原因及计算结果为"+"或"－"的活动螺母的位移大小及方向，学生很快就掌握了。在讲液流连续性原理时，为了让学生清楚地认识这个原理，笔者引入了生活中学生实践过的事例引入这一理论。例如，当我们用胶管接自来水冲洗地板时，常用捏小管口的方法获得较快的流速，这时我们发现水流并没有因管口变小而受阻不畅，甚至聚集在胶管的某一处胀裂，相反，照样能及时畅流。根据物质不灭定理，液体在管中流动时，既不增加，也不减少，这说明"液体在流经无分支管道时，每一截面通过的流量相等"这一液流连续性原理。学生在接受事实的同时，也认识了这一原理。

除此之外，教材上还有不少可以用比喻的方法讲解的内容，如泵的工作原理可用上钢笔水打比方，讲压力控制阀时可用高压锅的气阀做例子等。

从教学效果看，借用学生熟悉的事情做比喻，要比直接解释更有效，由此可见，比喻具有深入浅出之功效，能把抽象的概念具体化，复杂的问题浅显化，并能使人由此及彼地引发联想而触类旁通。

总之，作为任教机械基础的老师要有丰富的专业知识，能对本专业驾轻就熟，利用较为先进的教学方法，能针对不同层次的学生进行分层次教学法，并让学生在动手过程中感受专业知识，帮助学生树立良好的专业意识，注重职业道德和专业技能的培养，让学生适应新形势，学好机械基础，提高学生专业综合素质，为进一步深造或就业打下扎实的基础。

参考文献

[1] 张伟群.教育心理学（中学）[M].北京：北京师范大学出版社，2011
[2] 张学礼.机械基础（第2版）[M].北京：机械工业出版社，2007
[3] 张学礼.机械基础教学参考书[M].北京：机械工业出版社

中职学校开展校企合作探索

林妙丽

厦门市同安职业技术学校　高级讲师

自从我校启动国家级示范校建设以来,校企合作建设一直是我校建设的重点内容之一，如何在原有的基础上进一步进行校企深度融合，提高我校的办学质量和特色，一直是我们要探索的问题。

一、中职学校校企合作教育的现状

当前，校企合作在职业教育中仍处于探索阶段。存在的主要问题有以下几方面。

1. 政府方面

校企合作受到国家、地方政府的高度重视，先后出台了《职业教育法》《关于大力发展职业教育的决定》等法律法规，开展大规模的试点、试验，积极引导职业学校进行相关的校企合作，但目前我国尚缺乏鼓励企业参与职业教育的相应政策，企业对教育的支持程度远远不够。仅就接受学生实习而言，企业往往把学生当成"廉价劳动力"，而不是对学生进行实质性的技能培训，导致教学效果不理想。

2. 企业方面

企业追求的是生产和经营的利润,首先,企业觉得培养技能人才是职业学校的事,希望政府来为职业教育埋单，摊薄企业人才资源成本；其次，学生到企业实习是学习的过程，在参与生产活动时存在着各种人身伤害风险，承担责任是企业不可回避的问题。再加上一部分学生素质较低，劳动纪律较差，实习时频繁地跳槽，使得一些企业不愿意投入资金和设备来培养学生。再次，在企业中开展教学活动，既要保证企业正常生产又要完成教学任务，势必会影响到企业的生产效率。最后，一些企业出于种种原因，愿意向学校提供实习实训场所甚至提供部分师资，但校企合作的长期性、稳定性却存在一定程度的困难。

3. 学校方面

学校缺乏与企业有效的沟通方式。中职学校对市场和企业不了解，与对方的沟通少之又少，很多学校没有做企业调查，对企业人才需求不够了解，只是单方面培养人才，教师去企业实践制度不规范，聘用企业高级技术人员到学校任教缺少政策支持，专业设置、教学计划、教学内容与企业严重脱节，培养出的人才与企业的要求相差甚远。学校把校企合作仅仅看作解决学生实习实训的一种途径，少数学校的合作形式和内容没有取得实质性突破，校企合作停留在浅层次。

校企之间能否建立长期稳定的合作关系并保证实习教学质量，关键在于是否建立了以互惠互利、资源互补为导向的运作机制。在市场经济条件下，企业、学校、学生三大主体之间构成了互为资源要素的供求关系，这种供求关系本质上是一种利益关系。企业需要学校提供人力资源支持，学生需要成才和就业，学校需要提高学生技能和教学质量，三者之间利益不同。只有在实现自身价值目标过程中为他方提供服务，互惠互补，这才是校企合作的基础和动力源泉。

二、实施校企合作模式的必要性

1. 可以形成合理的人才培养标准

与企业合作办学，能够及时了解社会对人才培养的需求，并且能根据行业发展需求，有针对性地确定人才培养目标，明确实际岗位所需要的专业知识和技能，所培养的学生能满足企业的需求。

2. 能够促进教学内容的改革

职业教育是密切联系社会经济实际的教育，必须改变以学科为中心的课程设计，确立以职业能力为中心的思想。企业的参与使课堂教育能够随时反馈职业技术、技能的发展变化，及时调整和更新教学内容，注重课程建设的实用性和前瞻性。

3. 能够促进教学方法的改革

开展实践性教学是创新人才培养模式的重要方面，在教学计划制订过程中，要加大实践性教学的比重，专业课实践教学比例可达到 60%，尽可能地将实践性教学贯穿于职业教育的全过程，教学方式从"以教为主"逐步向"以学为主"转变。学生只有通过实际演练才能提高学习的自主性和创造性，才有可能形成创新能力和实践能力。

4. 为学生就业创造良好的条件

从某种意义上说，一所学校培养的毕业生是否为社会所欢迎，是衡量该校办学成功与否的一个重要标志。学校与企业之间构建一种良好的关系与联系通道，可以为毕业生的就业创造良好的条件。学生在求学期间就有机会进入生产和实际工作领域从事具体岗位的工作，从而缩小了学校和社会对人才培养与需求之间的差距，增强了学生进入社会的适应性和竞争力。

三、应对措施

1. 政府应出台相关优惠政策，调动企业的积极性

政府引导和管理，相应的法律、法规支持是企业持续参与校企合作的有力保障。要促进校企合作局面的根本改观，政府应主动介入，统筹经费等资源和信息，为校企合作建立制度和桥梁。落实国家有关政策，借鉴国外的成功经验，制定相应的法律法规，明确学校与企业双方在培养技能人才方面的权利和义务；制定实习生报酬管理办法，制定行业、企业参与职业院校办学的鼓励性政策。对于长期为职业学校学生实习提供稳定的实训基地、师资、设备、技术支持的企业给予一定的财政补贴或税费减免，促进校企合作办学。

2. 企业需转变观念，积极参与校企合作

企业在追求利润的同时应承担起为自身及社会发展培养人才的义务。给予职业学校设备和技术等支持，在校内建设集生产、实习、实训功能于一体的实习车间，在生产产品的同时承担学生实习、实训任务。积极选派一些具有实践经验和能力的专业人才、高技能人才，到职业学校担任专兼职教师。主动向学校投资，积极建立"教学—科研—开发"三位一体的利益共享关系。尽自己的所能为学生提供一个良好的实习实践环境，加强对学生技能方面的指导，在实习学生管理方面，根据中职学生的特殊情况，探索制定适合实习生的管理制度与方法。

3. 学校应深化教育改革，积极探索多种校企合作模式

学校应加强与企业的沟通合作，定期派遣教师到企业进行专业实习，邀请企业优秀人员到学校做兼职教师，并积极拓展在科研开发、共建实习基地、校企合作办学等方面的深层次合作；根据企业生产实际，合理确定基础理论、专业理论与专业技能三者的比例关系，建立适应岗位的课程体系。教学主管部门要以"教学紧盯企业"的方针作为指导，改革创新教学方法，灵活运用教学手段，合理选用教材，积极开发教学资

源；在教学的过程中，积极构建培养学生高素质、高技能、可持续发展能力的课程体系，达到校企合作的真正目标。

四、我校开展校企合作总结

我校的电子技术应用专业也积极开展校企合作教育,围绕区域的特点与多家电子企业开展合作。本专业已先后与十多家电子企业签订示范校建设校企合作协议、校外实训基地合作协议、校企联合办学协议、学生顶岗实习协议等，为学生见习实习、教师企业实践、挂职锻炼提供保障。这些企业能满足学生顶岗实习需求，顶岗实习学生与企业的签约率达 80%。

为实现理论教学与实践相结合的教学模式，我们与企业共建教师培训基地，促进了专业教师的企业工作实践经验，与多家知名企业建立了稳定的合作关系，安排了 12 名教师参与实践培训。培养了专业带头人 2 名，骨干教师 5 人，"双师型"教师 12 人，"双师型"教师的比例达到 100%。

总之,校企合作是现代职业教育人才培养模式的核心,也是现代职业教育人才培养模式的基础。校企合作作为政府主导推动的职业教育人才培养模式，是中等职业学校不同于普通高中学校的重要特征。通过校企合作，推动校企共建实训基地，为学生到企业实践提供条件，共同开创示范校建设的新局面。

参考文献

[1] 黄迎新.关于校企合作的几点思考[J].中国培训，2006（12）

[2] 马树超.积极探索校企合作的新模式[J].求是杂志，2006（5）

关于职业教育技能教学评价体系的思考

陈永卫

厦门市同安职业技术学校　高级讲师

在现代职业教育中，技能教学在整个课程体系中所占的比重越来越高，相对应的技能教学评价体系也越来越重要。传统的理论课教学评价体系中的"一考定终身"对于技能教学评价是不恰当的、不科学的。如何在技能教学中全面地、系统地评价学生在整个技能教学中的表现，以及如何评定学生的学习成绩，将是职业教育技能教学中的重中之重。

一、教学评价的一般方法

在传统的教学评价体系中，教学评价主要分为绝对评价法、相对评价法和个体内差异评价法。绝对评价法指的是与客观标准进行比较，主要考察教学目标是否达成，可以促使学生有的放矢，主动学习，找出差距，调整自我，这是目前最常用的教学评价方法。相对评价法是指从评价对象中选取一个或若干个对象作为基准，将其余对象与其作比较，排出名次优劣。而个体内差异评价法则以评价对象自身为基准，对评价对象的过去与现在进行比较的评价方法。个体内差异评价法充分照顾到学生的个性差异，有利于减轻评价对象的压力。

技能教学评价能否简单地直接借用这些评价手段？正如我们知道的，技能教学与传统的理论课教学，不管在教学模式、教学过程还是教学评定方面，都存在很大的差异性。在教学中，理论课教学强调的是知识的传授，学生听得懂、能独立完成作业。而技能课强调的则是技能即操作步骤与操作技巧，以及学生掌握技能的熟练程度。在成绩评定上，理论成绩可以由满分到零分，依次连续排列，学生成绩好坏区别明显。而技能成绩则不可能做到这样。举个例子：在手工焊接成绩评定中，通常我给出的成绩就是优秀、合格和不合格（也就是零分）；手工焊接只要出现严重缺陷（如桥连），则一律判定为不合格，这就是一票否决。不管其他焊点有多么漂亮，只要有一点不合格，就一律不及格。这是由技能本身的特点决定的，因为一个不合格的焊点，它所造成的后果是非常严重的，很有可能会造成整个电路板的不合格，甚至更为严重的后果。由此可知，有的学生平时可能学得非常好，可是，由于一时的大意或其他原因，完全有可能造成他本次成绩不合格。而理论课则不会出现这种情况，因为一时的大意，最坏的后果也就是丢失几分、十几分，不至于让一名优秀学生考零分。

二、技能教学评价改革实践

1. 好的技能教学评价首先要有好的技能教学课堂

（1）我理想中的技能课课堂情境：学生很忙，像流水线上的工人一样，个个有事做。教师很轻闲，无事可干，就像管理人员一样，四处巡查，随时准备纠正学生不规范动作，鼓舞士气。

（2）最可怕的技能课堂：学生无所事事，教师四处救火，忙得不可开交。

原因就是教学设计不合理，要么实践内容太难，学生不会做；要么实践内容太简单，学生一下子就做完，没事可干。由此可知，由于学生个体的差异性，在一个 40 多人的班级里，组织好一场技能教学的难度有多高？而要做好技能教学，重点还是在于有一个好的评价体系，使教师能够在课堂过程中持续地评价学生的表现，而不是以最后的成绩来评定学生的优劣。

在技能教学中，由于学生学习情况差异性极大，学生在技能学习过程中，不可能保持同样的进度，这就给我们的技能教学提出了很大的挑战。如何解决这个问题？经过多年的实践，我认为可以从以下两方面入手。

（1）差异化的课堂教学。通过课前的准备，做好课前教学设计工作，针对各种类型学生，设计出不同的教学要求。好的教学设计，应该是不管好学生或是差学生，都应该有事可干，且能在 45 分钟内都有事可干，这在教学设计上很考验教师的水平和教学准备工作。因为教师不仅要很准确地把握学情，还得对所有实训内容、技能情况等非常熟悉。只有这样，才有可能在教学时间设计、实践内容安排、课堂辅导等方面，做出精准的判断，并加以实施。技能课功夫在课外。在课前准备阶段，要摸准学生实际情况，有的放矢，设计出符合各类学生实际的项目内容及教学实际，做到人人有事干。

（2）差异化的评价方法。有好的课堂设计，还要有好的评价手段。学生在技能课上的表现，各种情况都有可能发生，要提高教师对实训课的控制力，就要改变传统的评价方式，一次定成绩，全班排排坐。即做到一堂课内，学生个体考核无时无刻不在，实现差异化评价。

2. 改变以往的评价体系，不搞一刀切，崇尚人人成才观念

改单一评价体系为全面的、多角度的评价。学习上开展自比、类比的活动。所谓自比，即跟自己比，现在与以前比，追求课课有进步。所谓类比，即跟自己水平差不多的人比，通过名次的排序，看自己是否有进步。在评价体系中，不搞一刀切，通过创设各类比赛平台（如组内、班内、校内及校外），让同层次的人在一起竞赛，实现人人成才的可能。采取这种评价体系，可以让优秀学生有更进一步的动力，中等学生有前进的目标，差生有成就感的满足及努力的方向。

在实践中，评价形式采取过程加结果的方法，课堂过程评价和阶段性结果评价相结合，通过个人自评、小组自评、组间互评、师评的方式，按照一定的权重综合计算，为每一次实训成果评定分数。通过每一次的评价，让学生真正明白问题的所在，以及可以改进的地方。

3. 评价项目内容的多种形式

技能教学中，在一个产品的制作过程中，学生的一次轻微的失误或者意外，都有可能造成严重的后果。这也决定了一个产品的成功，不完全取决于学生的技能水平。技能水平高低是作品成功的主要因素，但绝对不是唯一因素。仅有高超的技能水平，并不能保证每一次的成功。

在实际生产中，企业对员工的技能要求往往不是排在首位，还有其他方面（如诚信、责任心等）的考量。因此在技能评价中，只评定学生掌握技能的水平、技巧，是远远不够的。在这里，我们把 6S 管理体系纳入学生成绩的评定工作中。在实践中，6S 管理融于评价项目，占总分的 10%。按 6S 管理要求，采取日查月抽检方式进行，只扣分不加分，并纳入学生每次的考评成绩。

4. 技能教学评价实践

学生实训作品，每次完成后，在实训车间排成一列，拍照存底，并让学生进行自评、互评，小组讨论，评议出好、中、差三类，分组排好，并给定成绩。接着由教师进行逐个评议、讲解、给分。最后进行对比、分类、公示及交流。通过多次评议，让学生掌握如何正确地评价每一次实践作品，在评价中了解自身的不足、他人的优缺点，以及如何改进的方法。最后，按照一定比例标准，综合计算给定分数，作为本次实训作

品的成绩。

评分方法：自评占 20%，他评占 30%，师评占 50%，另由教师根据 6S 管理规定，酌情进行扣分，填入表 1，并拍照公示原因。为避免出现乱评现象，自评、他评、师评若相差过于悬殊，则由教师酌情扣 5~20 分，若基本一致，则酌情加 5~10 分（百分制）。

表 1　立方体制作

座号	姓名	实训报告5	刮漆上锡5	搭焊工艺5	外观5	自评	他评	师评
1	林 秦							
2	刘 洋							
3	何逸凡							
4	邵永志							
5	林志宇							
6	吕福才							
7	叶慧玲							
8	柯潮福							
9	陈艳红							
10	辛泽阳							
11	严钟昌							
12	龚婷婷							
13	邵志共							
14	郭正宏							
15	张小梅							
16	丁露瑶							
17	邱康健							
18	陈碧旺							
19	陈晓军							
20	陈杰煌							
21	陈永进							
22	张俊斌							
23	崔俊雄							
24	陈发隆							
25	黄铭龙							
26	蔡晓彬							
27	胡秋林							
28	康清枝							
29	康晓佳							
30	郭大维							
31	毛定乾							
32	王伟坛							
33	洪松林							
34	林小鑫							

35	林建国						
36	徐锦湖						
37	黎雪琴						
38	岳翠燕						
39	林雨汉						
40	王淑荣						
41	姚义勇						
42	沈顺荣						
43	罗智杰						
44	杨琦						
45	林长泓						
46	林鑫华						
47	谭晓冬						
48	郑仪欣						
49	曾瑞涛						
50	吴东芳						
51	罗凡荣						
52	郭正漆						

参考文献

[1] 赵明仁.促进学生课堂发展的教学评价[J].教育理论与实践，2001（10）

[2] 张春.中等职业学校分层次教学管理初探[J].济南：山东师范大学，2007

[3] 李东梅.实施教学双向评价，促进师生共同发展[J].北京：中国人民公安大学，2008

6S管理理念在实训教学中的运用

王进发

厦门市同安职业技术学校

随着社会的进步，社会各行业尤其是装备制造业，对从业人员的素质要求越来越高。以全面素质教育为基础，提高综合职业能力，成为经济社会对职业教育提出的新要求。实训教学是学生生产实践能力形成的重要环节。职业素质的养成，在实训设计过程中应给予特别重视。6S 现场管理理念贯穿于实践教学的组织管理中，一方面，可以督促实践指导教师提高教学质量，促进学生自主学习、培养良好的职业能力和职业素养；另一方面，可以在实训教学管理模式上更加贴近企业，实现校内实训与企业实际工作的对接，为学生今后更好地适应企业环境打下坚实基础。

一、6S管理理念

6S 是现代企业管理模式的简称，最早出现于日本的企业。其最初的简称是 5S，由整理、整顿、清扫、清洁、素养五词的日语罗马拼音首字母得名。我国在引进这一管理模式时，另加上了英文的"安全"，因而称为 6S 现场管理法。近年来，这种管理法在各类企业中应用广泛。6S 管理作为现代企业现场管理的先进管理方法，有助于改善物质环境、提高职工素质，对提高工作效率、保证产品质量、降低生产成本、提升企业核心竞争力，也具有重要的作用。

二、6S现场管理的必要性分析

1. 能创造和谐的学习生活情境

整理、整顿、清扫、清洁、素养与安全，主要是确保现场无杂物，保障安全，对生产现场需要留下的物品进行科学合理的布置和摆放，以便用最快的速度取得所需之物，自己使用的物品要自己清扫，从而消除发生安全事故的根源，创造良好的工作环境。中职教育是一种就业教育，它直接为企业培养所需人才，教学设计与企业需求"零距离"是中职教育追求的目标。实践证明，一个文明、整洁、优美的环境，能陶冶学生的情操，唤起学生拼搏和竞争的意识，有利于提高学习效率。

2. 能有效地提升学生的职业素养

6S 现场管理的核心和精髓是修身，即个人素养直接影响企业的生存和发展。修身即修养，努力提高自身的修养，养成严格遵守规章制度的习惯，这是 6S 现场管理的核心。因此，6S 现场管理要着眼于提高人的素质。这就要求职业学校在平时的管理中，要注意激发学生的自主创新精神，使学生学会思考、学会学习，养成遵章守纪、严格要求自己的习惯。

3. 能提高学生的团队协作能力

现代企业快速发展，对员工间的协作能力要求更高。对照 6S 现场管理，学校要加强学生协作能力的培养。教师要让学生在群体活动中提高认知能力，培养健康的心理品质，使其内在的潜能得以挖掘，让学生在学习中协作、创新和发展。这是社会发展的需要，也是个人生存、发展的前提，否则将被竞争激烈的社会淘汰。

三、6S管理理念指导实训教学经验

学生第一次进入实训车间，首次直接面对将来所要从事的工作，应当把每次实训课都看作一个工作现场，在教学过程中要求学生了解并达到 6S 企业标准。

1. 安全文明生产教育

在实训教学中，教师应将安全教育融于每堂课中，让学生每时每刻都有安全第一的观念。每个学生必须将设备的安全操作规程牢牢记到心里，方可进行设备操作。

2. 准备物品

在每次实训课前，教师要求学生只将必用的物品留下来，其他都清除掉，以达到整理的目标。这样，可以腾出更多空间，为实训教学营造一个清爽的场所。

3. 摆放物品

进入实训车间后，学生将必要的工具和材料按照一定规则摆放好，方便取用。这样，有助于减少寻找物品的时间，打造整齐的工作环境，以提高实训项目的运行流畅度，给学生节省更多的时间。

4. 清扫场地

在实训课结束时，学生要将实训车间清扫干净，创造一个清洁的环境。教师要求每个学生随时检查和确认自己的实践区域内有无不良情况。通过对实训区域的清扫，使学生的自主意识得到提高。

5. 遵章守纪

每个学生都应该自觉养成遵守规章制度、工作纪律的习惯，师生共同努力创造一个氛围良好的实践场所。

中职电子专业教学改革与创新

柯天勇

厦门市同安职业技术学校

一、电子信息企业的企业的现状，发展方向

1. 我国电子信息企业现状

21 世纪是信息化的时代，在全球信息化大势所趋的影响下，信息服务业已成为 21 世纪的主导产业，正引领着我国的电子企业不断地完善和发展。电子产品在现代社会中的应用已经具有很高的普遍性；认清中国电子行业的发展状况，看准未来行业的发展方向，对于我们电子专业的学生如何学习、如何发展，具有重要意义。它将给我们以后的就业、创业创造更多的机会和优势。我国是电子制造大国，但不是电子制造强国，如电子行业结构性矛盾突出、技术依赖性较强等老问题依然是我们在走向电子强国中需要去解决的问题，特别是我国电子基础行业的生产能力与技术能力落后，导致我国只能是国际信息产业中的跟随者。因此我国的电子行业要靠我们自己以创新来改变这一切。电子专业的学生就业的前景还是很令人期待的。

2. 厦门的电子信息企业的发展前景

电子信息产业是福建省发展最快的产业，厦门是福建电子信息产业的两大增长极之一。厦门电子信息产品制造业的集聚度已非常明显，企业的聚集既有利于企业本身的独立经营，也有利于企业间的分工合作；企业之间相互依赖，具有专业分工、资源互补优势。厦门市政府在"十二五"规划纲要中，明确要做大做大电子、机械、航运物流、旅游会展、金融与商务、软件与信息服务业六大支柱产业；其中电子行业重点要发展平板显示、现代照明和太阳能光伏、计算机与通信设备等。针对以上情况，要想创新中职电子的教学，就要对电子信息企业的用工需求做一下分析。

二、电子信息企业的用工需求

1. 电子企业用工调研

（1）每年电子企业都需要一大批的电子专业人才来充实生产一线。

（2）电子专业的就业岗位群为电子企业生产线上的装配、调试、检测、维修、一般的管理等。

（3）对电子技术应用专业学生的知识结构和能力要求。

①有准确的语言表达和文字表达能力。

②有基本的礼仪知识和社交能力。

③有基本的安全知识和防静电知识。

④有收集和整理文字资料及与专业相关信息的能力。

⑤有一定的仪表仪器操作能力。

⑥有基本的电子装配、检测、维修能力。

⑦有基本的电器安装、调试、维护能力。

⑧有基本的电子电路图阅读能力。

⑨能设计和开发简单的电子产品的能力。

⑩有一定的生产管理和市场营销能力。

⑪能吃苦，有上进心，有终生学习的能力。

2. 电子企业用工现状

（1）招工难，留工难。电子企业迅速发展，企业规模扩大，用工量急剧膨大，许多电子企业往往因为招不到工人而关闭产线；有一技之长的技术工人，大多因为待遇、福利等问题，在同一企业任职很少超过三年。

（2）技术工种奇缺。根据《厦门市 2013 年急需（紧缺）技术工种目录（88 个）及最高补贴标准和相应证书一览表》的统计厦门目前紧缺的技术工作有：家用电子产品维修工；办公设备维修工；电子设备装接工（表面贴装技术）；电子元器件检验员；用户通信终端维修员；电子变压器线圈绕制工。这些技术工的数量、技能的高低，往往直接决定企业产品的质量。

三、中职电子的教学现状

1. 学生的问题

（1）学生基础较差。大部分的中职学生都是上不了普高才来中职的。

（2）学与不学一个样。从近些年的教学情况来看，很多学生认为到了中职学校只要课堂上不捣乱、不破坏纪律，老师在期末考试时就会给 60 分。这种心态造成很多学生不想学习。

（3）学生表现差。很多基础差的学生都是平时表现不好，不能严守纪律，这些学生进入中职往往会破坏班级的秩序，影响其他学生的学习。

（4）学了也没用。很多学生认为即使掌握了所有的知识和技能，将来在职场上也基本用不上；更有甚者认为，毕业后，自己根本不想做这行，现在学这个没有用。

（5）学生缺乏人生理想和信念。进入中职的学生大多年纪较轻，不懂得社会的实际情况，对将来要从事的职业也缺乏认识；人生没有目标，奋斗没有动力，学生如同处于茫茫大海中，缺少导航设备的指引。

（6）学生之间互相影响。很多没有坏习惯（如抽烟、喝酒）的学生，在其他学生的影响下，开始抽烟、喝酒等，行为向坏处发展。

2. 老师的问题

刚进入职业教育系统之时，笔者也是充满憧憬的，想借职业教育这个巨大的舞台，一展自己所学的知识，实现自己的人生理想。但现实让笔者感叹理想与现实距离太遥远。现简单列举中职教师中常见的一些问题。

（1）与学生缺乏沟通。很多教师大多是上完课即上完班，下课铃声一响，收拾走人。

（2）教师备课不充分。很多老师认为，即使自己认真备课，上课的时候也没有学生会听课。

（3）很多教师认为，只要大多数学生不捣乱，个别学生不影响其他同学的学习就可以了。

3. 社会问题

中职生的社会地位问题。很多人认为，进入中职，学不到什么技能，也学不到什么知识；即使中职生拿到职业资格证书，进入企业享受的待遇也和普通一线工人一样。因此上课时学生的学习热情很小，学习效果也一般。

四、中职电子专业教学改革与创新

1. 改革中职的课程体系

电子专业毕业生主要面向电子设备生产企业和经营单位，从事一般电子设备的装配、调试、检测和维修工作，以及电子产品、元器件的采购和销售工作。因此，学生应具备和掌握以下基本知识和技能。

（1）具有必备的文化基础知识。主要包括语文、数学、英语、德育、体育与健康等基础知识。

（2）掌握电工基础、电子技术基础知识。

（3）掌握电机和电气控制相应的专业理论知识或典型电子整机的组成原理及各部分元件与功能电路的作用，了解相关的本专业岗位上的各种新技术、新工艺。

（4）具有市场经济、生产和技术管理及创业方面的基本知识。

（5）具有在信息化社会中工作、学习、生活所必备的计算机应用能力，能使用电子CAD软件。

（6）具有正确使用常规电工、电子仪器、仪表的能力，具有熟练的电工、电子基本操作技能。

（7）具有分析常规电工电子电路的能力。

（8）熟悉常用低压电器的基本原理及使用，能熟练阅读电气控制线路的原理图与接线图，具有熟练的小型可编程控制器应用能力，具有对常用电气控制设备、交直流调速系统、供配电设备等电气控制系统进行安装、调试、维护的能力。

（9）具有阅读电子整机线路圈和工艺文件，能装配、调试、维修、检验电子设备、电子产品的能力。

2. 改进学生实训实习

（1）转变教育教学理念，加强教师深入企业开展教学改革与创新研究工作，加大教师实践技能培训及考核力度，提高广大教师的理论水平和实验实训指导能力；根据市场与学生实际，采用以实训项目为导向、以任务为驱动的教学方法，坚持"做中学，学中做"的教学理念，加强对学生学习效果的考核和评价，使学生既学到知识，又掌握技能，更培养学生团结协作的职业素养。

（2）与企业紧密合作，在深入分析岗位工作任务的基础上，将工厂生产线搬到学校课堂中，使学生认识到上课即上班，学习即工作。

（3）改革教育教学手段。构建"理实一体化"课堂，充分运用专业教学软件、实物教学等现代化教学手段，使学生动脑动手，理论与实践融会贯通，知识和技能同步养成。推进任务驱动、项目导向、模块教学等学做一体的教学模式改革。充分利用现代教育技术、网络技术、仿真技术，创新教学手段。同时，找准岗位中级工的工作过程和核心技能，加强学生的顶岗实习，将教学活动与企业的生产过程紧密结合，形成校企共同完成教学任务的局面，增强学生的就业竞争力。

（4）重视骨干教师，"双师型"教师的培养。委派专业教师到职教发达国家或地区进行培训，学习职业教育先进模式、先进教育教学理念、理实一体化课程体系开发；到先进职业学校进行培训，开展职教理论学习交流。

（5）聘请企业中的工程师，高级人才到校任教。聘用合作企业优秀的一线专业技术人才、能工巧匠来校担任兼职教师，使兼职教师的兼职行为得到企业的认可和支持，保证兼职教师的教学时间。

总之，中职电子教学改革，任重道远，绝非几个问题可以清晰描述。但笔者坚信心中有梦，脚下就有路；应边试，边看，行就推广。

参考文献

[1] 厦门市"十二五"规划纲要，2011
[2] 厦门市 2013 年急需（紧缺）技术工种目录（88 个）及最高补贴标准和相应证书一览表，2013

《计算机网络》课程的教学探讨

陈稳赞

厦门市同安职业技术学校　高级讲师

随着计算机的发展，网络技术成为当今世界发展最为迅速、应用最为广泛、普及程度最高的技术之一。因此，《计算机网络》成为计算机及相关专业学生必修的一门专业基础课，也是重点课程之一。这门课程的特点是理论性较强，集中了大量的术语、概念，内容相对比较枯燥，抽象。中等职业学校的学生学习理论知识相对比较困难，而且学校设备有限，这就迫使我们必须在教学方面有所改革，根据教学目标和现有条件，灵活利用学校机房实施理论和实践一体化教学，提高课堂教学效果。下面，笔者根据自身的教学实践经验，就《计算机网络》课程的教学谈谈自身的看法。

一、根据专业定位，明确学习目标

《计算机网络》这门课程涵盖的知识面较广，既包括网络的硬件知识，如计算机、通信链路及网络设备交换机、路由器等，还包括网络的软件知识，如网络的协议及层次体系结构等，而且难度内容深浅相差太大。因此，我们只有根据专业定位，如学生要达到中级工还是高级工的标准，明确学习目标，学生的学习才能有的放矢，才能有动力，教学效果也会好。例如，有的学校计算机专业考证定位为《计算机网络管理员》高级工，那么教学计划就可以参考该工种的国家职业标准进行制订，这样一来教学就更有针对性了，学生有了明确的学习目标，学习的积极性、主动性会更高。

二、充分利用多媒体手段教学

《计算机网络》课程中有较多的理论知识非常抽象，如网络体系结构、数据通信基础理论、路由原理与技术、网络协议等，如果未利用多媒体手段来辅助教学，学生不容易理解和掌握。因此，为了将抽象的理论讲明白，必须认真制作教学课件，不仅要做到简明易懂，而且要充分利用图像和动画手段将抽象的理论转变成动态的画面，使其变得更加直观，更容易让学生理解和掌握。例如，在讲授数据通信基础理论的交换技术时，学生对电路交换、报文交换和分组交换三种交换技术不易理解，如果纯粹进行理论讲授，学生会感觉这个课程很难学，以致厌学，对这门课程失去兴趣。针对此情况，笔者就把这三种交换技术制作成动画。在上课过程中，结合动画课件进行教学，非常直观生动，大部分学生基本能理解这三种交换技术及其区别，大大提高了课堂教学的有效性，保证了教学目标的实现。

三、灵活应用类比法教学

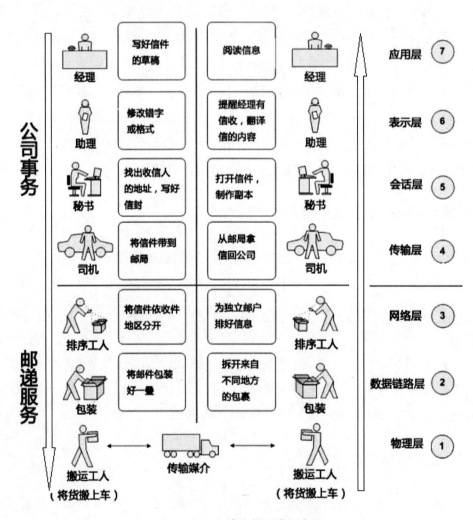

图1 ISO七层参考模型讲解类比

《计算机网络》课程中有一些十分抽象的概念不易理解，但可以通过举出与之很相似的、人们较为熟悉的事物来进行对照学习、讲解。这种方法可以帮助学生直观、形象地理解枯燥、抽象的知识，达到事半功倍的效果。

例如，OSI 七层模型是计算机网络这门课程一个非常重要的知识点，该七层模型学生容易混淆，不易掌握。讲到该知识点时，可以类比成信件的收发过程（见图 1），这样学生就非常直观地理解、掌握了七层模型之间的区别，教学效果非常显著。

四、注重理论与实验相结合，实施一体化教学

在教学中，有些网络理论知识即使有生动形象的课件，有时也难以让学生理解，这时就必须将理论和实验紧密结合起来，实施一体化教学，以提高教学效果。例如，讲授传输介质时，可以让学生观看实物的同轴电缆、双绞线和光纤。在讲授网络线路时，就要结合实验动手制作双绞线电缆，并用网络测试仪测试网线的连通性。学生在动手的过程中不仅掌握传输介质各自的特点，还亲自动手制作能够实现联网的双绞线，很实用。这种中边讲理论边带着学生动手进行操作的一体教学，把理论和实验有机地融合在一起，真正做到了"学中做，做中学"。

五、灵活应用仿真软件，模拟实训

很多计算机老师都深有体会，在讲到路由器、交换机时遇到实训问题。因为路由器、交换机都是比较昂贵的设备，很多学校没有资金购买足够的设备供学生实训。遇到这个问题，我们只能应用仿真软件，模拟实训实现教学任务。我们利用 Boson NetSim 交换机和路由器仿真软件，再结合 Cisco Packet Tracer 软件就能够仿真组建局域网，实现局域网内的交换机设置，划分虚拟局域网，还能设置路由器，实现多个局域网互联。学生在电脑上模拟实训后，再分组进行实物的连接、调试实训。这种模拟实训的方法在交换机和路由器的教学过程中作用显著，不仅很好地解决了设备紧张的问题，而且大大提高了实训的效果。唯一不足的是软件界面是英文的，学生开始还不能完全适应，需要一定时间才能完全掌握该软件的使用方法。同样，在讲授 Windows Server 网络操作系统的安装配置时，我们均采用 VMware Workstation 虚拟机软件。该虚拟机软件功能强大，能满足绝大多数网络操作系统安装配置的实验要求，而且对虚拟的单机做任意设置均不会破坏物理机。实践证明这种教学手段效果很好。也很实用。

六、从多方面入手，提高学生的学习兴趣

《计算机网络》课程的理论知识比较枯燥无味，学生学习一段时间后会兴趣减少，部分同学甚至会产生厌学的情绪，影响到后续的学习、教学。因此，教师除了在课堂上要积极调动学生的学习积极性以外，还要根据该学科与现实生活联系密切的特点，从多方面入手，灵活运用其他学习活动的方式来补充课堂教学的不足，激发学生学习的兴趣。例如，我们可以利用业余时间带领学生参观学校的网络中心，现场进行讲解；联系本地的通信运营商带领学生参观机房；有条件的话，可以请一线的技术人员为学生作技术讲座，介绍网络的新技术及发展趋势；可以开专题讲座介绍一些计算机网络方面的资格认证考试，对学生进行引导；可以开展计算机网络知识竞赛等。

总之，计算机网络技术的发展日新月异，职校学生的素质也在不断变化，我们专业教师在教学过程中要摒弃那些照本宣科、满堂灌的教学方式，结合学生的实际和学校的情况，努力探索新途径，激发学生的学习兴趣，引导学生自觉主动学习，提高课堂教学的有效性和质量。当然，现阶段在《计算机网络》课程的教学中存在的实训教学环节薄弱、教学质量差等是中职学校中普遍存在的问题，如何解决这些问题，顺利完成这门课程的教学任务是一个不断实践、不断研究、不断探索的过程。

参考文献

[1] 崔艳，游汇.改进计算机网络基础课程教学方法的研究[J].中国管理信息化，2011（9）

[2] 武凌.计算机网络课程教学方法的探讨[J].电脑知识与技术，2011（1）

[3] 李光宇，周玉纯.浅析计算机网络基础课程教学方法[J].计算机光盘软件与应用，2012（17）

护理学专业临床实践教学基地建设的实践与体会

吴晓鸿

厦门市同安职业技术学校　高级讲师

临床实习是护理教学过程的重要组成部分，是学校教育的延伸和深化[1]，是护理学专业学生将在校内所学的专业理论知识应用于临床实践的过程，同时也是学生锻炼提高动手能力、向社会展示自我、由护生向护士角色转化的过程。校外临床实习基地是完成这一过程的重要平台，如何建立符合临床实践教学要求的实习基地显得尤为重要。

一、实践方法

1. 合理选择实习基地，满足临床实践教学需求

合理选择实习基地，对培养学生的动手能力和良好职业道德有着十分重要的作用，因此，在选择实习医院时必须严格把握标准。首先，要求承担护理专业临床实践教学任务的实习基地必须是二级以上综合医院，内、外、妇、儿等功能科室齐全，科室设施和设备较为先进，病例数量多，病种丰富。其次，医院带教师资队伍具有一定规模，教师具有一定带教水平，能热心临床带教工作。最后，作为临床实践教学基地，要有必要的护理学图书资料，配备专门教室以及多媒体教学系统等教学资源，以满足护理学教学需要；要有相对健全的临床教学管理系统，管理水平较为先进；学术氛围浓厚，能进行护理教学查房，开展护理专题讲座，组织病案讨论等工作。此外，还要考虑食宿、交通等是否便利，周边环境是否安全。在经过充分调研论证后，若该医院确实能够满足护理学专业临床实习需要，学校应进一步与医院协商，本着"优势互补，资源共享，互惠双赢，共同发展"的原则，达成合作共识，并签署书面合作协议以明确合作关系和双方各自的权责。

2. 加强实习基地管理，确保临床实践教学质量

（1）成立工作机构，加强组织领导。为促进校外实习基地的建设和规范管理，校院应密切合作，成立由学校和医院双方人员共同组成的实习管理领导机构。院方人员应由教学副院长、护理部主任、科室护士长和科室专职负责带教工作教师组成，对基地临床实践教学计划的制订、教学安排、师资培养、实习生的管理、实习质量的评价进行全面负责。校方应有一名校级领导分管校外临床实践教学工作，具体工作可由教务处负责，组织实习指导教师对实习基地的临床实践教学工作进行协调、指导、监督和检查。

（2）坚持做好实习前教育与岗前培训工作。在学生临床实习之前，学校要对学生加强实习前教育。首先，要加强医德医风教育及法纪教育，帮助他们树立正确的世界观、人生观和价值观，发扬救死扶伤的人道主义精神；其次，要对学生进行学风教育，要求他们在实习期间积极主动，态度端正，认真学习临床技能，多向带教老师请教，虚心向他人学习；最后，要对学生加强安全教育，确保在实习期间不出医疗差错和安全事故。学校教务处还要严把学生下临床实习标准，只有经理论与技能考核合格才能允许下临床实习。对考核不合格的学生，要重新进行理论和技能强化训练，直至考核合格。另外，医院护理部要对实习生进行岗前操作技能培训，使学生能够迈出从课堂走向临床的第一步，消除上岗前"知识盲区"对实习效果的影响，助推实习学生的角色转变，为临床护理打下良好的基础[2]。

（3）建立健全实习基地管理制度，为临床实践教学提供有力保障。实习基地管理制度是提高实习质量的必要前提，教务处要协同护理部建立健全管理制度，包括学生在医院实习期间日常工作常规、请假制度、考试制度、安全管理及奖惩制度等，要求严格执行。为充分调动带教老师的工作积极性和责任心，医院要完善人事管理制度，要把带教工作同职工的年终考核、津贴分配、职称评聘等挂钩；学校也要给予医院带教人员优先享有在学校借阅图书资料和参加各种学术活动的权利。为提高实习带教水平，保证临床实践教学质量，学校和医院要密切配合，形成长效机制，加强对带教老师带教能力的培养。可通过组织参加学术交流、开展专题讲座等多种形式，帮助带教老师掌握教育学、心理学相关知识，还可进行教学法有关知识的培训，使带教老师掌握情景教学法、角色扮演法、案例分析法等，切实提高带教水平。

（4）建立实践教学质量评估体系，确保实习质量。在实习期间，教务处要定期进行教学检查，检查实习计划执行情况，还要协同护理部根据实习大纲要求对实习情况进

行教学质量评估,包括科室组织平时考核、护理部组织出科考核、学校组织阶段考核,以及实习结束时的毕业考核等,应从专业理论知识、实践技能、职业道德等各方面对学生进行综合考核。除了考核学生以外,还应对带教老师的带教水平和敬业精神进行评价与考核,对带教老师要鼓励先进,鞭策落后。学校实习指导教师要定期与带教老师和实习生进行座谈交流,及时发现、评估并解决实习中存在的问题,确保实习质量。为了提高学生参加全国执业护士资格考试通过率,教务处要加强宣传,教育学生在实习期间加强全国执业护士资格考试相关知识的复习,并可定期组织学生进行全国执业护士资格考试相关知识的模拟测试,及时评估学生对相关知识的掌握情况并采取相应措施。

二、建设成效

1. 夯实了实习基地

经过近五年的努力,学校护理学专业临床实践教学基地不断扩充,由 2009 年的不足 10 家,发展到目前的 18 家,夯实了实习基地,为学生临床实习提供了有力保障。

2. 完善了实习基地管理制度

通过学校与医院的密切合作,不断探索,进一步完善了实习生日常工作常规、请假制度、考试制度,以及医院人事考核制度、奖金分配制度和职称评聘制度等,实习基地建设呈现良好的发展势头。

3. 建立了临床实践教学质量评估体系

通过不断摸索,学校建立了一套卓有成效的临床实践教学质量评估体系,对学生的思想品德、专业理论知识、动手能力等方面进行综合评估,并对带教老师的综合素质和实习基地管理机制进行有效评价,从而保证了实习质量,用人单位对毕业生的满意率稳步提高。

4. 提高了毕业生就业率

通过临床实习这一平台,学生对自己未来职业有了亲身体验,明确了今后努力的方向;同时,借助临床实习这一舞台,学生充分展示了自我,用人单位对学生有了全面了解,由此打开了学生的就业渠道。近年来,通过校院双方及学生自身的共同努力,部分毕业生留在实习基地单位就业,有的毕业生通过实习基地推荐到其他相关单位就业,从而大大提高了毕业生就业率,形成了"以实习促就业"的良好局面,目前我校护理专业毕业生就业率达 92%以上。

三、启示

加强实习基地建设涉及多个方面，应得到全社会的重视，尤其要争取基地各级领导的重视与支持以及各科室的配合，并从人力、物力、财力等方面予以倾斜，保证实习计划的全面落实。学校也要把握机遇，密切校院协作，为基地医院提供科研与人才培养服务，真正做到校院双方"优势互补，资源共享，互惠双赢，共同发展"。

在选择实习医院时必须把握校外实习基地的基本标准，对于既能满足实践教学需要，又有与学校积极合作的医院，学校必须努力争取，确定建立实习基地。

在学生实习期间，学校应加强同实习医院的联系，同医院护理部领导、科室护士长、临床带教老师进行沟通和交流，以及对实习生进行跟踪管理，了解学生的思想动态、生活状况、专业理论知识与实践技能掌握情况，及时发现和解决实习中存在的问题，保证临床实践教学任务的圆满完成。

在开展就业引导工作的过程中，需要大量实实在在的平台去推动。在这些平台中，毕业前的实习对于改变毕业生的择业观和拓宽就业选择面有着非常重要的作用[3]。通过校外临床实习，学生不仅完成了临床实践学习任务，培养了救死扶伤的职业道德修养，同时也向社会展示了自身的综合素质和工作能力。学校必须充分利用这一平台，为学生创造就业机会。经过几年的探索和实践，学校形成了一些颇具特色的以实习促就业的工作新局面，通过"订单式"培养等多种途径，绝大部分毕业生实现了就业，构建了教学、实习、就业"三位一体"的护理专业人才培养模式。

参考文献

[1] 王彩星，马淑丽，葛秀春.高等护理教育临床实习基地建设的探讨[J].辽宁中医药大学学报，2009，11（10）：211

[2] 吴玲玲，王丽华，胡静.基于工作过程的护理专业实训基地建设与思考[J].实验室研究与探索，2009，28（9）：173-175

[3] 杨长永.加强临床实习基地建设拓宽护理专业毕业生就业渠道[J].中华护理教育，2010，7（12）：555

PBL在中医学的教学探索

杨鸿女

厦门市同安职业技术学校

中医学是五千多年前传承而来，集博大精深的理论与经验为一体的自成体系[1]，中医课程具有极强的实践性及综合性。作为中国传统文化，中医屡受争议而没能得到很好地传承，其症结之一是后继无人，缺乏能在实践中综合运用中医知识的能力[2]。传承和普及中医传统文化还需要复合型人才的注入。虽然众高校亦致力于"学科交叉，特色突破"以培养特色型复合人才的办学宗旨，但是突出问题首先表现为传统教育理念和方法与实现宗旨的矛盾。因此，教学方法和教学手段的改革就成为实现教学内容改革和提高教学质量的前提和保证[3]。

"注重经典，突出临床"是中医课程教学的发展方向和创新思路[4]。"基于问题式学习"的PBL（Problem Based Learning）教学是以临床典型病例及相关问题为基础，以学生为主体、教师为主导的一种教学方法，与传统LBL教学法（Lecture-Based Learning）以授课为基础的教学模式相比，更符合中医临床与理论紧密结合的特点。

一、PBL与LBL

PBL教学模式最早于1969年由加拿大McMaster大学的美国神经学教授Howard Barrows在医学教育课程中首创，并成为医学教育模式改革的趋势之一[5, 6]，但作为一种新的教学模式应用于中医学的教学还处于起步阶段。

传统LBL教学是以教师灌输为主，教学方式单一，强调理论知识的系统性与完整性，但无法顾及中医学学科的应用性及学生临床辨症所需思维能力的培养[7]。而这正是PBL教学法所倡导的，通过"设计问题、解答问题、讨论分析"三个基本步骤，以学生为主体，翻阅资料、查阅文献、集中讨论，以教师为引导，分析总结，将略显枯燥的中医知识与真实的临床实践紧密地结合起来，使得学习主体更积极且深刻透彻[8]。

（1）精心设计符合教学重点的问题。问题设计是 PBL 教学的关键。选择针对教材密切结合的经典临床病例，从人体构造、病理认识、休养生息、临床试验等多方面多角度展开、结合、贯通教学重点，环环相扣，才能提出严谨度高、针对性强，能够发散学生思维的问题[9]。

中医理论的抽象性、思维方法的异质性及临床病例的复杂性，为问题设计提供了广阔的空间。然而，中医基础理论课时短，内容多，PBL 教学目标应与传统教学模式相一致，即让学生能充分掌握中医基本概念及知识。因此，问题设计还应注重中医知识的系统性。如在中医"气"章节的教学中，教学重点是掌握"气"的概念及"气"对机体的意义。在进行问题设计时，若以"'气'对人体的意义"作为问题，引导学生对中医之"气"与呼吸之"气"的生理功能加以区别，使学生能从不同角度理解"气"及其功能与意义，并结合临床呼吸衰竭、呼吸困难的病症分析，更能增强学生认识"气"这一过程的系统科学性[10]。

（2）组织好临床病案讨论是 PBL 教学的一个中心环节。教师从细微处给予学生启示，也要注重培养学生的合作精神，在学生的合作中穿针引线，让其充分交流协作，加深对问题的理解，探索更深奥的理论[9]。教师也可以在对学生的引导、启发和讨论中，与学生分享吸取典型意义临床案例中成功的经验，总结失败的教训，关注学生思维方式的转变，切实体会从传统 LBL"授之以鱼"向 PBL 教学中"授之以渔"的蜕变[11]。

在针对病例问题的讨论过程中，视频案例的引入、患者真实的表述远比白纸黑字呈现得更为有趣直接，充分发挥多媒体等信息技术，为学生创设一个逼真的、尽可能接近现实生活的问题情境，不仅可以激发学生的兴趣，对问题更为深刻地理解，来自视频的"已知事实"和"待查信息"更是为其提供了深入探究的动力。循序渐进，由导师按学生设计的剧本扮演标准化病人，使学生更接近现实情况模拟就诊，就中医辨症、鉴别诊断展开深入讨论，通过师生沟通采集病史的实践能力在主动解答问题的探知中得到培养，学生查询信息、获取信息，学会倾听、学会沟通，完全颠覆了传统 LBL 教学"纸上谈兵"的局面[12]。

（3）作为 PBL 教学的主体，每个学生最后上交的学习成果不再是所查资料的堆积，而是经过思考、筛选、归纳，带有自己观点的评述；所关注的问题也不只是教科书的内容，而是涉及了医学、人文、心理、社会等多个方面的综合体[12]。因此，最终的总结评价也要能给出综合判断。教师在 PBL 教学中不再是最主要的知识库的存在，而是作为知识建构的促进者，退居二线，只在关键时刻起到点拨、引导的作用即可[9]。在督促学生自主学习形成思考和归纳的良好习惯之后，教师则应对学生的学习成果进行及时反馈与答疑，并给出综合评价。

PBL 教学法在中医学各学科教学中的应用研究，与传统 LBL 仅以考试成绩论优秀相比，采用理论考试、临床技能考核及学生（自我总结创造能力、语言表达能力、独立思考能力、团队协作能力）评价追踪三结合的形式对教学效果进行评估，均说明学生在病历书写、诊断症型、辩症分析等方面的临床技能均得到大幅度的提高，反过来也证明了中医教学中采用 PBL 教学法是行之有效的[13]。

二、PBL与TBL

在 PBL 呈现出一种蓬勃发展的良好态势的同时，TBL（Team Based Learning）在 PBL 改革的基础上应运而生，以促进学生主体的团队协作精神，注重学生主体的创造性、灵活性与实践特点，是以教师讲授与学生讨论相结合为目的的另一新型教学模式[14]。

PBL 教学法在提高学生学习兴趣、分析和解决问题的能力以及培养学生思维能力、自主学习能力、表达能力和团队协作能力等方面较之传统 LBL 教学方法均有明显优势，但在知识传授系统性上存在不足[15]。与 PBL 教学抛出"问题"然后学生自主解答的出发点不同，TBL 教学是学生根据老师限定的教学内容，通过小组讨论的形式进行汇报，其教学目的更侧重于通过讨论来强化所要求掌握的知识，以此来保证教学目标与传统教学的一致，让学生充分掌握中医基本概念及知识，既注重技能培养又不忽视基础知识的学习[16]。

无论是 PBL 以问题为出发点，还是 TBL 以知识为出发点，都能很好地促进学生自主学习、独立思考、协作意识以及表达能力的提高[14]。但是，在 PBL 教学过程中若是遇到学生个体自主性不强，课前没有很好地准备，查阅的资料单一，上课交流不主动，综合分析和总结归纳能力欠缺，习惯于被动学习，不能主动提出问题[17]，也是难以配合教师开展的。而 TBL 基于"团队"的核心价值，可以通过团队小组成员之间的协作与团队的集体智慧提升个体的主观缺陷，不仅在合作学习中提升个人能力以及建立自主学习的观念，同时使理论课教学能在传授给学生知识的基础上，进一步提升学生认知分析和解决问题的能力、团队合作和人际交往的能力[14]，这在一定程度上弥补了 PBL 教学的不足。

为此，有研究者基于 PBL 与 TBL 协同效应自行创新设计了课堂组织 PT 教学模式[16]。但是，PBL 与 TBL 教学法有着相比于传统教学法的优越性，其中也不乏局限性，例如，二者对于教师的综合素质均有较高的要求，不仅对本专业课程内容熟悉于心，还要求具备良好的组织协调与沟通能力，要善于调动学生积极性、寓教于乐；传统课程教学时间的设置对于新教学模式常显得捉襟见肘，需要教师合理安排时间，控制好授课节奏，达到既能够充分讨论，又能够完成教学任务的目的，这一切就需要教师花费大量的时间和精力做准备工作，以至于有些教师更愿意沿用传统教学方式；教师参与度的降低也在一定程度上导致学生系统性获知的缺失，重难点知识得不到精确补充而遗漏，可能使整个中医基础理论的教学呈现支零破碎的状态，失去原有的完整性；新型教学模式可能更加适合小班化教学，对于在人数较多的班推广使用也有一定困难[17]；并非适用于课程所有章节的教学过程，若该部分内容较为分散，系统性不强，各知识点间联系不紧密[18]，就更加难以开展；目前国内的"应试"教育评价体制尚无法对学生自主学习给出全面、科学、客观、公正的评价，也需要更多的教学资源如针对 PBL/TBL 教学法设计的规范教材来保证教学的实施[19]。

三、结束语

21 世纪的医学强调"任何决策都必须基于当前最佳研究证据、医生的临床实践经验和患者意愿的结合"[15]。纵观 PBL 模式在中医学的教学探索从无到有，针对中医学传统教育中亟待解决的未来中医师临床辨症实践能力不足等缺陷，其优势显而易见。但因教学资源设置不合理，教师教学水平参差不齐，学生个体不适应，师生角色转换不彻底，评价体系不健全，与传统教育理念相冲突等诸类问题还存在，PBL 教学亟待进一步研究。

中医学博大精深，其概念多来源于古代，内涵丰富，抽象深奥，晦涩难懂，切实需要与时代、临床实践相结合才能有所理解和认识[17]。这提示我们要综合考虑学生特点和教学条件，根据不同课程和不同内容，择优选择行之有效的教学方式、多种方法并存的教学方式。中医经典理论知识学习阶段可以通过传统 LBL 结合 TBL 教学直接传授，而专业知识学习阶段，中医丰富的临床实践经验则需要 PBL/TBL 新型教学模式加以活化与传递。

基于问题式学习的 PBL 教学在中医学的实施仍处于探索阶段。中医这门学科若能与之相适应的 PBL 教学方法配合发展，坚持以培养未来中医师为本，在扎实的理论学习的基础上锻炼思维实践能力，方能成就科学的中医教学格局。

参考文献

[1] 关晓光.从阴阳说、五行说和元气论看中医的科学性[J].中医药学报，2011，39（4）：3-5

[2] 倪熙.试论中医学的科学性与当前学科地位[J].广州中医药大学学报，2012，29（2）：207-210

[3] 马巧琳，胡斌，徐翠香，等.PBL教学法在针灸推拿新设专业实训课中的应用研究[J].中国科教创新导，2014（8）：52-53

[4] 谢宇杰.PBL教学法在中医伤寒论研究生教学中的应用探索[J].中国保健营养，2014（5）：2931-2932

[5] Bhosale UA，Yegnanarayan R，Yadav GE.Attitude，perception and feedback of second year medical students on teaching-learning methodology and evaluation methods in pharmacology：A question-naire-based study[J].Niger Med J，2013，54（1）：33-39

[6] Wardley CS，Applegate EB，Van Rhee JA.A comparison of student knowledge acquisjtion by organ system and skills in paraIlel problem-based and lecture-based curricula[J].J Physician Assist Educ，2013，24（1）：5-14

[7] 曹洋，林丽珠.PBL教学法在中医肿瘤学教学中的应用体会[J].中国中医药现代远程教育，2014，12（2）：86-87

[8] 颜丙春，祝娉婷，卜平.PBL教学法在中医基础课程教学中的应用[J].科技创新导报，2014（17）：147，149

[9] 柏文婕.PBL教学方法在《中医基础理论》教学应用中的几点体会[J].大家健康，2014，8（7）：318-319

[10] 莫小强.PBL教学模式在中医基础教学中的应用[J].中国校外教育，2014（2）：115

[11] 王宏天.应用PBL法等多种方法提高《诊断学》教学效果[J].光明中医，2014，29（7）：1545-1546

[12] 沈若冰，余小萍，孙玄厽，等.中医内科学PBL实施方法的探索与体会[J].中医教育ECM，2014，33（2）：50-51

[13] 古丽丽，赵印震，魏攀，等.中医视角下PBL教学法的应用[J].中国民族民间医药，2014（1）：21-22

[14] 曹净植.PBL与TBL两种教学模式之比较[J].教育教学论坛，2014（20）：88，89

[15] 朱肖菊，王晓杰，朱朝辉.PBL与TBL教学法的比较及其利弊分析[J].课程教育研究，2014（7）：191

[16] 王晓杰，朱肖菊，曹净植.基于PBL与TBL协同效应的本科课堂的组织设计[J].高教论坛，2014（2）：42-44

[17] 甄小芳.PBL教学模式在中医儿科临床教育中的应用[J].西北医学教育，2014，22（4）：815-816

[18] 万生芳.PBL在《中医诊断学》教学中的应用及其优劣性分析[J].西部中医药，2013，26（1）：53-55

[19] 顾静，顾梅，汪小刚，等.PBL融入医学生理学教学初探[J].甘肃科技，2014，30（8）：73-75

激活中职校《药剂学》课堂气氛，提高教学质量

——浅谈多元化教学方法在中职《药剂学》教学中的应用

苏碧玲

厦门市同安职业技术学校

目前，中职教育大力倡导以"以就业为导向，以能力为本位，以发展技能为核心"的理念，培养面向基层、面向生产、面向服务和管理第一线的应用型技术人才。《药剂学》是中等卫生职业学校药剂专业最主要的一门课程，是研究药物制剂的基本理论、处方设计、生产工艺、质量控制和合理使用的综合性应用技术学科。[1]

我校中职药剂专业的生源主要来自厦门及其周边城市（漳州、泉州），相对于普通高中的学生来说，他们有着基础知识较差、理解能力较弱、较缺乏自制力的特点。传统的《药剂学》教学以"填鸭式"的方式为主，教师的教学方法枯燥，难以激发学生学习的积极性和热情。《药剂学》的知识点繁多、琐碎，各章节之间没有太多的关联性，学生在课堂上很难跟上教师的节奏。薄弱的基础知识、枯燥无味的授课方式、繁多琐碎的课程内容使学生在课堂学习中很容易出现走神、玩手机、与同学交头接耳、趴在桌子上睡觉等一系列影响课堂效率的现象；在课后亦习惯以抄袭的方式来应付作业、用死记硬背来应付考试。他们认识不到《药剂学》的重要性，不能系统地学习课程内容、形成自身的知识网络和实践技能。这种"填鸭式"的教学方法，在一定程度上忽略了教学的个体化和学生的自主性。为激活中职《药剂学》课堂气氛，提高学生课堂学习的注意力，实现教学内容与职业需求相结合，笔者针对现行《药剂学》教学的不足之处，结合课程内容特点，总结了几种教学方法。

一、课堂理论教学

1. PBL 教学法

PBL 教学法即通过提出明确的学习目的，以学员为中心，强调主动性学习，鼓励

自主探索，激发和支持学员的创新思维，鼓励争论，鼓励争论，鼓励对学习内容和过程进行反思，强调以问题解决为中心、多种学习途径相结合，强调社会性交流的作用，强调支持和引导，最终达到解决问题的目的。[2]

PBL 教学法应当将基础理论与实际应用紧密结合起来。以实际案例为基础，引导学生独立思考、自主学习。下面以讲授"胶囊剂制备"章节为例加以说明。

（1）提出问题。

以"毒胶囊事件"为原型设计问题，先介绍"毒胶囊事件"的发生过程。2012 年 4 月 15 日，央视《每周质量报告》播出节目《胶囊里的秘密》，对非法厂商用皮革下脚料制造药用胶囊进行曝光那么什么原因导致药用胶囊"致癌"？在生产胶囊的过程中哪个环节出现了问题？如何确保胶囊的质量安全？

（2）分析问题。

教师对"毒胶囊"事件给出结论（在胶囊制作过程中，黑心厂家用生石灰处理皮革废料，熬制成工业明胶，以工业明胶为原料制成药用胶囊，所用工业明胶中重金属铬含量严重超标，高浓度的重金属铬为致癌物），以引起学生对胶囊原材料的重视，进而引导学生自主地学习相关内容。

（3）解决问题。

当学生通过自主学习，有了问题的答案后，教师可请学生代表对问题进行解答，并组织全体同学讨论。最后，由教师对讨论结果做出补充并评论，由此引出本章节需要掌握的重点内容——胶囊剂的制备。

PBL 教学法虽然具有提高学生的自主学习能力、训练学生的口头表达能力和人际沟通能力、培养学生的团队协作精神等优点，但是它不适用于理论性强的章节，无法完全取代传统的讲授法。

2. 微课程教学法

微课程（Micro Lecture）指的是将教学目标聚焦在某一个环节上，用最短的时间讲解单个知识点、教学重点、疑难点、考点或习题等的一种微型教学。[3]在讲解《药剂学》的重难点内容时，可采用微课程教学法来直观地教学。以"散剂制备"章节为例，可通过痱子粉制备的微课程讲解散剂制备工艺及注意事项。采用微课程教学法让学生突破《药剂学》课程学习的重难点问题，激发学生的学习兴趣，提高课堂教学效果。

微课程，指的是将教学聚焦在某一个环节上，借助短小精悍的视频片段（长度为5~8 分钟），用最短的时间针对单个重点进行突破的一种微型教学。该"单个重点"可以是单个知识点、疑难点、考点或各类习题。微课程教学法可应用于《药剂学》重点难点内容的教学。以"散剂制备"章节为例，可采用该教学法，通过展示视频，使学生直观地了解痱子粉制备的过程，并由此激发学生的课堂兴趣。随后，教师补充讲解散剂制备的工艺及注意事项。相对于传统教学方法，微课程更加直观、有趣，课堂教学效果亦更佳。

3. 理论知识与生活实际相结合

《药剂学》中涉及药物剂型的理论知识。在讲解新的药物剂型的相关内容时，可在课堂上展示与其对应的药品实物。学生通过对实物的直接观察，可对该药品形成更加直观的认识。如讲解片剂时，可准备形状各异的药片，目的是让学生了解片剂的形状及类型。又如讲解泡腾片时，可通过小实验（展示泡腾片溶解于水中并产生气体的过程），加深学生对泡腾片的印象，并激发起学生的课堂兴趣。

此外，也可在课堂教学的同时向学生传授一些生活小知识。例如，在讲授缓控制剂的相关知识时，可先告诉学生"缓控制剂要求完整吞服，而不能嚼碎或溶于水中服用"的结论。待引起学生兴趣后，再解释要求完整吞服的原因。这样，可使学生在轻松的话题中学习到缓控释技术的原理。

二、课堂实验教学

1. 项目教学法

职业教育领域中的"项目教学法"是以培养学生职业能力为目标的教学方法。其内容是：从职业教育的角度出发，选择具有实际应用价值的问题作为教学的"项目"（一般要制作出一个具体的产品），学生在教师的指导下，以小组或团队为单位，收集信息、设计实验方案并实施完成。最后，教师对其进行最终评价。[4]

中职《药剂学》教学目标是让学生掌握相关理论知识，并具备一定的药物制剂制备能力。学生主要从药物的处方设计、生产工艺、质量控制等方面学习药物的制备方法。在实验课上，教师可结合学生的男女比例、学习成绩、动手能力等要素对其进行分组，确保每个小组的人员水平均衡。学生通过实验小组的分工合作，制作出实验产品，将理论知识转化为实验操作技能，让学生在学中做，在做中学。

2. 角色扮演

调查显示，我校近五年的中职药剂专业毕业生中，大部分毕业生从事药品销售业，工作地点为药店、医院药房等。只有极少部分学生到药品生产企业就业。因此，我校认为应当重点让学生熟悉药品销售业。为了让学生顺利就业，尽快适应工作环境，我校积极创造条件，依靠学校现有资源，开设模拟药房，由教师对学生进行指导，学生轮流扮演顾客与工作人员，以强化学生对药品剂型及处方调配相关知识的掌握。学生参与到模拟药房的管理中来，既学习了药品的管理及营销策略，又提升了人际沟通能力，为今后就业奠定了良好基础。

三、结束语

实践证明，多元化的教学方法的应用，对于激活中职《药剂学》课堂气氛，提高教学质量起到了很大的作用。根据不同的教学内容采用不同的教学方法，因材施教，有利于培养学生的主动学习能力、实践操作能力及创新能力。

参考文献

[1] 高宏.药剂学[M].北京：人民卫生出版社，2002
[2] 李邦国，陈华，王显高，等.PBL教学模式在医学影像诊断学教学中的应用与体会[J].重庆医学，2010，39（13）：1759
[3] 黄建军，郭绍青.论微课程的设计与开发[J].现代教育技术，2013，23（5）：31-35
[4] 牛森.项目教学法在中职药剂课教学应用的探究[J].科技视界，2013，31：80-81

在教育中应培养学生的创新能力

苏金旋

厦门市同安职业技术学校

现在的学生是祖国未来的创造者,他们的创新能力将影响着一个民族能否自立于世界之林，能否位于科学技术的制高点。而这一切又深深依赖一个国家和民族创新教育能否得以顺利实施。因此，我们应该注重培养学生的创新能力，使他们养成独立学习和思考的习惯，为他们以后发展成为创新型人才奠定良好的基础。所以对于培养学生们的创新意识这一措施是非常有意义的，作为一名知识的传播者，首先，教师应该意识到创新意识对现代学生的重要性，其次，教师要了解创新意识的含义，同时要改变自己以往那些"填鸭式"的教学观念和教学方法，只有在这样的条件下对学生进行创新意识的培养，才能确保创新意识培养的有效性。因此，对学生创新能力的培养可以概括为以下六个方面。

一、更新教学观念，改进教学方法

以往教师在给学生进行课堂教学时，过于注重知识的讲授，导致出现这种现象：教师在一边认真讲课，学生在一边被动听课，学生没有自己的思维，没有自己的主观意识，其主动性没有很好地发挥出来，这种情况对学生创新意识的培养是有害无利的，因此老师在教学时要更改自己的教学方法，积极鼓励学生谈谈自己的想法或看法，给学生独立思考问题的机会，这样其创新意识才会提高。教师要做到不管在教学思想还是教学方式上，都应该从传统观念的束缚中跳出来，要有一个明晰而深刻的创新教学理念。传统教育观的基本特点是以知识的传授为中心，教师位于主体地位，学生跟着老师，而新的教育要在教学过程中体现"学生为主体，教师为主导，训线为主线，思维为核心"的教学思想[1]，尊重学生的创新及创造精神，要做到把教学的重心和立足点转移到怎样引导学生积极主动地"学",引导他们自己想要学习,要会学习,热爱学习。

变灌输方式为主动探索式,变学生的被动学习为主动学习,努力创设有利于学生创造性思维发展的教学氛围,运用有利于学生创新意识培养的教学方法,为学生创新意识的培养创造条件。传统教育中"填鸭式"的教学方法显然不能培养学生的创新思维和能力,要采用发现式、启发式、讨论式等先进的教学方法,并综合加以运用,这就要求我们既要有改革创新精神,又要着眼于实际效果。

二、设计合理的教学目标

教学目标被教育理论家们称为教学活动的第一要素,确定正确、合理的教学目标是教学设计的首要环节。它是教师教的目标,也是学生学的目标。有了教学目标,教与学就有了明确的方向,紧紧围绕教学目标开展教学活动,就能提高教学的质量和效率。我们应科学地设定教学目标,具体分为以下三步[2]。

第一,目标分解。任何一级教学目标的确定,必须以其上一级目标为依据,下位目标为上位目标服务,教学目标自上而下的分解过程,是一个不断具体化的过程。第二,任务分析:就是对学生为了达到单元目标和课时目标规定的知识以及能力等进行具体的剖析。第三,起点确定。教学目标不仅是对教师教学行为的要求,更是对学生预期的学习结果的要求,因此设计出合适的教学目标,就不能忽视对学生的分析,即确定教学的起点。教学起点太高,导致教学目标过高,超过一般学生的能力,导致学生产生畏惧心理。起点太低,会在学生已经掌握的知识上浪费时间和精力,并可能导致学生厌学。

大量的调查实践证明,如果学生对知识没有求知欲和探索欲,那么即使教师传授了一定的创新方法和技术,也很难有实际的、有价值的创新突破。因此,教学目标的正确定位,直接影响学生创新能力的发挥。我们要体现以学生为主体的教学原则,着眼于激发学生的主动性和学习兴趣,使学生在学习知识、技能的同时,提高自主学习的能力和创新能力。

三、打破思维定式,培养学生发散思维

发散思维是指根据已有信息,从不同角度、不同方向思考问题,从多方面寻求多样性答案的一种思维形式,是检测学生创造力的标志之一,也是创新思维中的主要思维方式。思维定式往往使学生在学习的过程中按照一定的习惯、方法和思路去分析事物

的现象及其原因。学生只会按照老师所讲、书上所写进行机械模仿，使学科教学仅成为单纯知识遗产的传递和前人思维方式的继承，严重制约了学生的创新思维。教师应基于以下几个角度来不断培养并强化学生的思维能力[3]。

第一，引导学生开展创造性的学习，常见的做法有两种，一是将学生的注意力吸引过来，让他们主动参与其中，二是鼓励学生质疑、提问，并据此做出相应的讨论和分析，从而解决问题。第二，要重视并善于运用研讨学法，不要局限于解决某一个问题，而是要教会学生举一反三，懂得解决某一类的问题。第三，培养学生发现问题、分析问题、处理问题的能力，引导学生针对一些问题展开多角度的思考，从而发掘问题的本质所在。第四，培养并强化学生的求知思维，即鼓励学生提出自己的观点和看法，而不迷信课本或人云亦云，要有主见，但不可固执。

在教学中逐步培养学生用发散思维去思考问题，启发学生一题多思、一题多解、一题多变等，强调具体问题具体分析，引导学生从不同的角度去寻找解题的方法，防止照猫画虎、生搬硬套。发散思维在教学中的应用，更有利于对学生创新能力的培养。

四、为学生提供利于创新的学习环境

任何一个教师，都不希望自己上演"独角戏"而学生无动于衷，教学双边活动的开展和课堂气氛的营造，需要教师去调动、去激活。要追求灵活多变的教学模式，设法在教室内营造一种平等宽松的民主氛围。教室是展开教学的特殊环境，这里的教学氛围对置身其中的学生具有潜在的同化作用。要建立新型的师生关系，引导学生的情感处于积极、自由、宽松、安全的状态，使学生在轻松和谐的学习氛围中产生探究新知的兴趣，积极主动地去追求人类的最高财富——知识和技能，并激励学生敢于创造，时时迸发出创造思想的火花。此外，教师应多为学生创造表现的机会，使学生在自我表现的过程中增强自信，提高创新能力。

五、鼓励学生质疑

在当今的信息社会，知识更新的速度大大加快，要在海量的信息中获取有用的知识，教师必须培养学生具有良好的判断能力和批判精神。教师应鼓励学生在学习和继承人类创造出的优秀文明成果的基础上，勇于突破成规，勇于对现有知识质疑，挑战旧的学术体系，在发现和创新知识方面敢于独辟蹊径。要打破"听话的孩子就是好孩子"的观念，倡导勤思、善问的良好学风。疑问是思维的契机。学生能提出疑问，说明学生能独立思考、深入思考，这其中就包含着创新的火花。在教学过程中，教师引导学生勤动脑，从各个方面、各个角度提出疑问，鼓励学生不迷信老师、不迷信权威、不迷信书本。久而久之，学生由质疑到释疑，思想活跃了，意识加强了，课堂内外越来越多的创新思维火花就会迸发出来。

六、采用现代化的教学方法，激发学生学习的积极性

在科学技术迅速发展的今天，将现代化的多媒体引入课堂，进行多媒体教学，已成为时代发展所需，是教育事业发展的一大飞跃。而且，这种多媒体教学，能创造思考的情境，制造良好的氛围，创设生动活泼的教学情景，能把一些静态物景动态化，能把抽象问题具体化，能把枯燥无味的问题趣味化。多媒体技术的应用给教学改革带来一片生机。利用现代教育技术丰富的信息资源，充分发挥多媒体技术的优势，将文字、图像、声音、视频、动画等大量教学信息以超文本的方式进行组织，给教学增添了无穷的魅力。信息技术与课程整合，可创设参与性环境，激发学生的兴趣，使学生始终保持兴奋、求知的心理状态[4]。这不仅极大地刺激和激发了学生学习的兴趣和热情，调动了学生的好奇心理，而且开拓了学生的思维空间，丰富了想象力，有利于培养和提高学生的创新思维能力和科学钻研精神，化被动学习为主动自主自觉地学习，变主动创新为自主自觉地追求创新。

七、结束语

不管是以前、现在还是未来，创新都是一个民族发展的动力。创新思维既是教学的基础，又是教学的对象，而思维的灵魂在于它的独立性和创造性。在课堂教学中，我们要努力培养和提高学生的创新思维能力，提高学生创新的自觉性，培养学生的创新精神，使学生敢想、敢说、敢闯、敢于创新，不畏艰苦、不怕失败，使学生的思维独创灵活，观察敏锐，善于发现，想象丰富，以创新为乐，以适应 21 世纪对人才素质的发展要求，从而为我国的社会主义现代化建设输送高层次、高水准、高素质的创新型科技人才。

参考文献

[1] 杨再友.创新意识在小学数学教育中的培养分析.快乐学习报（信息教研周刊），2014：14-14
[2] 陈超.论科学设定教学目标的基本步骤[J].青少年日记（教育教学研究），2014（5）：62

[3] 饶明非.浅谈高中化学教育中创新思维和创新能力的培养[J].中国文房四宝，2013（5）：170

[4] 李清菊.让多媒体走进课堂——语文教学点滴[J].新课程（教研版），2010（5）：197

PBL教学法应用于传染病护理学的效果分析

吴晓鸿

厦门市同安职业技术学校　高级讲师

传染病护理学是一门实践性、应用性很强的科学,传统的灌输式教学方法主要是"教师讲,学生记、下课看笔记",课堂教学枯燥乏味,学生靠死记硬背,缺乏自学能力和灵活应用所学知识解决实际问题的能力。以问题为基础的学习(PBL)由美国神经病学教授 Barrows 于 1969 年创立,并首次试行于加拿大 McMaster 大学医学院的一种新的教学模式,1993 年在爱丁堡召开的世界医学教育高峰会议中得到推荐。PBL 教学模式即通过提出明确的学习目的,以学员为中心,强调主动性学习,鼓励自主探索,激发和支持学员的创新思维,鼓励争论,鼓励对学习内容和过程进程反思,强调以问题解决为中心、多种学习途径相结合,强调社会性交流的作用,强调支持和引导等,最终达到解决问题的目的[1]。为了培养高素质应用型护理技术人才,提高学生自学、分析问题和解决问题的能力,增强团结协作精神及人际交往能力, 2012 年 9 月至 2013 年 1 月,我们首次在《传染病护理学》教学中进行了尝试,取得了良好的效果。

一、研究对象与方法

1. 研究对象

研究对象为我校 2011 级中职护理专业学生,随机抽取 2 个班作为实验组,共 105 人,另抽取 2 个班作为对照组,共 107 人。两组学生年龄、入学成绩无显著性差异(P > 0.05)。对照组采用传统教学法,实验组采用 PBL 教学法。

2. 研究方法

对照组采用传统的教学方法,以教师讲解为主;实验组以 PBL 教学模式为主,教学实施过程如下。

（1）编写病例和设计问题。

根据《传染病护理学》教学大纲要求，由教师编写好临床病例、设计相关问题，并对学生可能会提出的问题或其他情况做好预测与准备。

（2）指导学生自我学习。

自我学习过程是 PBL 教学法的中心环节，在开展课堂讨论前一周，教师针对编写的临床病例向学生提出一系列问题供学生思考，引导学生去自学，查找资料。如讲到病毒性肝炎病人的护理时，给出事先编写的病例，并提出以下四个问题：①病毒性肝炎有哪些临床表现？②试述乙型肝炎血清病毒标记物的临床意义？③病毒性肝炎病人的护理诊断或合作性问题是什么？④病毒性肝炎应采取的护理措施有哪些？针对以上问题，学生除了查阅教科书外，也可以去图书馆或互联网上查找相关资料，进行归纳总结，自己解答教师在该病例中提出的问题，并提出疑问，做好讨论准备。在自我学习过程中，允许小组成员之间交换材料，充分收集各种信息。

（3）课堂讨论与总结。

课堂讨论多由教师主持，在讨论时教师先引入临床病例，列出相关问题，让学生在规定时间内分组讨论、相互交流。讨论的主题，一是教师在病例中提出的焦点问题，二是学生自己提出的迷惑不解的问题。讨论时，学生们踊跃发言，各抒己见，教师在一旁酌情给予启发，引导学生用理论联系实际的科学思维方法去综合分析，解决疑点。分组讨论结束后，由每个小组推荐小组代表体会。最后，由任课教师围绕教学内容和教学目标进行总结、答疑，归纳本章节的重点和难点。

3. 考核与评价

为了检验 PBL 教学法的可行性、实效性，学期结束时，安排实验组 105 名学生及对照组 107 名学生进行考试，考试内容包括理论知识测试和临床技能考核；另外，对实验组学生进行问卷调查，了解学生对 PBL 教学效果的评价。

二、结果

1. 两组学生期末考试成绩比较

学期结束时进行理论知识测试和临床技能考核，经检验，实验组成绩明显优于对照组，差异有统计学意义（$P < 0.01$），表明 PBL 教学法优于传统的教学方法，如表 1 所示。

表 1 两组期末考试成绩比较

组别	人数（人）	理论成绩分数（分）	技能考核分数（分）
实验组	105	83.58 ± 2.13	86.52 ± 3.98
对照组	107	73.26 ± 3.42	76.35 ± 5.47
P		<0.01	<0.01

2. 学生对 PBL 教学法的评价

对 105 名实验组学生进行问卷调查显示，绝大多数学生认为 PBL 教学法能激发学习兴趣，活跃课堂气氛，并能提高自主学习能力、语言表达能力、团队协作能力、分析和解决临床问题的能力，如表 2 所示。

表 2 实验组学生对 PBL 教学法的评价

调查项目	肯定回答人数（人）	构成比（%）
能激发学习兴趣，活跃课堂气氛	90	85.71
能提高自主学习能力	85	80.95
能提高分析和解决临床问题的能力	101	96.19
能增强语言表达能力	87	82.86
能增强团队协作能力	103	98.10

三、结论

传统教学法以灌输式教学为主，学生被动接受知识，常感到内容枯燥抽象，学习兴趣不高，往往并未真正理解学习内容，只通过死记硬背应付考试，缺乏灵活应用理论知识、独立处理护理问题的能力。PBL 教学法围绕临床问题综合了解医学基础知识与临床知识，有助于学生获得完整的知识体系。PBL 教学法通过解决相关问题，有利于知识的理解、记忆、再现和应用，还有利于发展学生临床思维和分析、解决问题的能力。PBL 教学法以学生为主体，教师为引导，学生以一个实际的临床问题为起点，运用各种手段（如看教材，查文献，网上检索等）收集相关资料，总结分析，得出最佳的解决方案，并在此过程中逐步掌握了正确的学习方法，为将来独立参加临床工作和终身学习打下了良好的基础。小组讨论的形式可以活跃学习气氛，提高学习兴趣；同一个小组的学生需要制订小组工作计划，协作分工，独立或与他人合作查找资料，并汇总资料、分析整理，这有利于学生团队合作精神的培养，这种团队协作的精神在以后的临床工作中是不可缺少的。PBL 教学法也有利于训练学生口头表达能力和人际沟通能力，有利于锻炼学生的勇气和胆量，对培养学生的综合素质是非常有益的。

PBL 教学法是一种先进的、科学的教学模式，PBL 教学法的实施，对教师的综合素质提出了更高的要求，教师自身能力的高低直接影响教学效果。教师要转变观念以解除传统教学模式的束缚。教师平时必须涉猎并积累更多的相关方面的知识，不断更新知识结构，勇于接受新知识、新理论、新技术，提高自身素质，尽快完成教师角色的转变，即从场内队长到场外教练[2]。

虽然 PBL 教学法有许多优点，但对于理论性较强的章节则不太适用，PBL 教学法还不能完全取代传统的讲授法，讲授法能给学生一个系统的知识框架，使其思路清晰。如何完善 PBL 教学法，使它可以科学地应用到《传染病护理学》教学当中，仍需要不断地寻求与探索。

参考文献

[1] 李邦国,陈华,王显高,等.PBL教学模式在医学影像诊断学教学中的应用与体会[J].重庆医学,2010,39（13）：1759
[2] 宋红艳,吴晓华,张晓玲.内科学PBL教学法中教师角色的转变[J].实用医技杂志,2007,14（19）：2682

职业道德，中职生安身立命之本

——谈《职业道德与法律》教学切入点

张睿

厦门市同安职业技术学校

中等职业学校培养的是有技术、肯吃苦的、会动手的一线劳动者，全国示范性中职的毕业生就应该是昂首挺胸走出去，诚实守信地做人，扎实有效地做事。《职业道德与法律》的首要教学任务是帮助学生树立理想，养成良好的职业操守。中等职业学校职业道德教育尚处在"养成"阶段，需要灵活处理教材，寻找有效途径，创新教学方法，贴近学生实际，辩证施教，才能寻求最佳教学效果。

一、职业道德教学应切合中职学生的实际

一般中职招收的基本上是普通高中上不了，出去"混社会"尚早，家长感觉压力较大的学生。这些学生个人情况比较复杂，学业水平参差不齐，入学目的不同，心态不同，表现各异。

我校比较特殊，有属于中专层次的护理、助产等专业，这类专业的学生来源于全省各地，素质稍高，学业基础较好，比较守规矩，但由于是中专层次，就业前景不容乐观，学习热情不够高；有比较热门的像数控机床、汽车维修等专业，这类专业学生尚有一定学业基础，素质还可以，但为数不多；绝大多数专业是"来者均收"，学生中考成绩不理想，甚至有总分不达 100 分的，这些学生大多是抱着到学校"混"的心态来的。

综观那些在初中阶段学业欠佳的学生，其成绩不好的原因主要有：父母溺爱，孩子缺乏上进心；父母忙于奔波，没顾上关心孩子的学习，孩子沉湎于网游，有较重的网瘾，以致荒废学业；由于某种原因，产生厌学情绪，学业赶不上；初中阶段叛逆情绪比较明显，独立意识较强，喜欢和别人唱反调，比较不顾学业；由于历史或区域原因，所受的教育基础不牢，学业欠缺较多；智力发展滞后，学业跟不上等。

不管怎样，学生进入全国示范性中等职业学校，历经三年的锤炼，毕业时应当是一位走得出去，有技术、讲信用、守道德的人，这是创品牌教育的需要，学校必须在学科教学上下功夫。

中等职业教育居中等层次，更需要培养扎实肯干、刻苦钻研的精神，才可能得以立足、发展。中等职校学生尚处在未成年人到成人阶段，价值观、人生观尚不成熟，急需注重道德品质方面的养成教育。《职业道德与法律》作为新生的职业道德教育基础课程，需要我们针对学生实际，积极收集励志案例，有的放矢地进行教学，这就需要我们注意克服说教式教学，厘清教学脉络，充实教材，重整教材。需要强化实践训练，重视养成教育；需要寻找突破口，做到育德于心；需要全体老师努力，用心用劲。

二、职业道德教学应紧紧围绕三大主线

作为职业道德教育基础课程的《职业道德与法律》，理应在教学实践中寻求突破，让学生听得进、理得清、行跟进。要有所创新，关键在把握自信自立、遵纪守法、诚信守礼三大主线。

1. 自信自立，明确职业发展的方向

自信，是人立世之根基；自信，是力量的源泉、前进的动力。人们常说的"底气"就是所谓的本钱，有本钱就有自信。现实中有许多中职生把自己看轻了，认为自己初中阶段学业差，没"本钱"和别人比，自卑或自暴自弃心理比较严重。这种心理如果任其蔓延，将严重影响学生专业思想的确立，就更谈不上职业操守了。

人若自信，就有勇气去追求，就可以挺胸走路，抬头做人，就会关注公众对自己的评价，会注重自己的言行举止、品德修养，这样也就自立了。自立，是确立目标的开始，只有明确目标，才有前进的方向，有追求的动力。不懈努力，坚定追求，必有成效，终有成就，这样就自强了。从一定的意义上讲，帮助学生树立自信心，从而逐步引导他们自立、自强，是一个帮助学生寻找自我，确立职业理想的艰苦过程。

因此，中职生进校后，就要深入了解每个学生的过去和其对未来的认识，只有深入了解，才可能有的放矢，及时做好心理矫正。须知，暂时的失势没什么，后来者居上的雄心最重要；一时的失误是正常的，一误再误才可悲；条条大道通罗马，成才之道千万条，看谁对社会的贡献大。只有笑在最后，才能笑得最美。在教学实践中我十分注意收集中职学生励志的案例，运用生动、现实的例子，帮助学生树立信心，昂首挺胸，抬头前行！

一是以中职毕业生成功者的案例教育学生，努力帮助学生树立人格尊严，丢弃读中职低人一等的想法，树立"三百六十行，行行出状元"的思想。二是通过走访、调查等方式，了解成功人士的励志事迹，确立"凡事预则立"、"有志者事竟成"的雄心壮志。三是掌握"大胆设想，小心实践"的方法，树立凡事敢于"吃螃蟹"，勇敢试一试，闯一闯，要有攻坚克难的干劲。四是通过各种实践活动，克服学生自我封闭心理，让学生打开心扉，培养学生主动沟通、主动追求的精神，为今后的职业发展开出一扇"天窗"。

2. 遵纪守法，规范职业发展的轨迹

良好的行为习惯养成良好的个体形象。人们的社会生活，需要纪律约束，需要法律规范。作为中职生，只有养成遵纪守法的好习惯，才能规范自己今后人生发展轨迹，才能奠定职业发展的基础。

法律是由国家制定并强制执行的人的行为规范，是规定社会、经济、生活等方面行为的最低要求，人人必须遵守。

纪律是组织为了规范学习、生产、生活秩序而制定的行为规范，是相关的规章、制度和守则的总和。纪律是内部的行为规范，是建立在法律基础上的具体行为准则。学校没有纪律，教学就混乱，工厂没纪律，生产就瘫痪，交通路口没有红绿灯，汽车就可能撞在一起。因此，纪律也具有一定的强制性。遵纪守法和自由是相对的，个体不遵纪，不守法，他是有了"自由"，但别人就可能失去自由。每个人守住法律和纪律的"度"，行为就有了规范，行事就有了规矩，就可以"各行其道"，不冲突，不碰撞。

中职学生的性格倾向也比较复杂，自负者有之，自卑者也不乏其人；玩世不恭的有，愤世嫉俗的也有；有厌学逃学的人，也有浑浑噩噩过日子的人。造成这些不良性格的原因是多方面的，有社会的误导，有环境的影响，有家庭的娇惯，有个人的放纵，有学校的失误，也有个人的先天缺陷。如此等等，需要我们去梳理，去引导，去矫正。

没有规矩，不成方圆。要在今后有良好的职业发展，必须在校期间及时养成良好的行为习惯，就是要树立遵纪守法的好习惯。

在着眼点上，一要瞄准学生的实际情况，就是要摸清造成学生不良行为的原因，有的放矢，进行"矫正"。是家庭原因的，就和家庭配合，带领学生深入社会进行实践体验；是沾染恶习的，密切跟进，帮助他们改掉不良习惯；是学业原因的，积极帮助，树立信心。二是改进教学方法，克服教材比较单薄的不足，积极收集典型案例进行教育，力求做到生动、具体，有说服力。三是要有和风细雨，有滴水穿石的韧劲，不怕反复，长期跟进，从日常小事抓起。

在着力点上，一要帮助学生养成遵守学校规章制度的好习惯，努力学习，积极进取，确保教学秩序和质量，争取让学生在校期间就奠定比较扎实的专业基础。二是要树立遵守生产纪律意识，严格按照规定从事生产或经济活动，确保安全生产，珍爱生命。三是要帮助学生崇尚法治，树立在法律面前人人平等的法制观念，自觉维护法律的权威，廉洁自律，做一个守法的公民。四是要增强学生的公民意识，自觉履行公民的义务，依法享有公民的权利，维护自己的合法权益，把自己的一切行为框定在法律允许的范围内。五是要崇尚公平正义，树立有法必依的理念，在民事、经济活动中依法行事，依法经营，诚实守法；在犯罪分子面前，敢于斗争，维护正义。六是要增强社会责任意识，杜绝不良行为，预防违法犯罪，在日常生活中遵纪守法，维护正常的社会、经济、生活秩序。

3. 诚信守礼，确立职业发展的准则

道德是人们通过社会舆论、内化自省的方式形成的调整人与人、人与社会、人与自然关系的行为准则，是以"善恶"为主要判断标准的社会规则。与法律和纪律不同之处在于其调整的方式不是强制执行，而是主动追求。人们在职业生涯中，不论是就业还是创业，都需要讲究职业道德，在职业往来和从业实践中，不仅需要遵纪守法，还需要讲究职业道德，需要不断提高自己的声誉，妥善有效地处理各种关系，不断地追求新境界，其中的基本原则就是诚信守礼。

诚实做人，诚恳待人，讲求信用，坚持操守，遵从礼仪，讲究礼节，这是人的最基本道德要求，也是人们职业发展的基本要求。

所谓气质，就是人的内在素质和外在表现的综合体现，良好的气质可以彰显个体的人格魅力。为人原则、办事能力、知识积累是内在素质，处事方法、待人态度、言谈举止是外在表现。"内力"总要通过"外功"来体现，不断提高修养，言谈举止也就随之"高雅"，反之，注重外在的表现，必然会促进内涵的丰富。要内外兼修，需要不懈努力，要自知自重，不断改正自身的不足，不断追求上进。而培养气质的根基在于诚信守礼，这是基本原则。有了它，一个人在社会上就有了立足之本，就会受到人们的尊重，就有追求发展的本钱。不管今后是就业还是创业，与人打交道是无法回避的，因此，"学做人"是当务之急。

中职生由于受各种成长因素影响，不少人在性格上比较偏执，在行为上易走极端。例如，比较"自我"，只考虑自己的需求，我行我素，我管我事，不考虑别人的感受；遇事只想到眼前的满足，看到眼前的利益，不考虑今后的影响；只喜欢熟悉的人群，"同

兴趣"者可以为朋友，但不喜欢和陌生人打交道；喜欢过一个人的世界，做一天和尚撞一天钟，胸无大志，没有与外界交往的热情，也没有学习待人接物的兴趣。如此等等，性格的缺陷，导致在学校的学习、企业的实习、社会的交往中产生许多障碍，就更谈不上职业道德的养成了。

因此，从学生入学之时起，教师必须细心观察学生的外在表现，通过对现象的分析和深入的了解，掌握学生的秉性、爱好、习惯，从而制订比较周密的计划，对学生进行礼仪礼节、行为习惯、待人接物、言谈举止的训练，必要时要针对个体进行个性化训练与矫正。通过外在表现形式的改善，促进内涵的充实与丰富。

诚信守礼的教育主要是以养成为手段，要有明确的目的、坚持不懈的毅力，要做到细心、耐心、恒心。具体来说，要着眼于以下四点：一是立足学生自身的提高，要把工作做细，使之成为学生的自我追求，并化为"我要提高，不是别人要我提高"，从自身找不足，自觉提高自身素质，努力完善自身修养。二是要从小事抓起，"勿以善小而不为，勿以恶小而为之"。积小善为大善，积小德为大德，日积月累，持之以恒，以成大业。三是不怕琐事，琐碎之中见功夫，在平凡细小的言行中，磨炼学生的品行修养，训练学生的行为习惯。四是敢碰烦事，越是不顺的事，越要冷静处理，越能考验处理问题的能力和水平。因此，遇烦事要因势利导，交给学生自己处理，以培养学生妥善处理复杂问题的能力。

诚实守信可以从以下三个着力点：一是要养成学生注重仪容仪表的习惯，仪容仪表虽然是外在表现，但从中可以窥见学生的性格、爱好甚至其人生价值取向。注重仪容仪表，也是尊重别人的具体体现，端庄得体的仪容仪表首先能赢得别人的信赖，注重仪容仪表的人，必定是一个关注细节，自信自重，礼遇他人的人。二是要教育学生时时事事讲良心，良心是一种道德本能，是道德的基本要求。讲良心，就要人前人后一个样，心中永远有一杆秤，秉承社会的公平正义。三是要主动遵守社会公德，社会公德是人们普遍追求的社会行为准则。在人与人、人与社会、人与自然的相处中，和谐相处的基础就是要严格遵守社会公德，人人遵守社会公德，文明建设就到位了。四是在职业活动中要十分重视业德，行有行规，业有业德，每一行当都有其特定的行业规范，需要业者彼此遵守，只有遵守了，才有诚信，才有声誉。学生要养成遵守业德习惯，建立良好的职业行为习惯，爱岗敬业，为今后从业做好准备。

论青少年犯罪的原因和预防

张娟

厦门市同安职业技术学校

一、青少年走向违法犯罪道路的原因

青少年犯罪，究其原因，可以从自身、家庭、学校和社会四方面进行分析。

1. 自身原因

从年龄上来说，处于未成年时期的他们情绪兴奋性高，波动性大，具有极大的冲动性，既表现为热情活泼，又易急躁、激动、感情用事。当遇到问题时，常常不计后果采取武力的方式去解决。

从心理上来说，这一时期，是青少年向成年人过渡的关键时期，但是现在的青少年心理成熟明显滞后许多。很多时候，他们容易与成年人产生隔阂，不愿交流思想、感情，不愿与父母、老师沟通，却希望与同龄伙伴拉帮结伙，在复杂的社会生活中，容易被人引诱、上当受骗，稀里糊涂地加入犯罪团伙，不知不觉地走上犯罪道路。

2. 家庭原因

家庭是青少年生活和成长的主要场所，家庭环境对青少年有极其重要的影响。

一是家庭结构缺损对青少年产生了消极影响。据有关部门统计，我国每年夫妻离异超过百万对。在父母离婚后，孩子的性格、爱好都会发生明显的变化，甚至缺少生活目标和抱负，父母离异子女常出现品行障碍问题。而其父母，由于缺乏必要的心理健康知识，对这一问题缺乏正确的认识，误认为出现品行障碍的孩子道德败坏，就放任自流，使他们的心理与行为越来越不能适应社会生活环境，从而产生危害他人、危害社会的行为。

二是家庭暴力会给青少年带来恶劣影响。有的家长发现孩子犯了错误后，往往无视子女正常的自尊和独立的人格，对他们又打又骂。一方面，家长的举动给子女提供了学习模仿的榜样，很容易使他们形成粗暴、好斗的性格。另一方面，引发、强化了子女的逆反心理，造成子女和父母感情破裂，形成情绪对立、互不信任的局面。

3. 学校原因

近年来，大多数学校都不同程度地开展了法制教育，增设了法制课程，但其法制教育往往局限于课堂教学，且教学方法简单，经常采取单一灌输的方法进行教学，缺乏直观的教育，使法制教育达不到好的效果。

4. 社会原因

社会对青少年的影响主要表现在：一是金钱万能的诱惑。随着社会的发展，部分青少年产生了追求享乐和高消费的念头。为了吃得好、穿得好、玩得好，他们铤而走险，走上了犯罪道路。二是社会不良媒体的影响。部分不良网站、歌舞厅根本不顾及是否有害于青少年的健康成长，使一些不应向青少年开放、传播的东西进入了他们的视野。三是不良群体的影响。青少年若接触了社会上游手好闲或有犯罪前科的不良群体，会在其诱惑或教唆下参与共同犯罪。

二、预防青少年走向违法犯罪道路的对策

预防未成年人犯罪仅仅有爱是不够的，它是一项庞大的系统工程，扼制青少年的违法犯罪，需要全社会参与，整合社会、家庭、学校等多方力量，以预防未成年人犯罪。

1. 家庭方面

在孩子成长过程中，父母应当在日常生活中遵守法律、遵守社会公德，注重思想品德的修养，给青少年创造一个良好的成长环境条件，尽量为孩子提供一个完整和谐的家。同时，对孩子在成长过程中出现的行为差错，要从正面引导、启发、教育、纠正。克服简单、粗暴、放任等的教育方法，用爱心来启迪孩子的心灵。

2. 学校方面

充分发挥学校育人的作用，让青少年树立起正确的人生观、世界观，给学生一个全面发展的良好环境。在实施素质教育中，学校要加强法律、道德教育。同时，作为教师，应该采取多种措施对不良学生进行帮助、教育、挽救，做到对他们不抛弃、不放弃。

3. 社会方面

政府应采取各种措施给青少年创造一个有利于其身心健康的良好社会环境，动员社

会力量，加强对青少年的教育和保护，以控制和减少青少年犯罪。一方面，要加大打击力度，净化青少年健康成长的社会环境。采取切实有效措施，防止"黄色""灰色"和"黑色"这"三大污染"对青少年的侵染和侵害。另一方面，成立"青少年法律援助处"或"青少年法律服务中心"，为学生提供解决问题的场所。同时，相关部门也要进一步完善未成年人刑事司法制度。

综上所述，青少年是祖国的未来，学校、家庭、社会必须共同关心青少年的健康成长，采取多种有效措施，通过全社会的共同努力，进一步净化社会风气，创造积极健康的社会环境，把青少年的思想引导到积极向上的轨道上来，这不仅关系到未成年人的自身发展，更关系到国家的长治久安。

参考文献

[1] 周振想.青少年犯罪学[M].北京：中国青年出版社，2004
[2] 徐建.青少年犯罪学[M].上海：上海社会科学院出版社，1987
[3] 董新臣.未成年人犯罪的惩治与防范[M].北京：西苑出版社，2000

加强中职生法制教育之我见

颜移秧

厦门市同安职业技术学校

中职教育承担着建设和谐社会，为企业培养技能人才和高素质劳动者的教育重任，劳动者法律素质的教育不仅有利于加速经济的发展，更有利于国家的政治进步和社会的长治久安。但是，近年来，未成年人群体中的中等职业学校学生违法犯罪人数呈现上升趋势，充分反映出我国中等职业学校法制教育的不足之处。在这种形势下，做好中职生的法制教育工作具有非常重要的意义。

一、中职学校法制教育存在的问题

1. 中职生总体法律认知水平低

依据相关部门的统计，我国未成年人犯罪的比例呈现逐年上升之趋势，在作案人员中，职校生群体的比例急剧增加。大量犯罪案例均已证实当今职校生法律观念之淡薄。

究其原因，客观上有家长过分溺爱带来的负效应、文化环境带来的诱因以及法制教育欠缺等因素。受我国应试教育的大环境影响，大多数家长认为上高中，考大学是唯一的成才之路，只有无法继续升入高中的学生才会选择中职教育。因此，中职学生的素质明显不高，部分中职生的求学欲不强，来到职校就是抱着混文凭的心态，随性而为，放任自己，甚至自暴自弃。据中国法制网统计，中职生中有厌学倾向的约占42%，有违法倾向的约占28%，许多中职生强行索要、殴打他人已经司空见惯，他们丝毫不以为这是一种触犯法律的行为。因此，中职生中违纪、违法的现象比较突出也就不足为怪了。

从主观原因来看，职校生大多是未成年人，他们正处于身心成长和发育的重要阶段，往往思想单纯、识别能力低，加上自控能力差，经不起诱惑，容易被社会不良习气误导，尚不懂得运用法律武器来维护自身合法权益，缺乏法律知识与法制观念。大多数学生法律意识淡薄，只关注与自己切身利益相关的法律问题，只注重眼前利益，甚至有一些中职生认为自己很难遇到法律问题。尽管各中等职业学校普遍设置了德育课程，但职校生在校所获得的法律知识毕竟较为有限。再加上受到传统应试教育及就业观念等影响，中职生大多注重专业课学习，对于法制类课程却尚未充分重视。

2. 法律教师个人法律素养不高

教师对于学生的影响是深远的。目前，很多中职学校的法制课教师都由政治课教师兼任，很少是法律科班出身，这些教师自身缺乏必要的法学修养和实践经验，一遇到实际问题，便束手无策，甚至解决不了学生生活中遇到的一些实际问题。再加上一些教师还在采用传统的教学方法，只是单纯地照本宣科，即以理论为主导，缺乏必要的适应中职生特点的实际案件分析，造成课堂枯燥无味，作为学生其学习积极性不高，就不愿意去听课了。因此，对于学生法制意识的培养和提高并没有太大的作用，使得法制课程和法制教育形同虚设，与预期目的背道而驰。为此，在中职生法制教育中，教师应当注重自身条件，取长补短，不断学习，与时俱进，为学生的法制教育提供良好的学习氛围。一个正面的教师形象是促进师生关系良好发展的关键，只有教师具备了良好的法律素养，才能为中职生法制教育提供可靠的智力保障。

3. 职业学校对法制教育重视程度不够

首先，很多中职学校法制教育没有明确的定位，没有把法制教育当作一项基础性工作去抓，法制教育缺乏长远规划和近期目标、计划安排。只是定期找个人做报告，或者办个短期宣传栏，搞几次活动，办几次讲座。而且只重形式轻内容。没有根据中职生的生理心理和社会化特点来设计，案例性和参与性不强，内容缺乏针对性、系统性，只是照本宣科，搞生硬的说教，没有与中职生身心发展的实际和思想状况相联系，对现实社会提出的许多新问题和中职生的思想状况研究不够，能引起中职生的兴趣，教育效果不明显。有些学校甚至根本就没有任何形式的法制教育。

其次，在日益激烈的市场竞争环境下，中职学校把更多的时间和精力投入对学生专业技能的培养，对中职生的期望值比较低，甚至有些学校提出了"文化基础课要为专业课让路"的口号，技能以外的各方面教育尤其是思想道德教育和法制教育得不到足够的重视。有的学校未设法律课，更谈不上有专业的法律教师人才，也没有相应的法制教育机构或制度，从而使中职学校的法制教育沦为空谈，达不到预期的教育目的。

4. 法律观念和正确践行法律之间存在很大差距

大家知道，任何理论知识都是建立在社会实践之上的。对于法律来说，其理论知识的价值正是体现在实践之上，与社会实际不相符或者说脱离社会的法制教育必然是无效的。

从当前中职学生的总体法律认知水平来看，中职生通过宣传学习，有了一些模糊的法律意识，在理论上知道遇到问题、纠纷应通过法律来维护自己的权利。但在现实中，目前职校生的法律知识水平尚低，法律知识较为薄弱，容易出现错误观点，不知如何真正运用或采取法律措施，通过法律武器来捍卫自身的权益，一部分职校生对于法律之实现始终抱有怀疑态度。一旦其合法权益受到了侵害之后，就不再积极主动地运用法律武器来维护自身正当权益，而是会用消极态度来看待法律，甚至不惜采取报复性手段来找回公道，如有的学生在同学之间发生矛盾冲突时，往往采取一些过激，甚至愚昧的方式，最终造成严重的后果；有的学生怀疑同学偷东西时，对其进行非法搜身和查包，无视他人的人格尊严；在购物时买到假冒伪劣产品却只能自认倒霉。由此可见，中职生法律理论知识与实践严重脱节。

通过以上分析我们发现，目前中职学校法制教育的现状还不能适应社会变化以及全面提高中职学生法律素质的要求，那么如何加强中职学校的法制教育，笔者认为可以采取以下四点对策。

二、加强职业学校法制教育的对策

1. 充分利用课堂提高学生法律认知水平

课堂教学是开展青少年法制教育的主渠道。如何使法制教育的性质、目的和意义扎根于学生的心中，从而更好地培养学生的法律素质，作为学校应充分发挥德育教师的作用，向学生传授必要的法律基本常识、基础理论知识，使学生真正懂得国家、法律和个人的关系，明确什么可以做、什么不可以做、什么应该做、什么禁止做，以增强学生遵纪守法的素养，使之逐步内化于学生的行为之中。职校教师不仅要将法律知识传授给各位学生，而且还应当指导学生正确理解法律所具有的价值。当然，学生对法律的自我认知影响其对法制教育的学习兴趣。因此，要从课堂教学中挖掘教育资源。针对现有教材内容的局限性及法制课枯燥无味的特点，应积极探索法制课程的授课方法，克服传统课程观的缺陷，要注重学科间的相互衔接与沟通，较客观地承认学生的思想、个性和行为差异，根据不同的教育对象和教育契机，选择精当的教育内容，综合运用讲授、案例、讨论等多种教学方法。同时尽量结合学生的实际情况寻找一些典型、真实、贴近生活的案例，结合多媒体教学手段，播放一些图文并茂、形象生动的漫画、动漫或者小视频，调节课堂气氛，调动学生学习的积极性，从而达到法制教育和宣传的目的。

2. 提高授课教师的法律素养

教师法律素质的高低直接影响到法制教育的成败，也关系到法制教育环境能否形成。教师不仅要深刻把握教育规律和青年学生的成长规律，而且要具备系统的法律学科知识和较高的法律素养。因此，如何提高教师的法律意识和法制观念，从而形成依法执教的良好氛围，应成为学校努力探求的一种机制。学校应大力加强教师队伍建设，努力提高教师的职业素养、道德素质和法律意识。

首先，教师是学生的一面镜子，作为教师特别要注意自己的言行，只有提高自己的法律意识，才能教育好学生。在教育方法和策略上，教师要坚持正面引导为主，给予学生足够的关心和爱护，注意学生的心理活动，改进教育方法，不应歧视有问题的学生，要积极引导他们克服缺点，改正错误。

其次，在教师队伍中要建立一套关于法制教育的教育、学习和培训相结合的行之有效的制度。针对目前科班出身的法制教育授课老师缺乏的问题，不同的学校可以根据自身的条件，通过引进、培训、聘任等多种形式，从社会上聘请一些具有丰富实践经验的法律工作者定期来学校对教师进行法律讲座和法律问题大讨论，教师可以把自己在教学实践中遇到的一些教育教学及管理问题提供大家进行讨论、分析，寻求解决问题的最佳办法，从而在学校里打造一支高素质的法制教师队伍。授课老师的专业素质提高了，法制教育和宣传的效果就会得到一定程度的提升。

3. 营造法制教育环境

中职学校应营造一个适于学生遵纪守法、健康成长的环境。

首先，应不断完善学校内部管理制度，实现规范化管理，形成一个法治环境。目前提高学生的法制素养和安全防范意识，构建长效的校园法治文化体系，是中职学校迫切的任务。学校应不断完善学校内部管理制度，实现规范化管理，要努力创造高品位的校园文化和法制氛围，让学生认识到法律的社会功能。可充分运用学校的报纸、校园广播、网络等主要的宣传媒体，扩大宣传的力度，加强法制宣传教育。同时可以利用墙报、黑板报、手抄报、宣传栏、校园文化刊物等形式开展法律宣传，塑造一种知法、守法的良好校园氛围，让学生知法、懂法、守法，明白自己该做什么和该怎么做，特别是让学生能够严格遵守校风、校纪、校规，扬正抑邪，形成依法办事为荣，违纪犯法为耻的法律意识。

其次，争取社会支持，公检法机关、街道办、居委会相配合，净化校园周边环境。中职生法律意识的培养，仅仅依靠学校是不够的，还需要家庭及社会的支持与配合。教师可以以电话、书信等形式，加强与学生家长联系，了解学生的表现和思想动态，积极指导家长做好学生离校后，特别是节假日期间的家庭教育；同时，学校应努力改造学校周边环境，经常与当地社区、街道办、居委会、派出所等单位沟通、协调，抓好校园周边环境的综合治理，净化学校周边环境，为学生的健康成长营造良好的社会环境。

4. 增加中职生法制实践的机会

课堂之外，学校还应注重对学生进行生动、直观的法制教育，开展丰富多彩的课外活动，利用"第二课堂"开展多种形式的法制教育和宣传。

首先，加强校园法制文化建设活动，如学校可以举办一些法律知识竞赛、法制演讲赛、辩论赛，法制小论文评比、编写法制小报、举办模拟听证会、举行模拟法庭训练、组织学生收集身边的真实案例，开设法制宣传园地，开展法律知识咨询等活动，多渠道地对学生进行法律常识和遵纪守法教育；

其次，让学生参加一些主题鲜明、形象直观的司法实践活动，如组织学生观看庭审、旁听案件审判，邀请法官、律师等相关法律工作者开设法制讲堂，或者是请少年犯现身说法，开展法制报告会，进行面对面的法制教育。通过这些直观的活动，向同学们普及法律知识，可以起到良好的警示和教育作用；

最后，在课余时间，通过观看教室中的电视或者电脑播放的一些法制节目，比如中央电视台的《今日说法》《法治在线》等，进一步调动学生的主观能动性，提高他们分析问题和解决问题的能力，使学生的法律知识得到巩固，法律意识得到提升。

总之，加强中职生法制教育是一项长期而艰巨的系统工程，法律的普及与推广需要各方面的支持。经过学校、老师、社会等各方面的共同努力，相信一定能把我们的学生培养成知法、懂法、守法的为国家做贡献的建设者。

中职学校学生法制教育探析

卓雄燕

厦门市同安职业学校

据《2013 年全国中等职业学校法制教育状况调查报告》显示，"2012 年，全国中等职业学校在校生 2113.69 万人，占高中阶段教育在校生总数的 46%，是我国青少年人群的重要组成部分，也是法制宣传教育的重点人群。"可见，加强对中职学生实施有效的法制教育具有特殊的意义。因此，结合中职教育、学生身心发展等特点，把家庭教育、学校教育和社会教育有机结合起来，对学生进行有针对性的法制教育，才能达到有效的法制教育效果。

一、中职学校学生法制教育存在的主要问题

1. 学校方面，法制教育的实效性不强

学校法制教育对学生的影响不大。学校本该是对青少年进行法制教育的主阵地，但由于中职学校是以技术教育为主的学校，法律教育只是作为公共学科来开设，缺乏系统性和规划性。据调查显示，学生的法律知识来源于新闻媒体的比例高于学校。可见，法制观念的形式主要不是依赖学校教育。

2. 学生方面，接受法制教育的意识淡薄

（1）学习态度不积极。部分学生认为法制教育对于自己今后的升学就业帮助不大，只是枯燥的理论学习，因而对法制教育的学习没有兴趣，学习态度不积极。也有学生认为只要不违反法律，学不学法律都无所谓。学生对于为什么要学法、生活中法律常识的认知、法律的功效以及如何学会运用法律来进行自我保护等问题知之甚少。部分问题学生甚至抱着"小错不断，大错不犯"的错误想法，对自己存在的违纪行为没有予以充分重视。

（2）心理不成熟。中职学生大多十六七岁，正处在心理、生理趋于成熟却又未成熟阶段，这使得他们的心理发展呈现错综复杂、矛盾重重的特征。一方面，他们有着独立自主的心理要求、极强的好奇心，大多喜欢与人交往，动手能力较强，喜欢实践性学习。另一方面，中职学生相对来说更加叛逆。他们讲义气、易冲动，如果引导不当，极易引发恶性事件，甚至触犯法律。事实也证明，中职学生是青少年犯罪的高危人群。

3. 教师方面，教育主体自身法律素质不高

（1）目前，很多中职学校的法制课教师都由政治课教师兼任，很少是法律科班出身，这些教师自身缺乏必要的法学修养和实践经验，通常自学书本理论知识再直接讲授给学生，一遇到实际问题，便束手无策，甚至解决不了学生生活中遇到的一些实际问题，以致教学质量大打折扣。有的学校虽然聘请了法制副校长或兼职法律教师，但因受课程安排和兼职教师时间、精力有限的制约，不能满足实际需要。

（2）目前中职学生对法制课教师的教学存在一些看法，主要表现为学生认为教师的教学重理论轻实践。在教学内容的选择上过于强调法律知识的理论讲解，较少结合社会现实案例进行相应的分析。这样容易使学生对法制教育产生错误的认识，认为法制课就是讲道理，枯燥乏味，从而失去学习兴趣。同时教师的教学方法较为简单，主要以教授知识为主，学生习惯扮演听众，很少能够以主体身份参与教学活动。学校也没有开展多种类型的法制实践活动，让学生在实践中学习，学会运用法律知识解决实际问题。这样容易造成学生将法律课定性为枯燥、呆板，认为学习法律知识没有用，对将来就业帮助不大，这样的法律教育对学生而言无疑是失效的。

4. 学校、社会、家庭的法制教育缺乏有机结合

很多人认为，对在校就读学生的法制教育，只是学校单方面的教育任务，社会、家庭不用承担太多责任。在教育管理中由于缺乏合力，学校、家庭、社会的教育不能有机结合。许多家长往往把希望寄托于学校，很少对自己的子女进行有效教育，即使进行教育也很有限。学校管不了，家庭管不好，社会管不住，造成法制教育脱节、死角现象突出。只靠学校和老师在演独角戏，没有形成教育的合力，必定造成教育效果低下。

二、加强对中职学校学生法制教育的有效途径

通过以上分析，要想提高中职学校法制教育的效果，提升学生的法律意识，我们应该加强学校、社会、家庭之间的配合，增强法制教育的系统性和实践性。

1. 完善现有的法制教育课程体系

目前很多职业学校开设的法制课程比较少，而现有的《法律基础知识》《职业道德与法律》等课程，其内容过于宽泛单一，偏重理论，不能适应实际需要，法制教育的效果也不理想。因此，首先应结合专业情况开设一些法律课程，比如财经类的专业，可以开设《经济法律基础知识》课程，旅游专业可以开设《旅游法律法规》课程，医药专业可以开设《卫生法律法规》课程，这样，学生除了学习法律基础知识之外，还可以了解一些与其职业相关的法律知识。其次，在教学中注意学生法律意识的培养，在学习领会具体法律立法精神的基础上，培养学生在立法精神指引下维护法律的思想感情和遵守法律的行为习惯，而不仅仅是法律知识的积累。最后，把法制教育融合在其他学科的教学中，比如老师在讲专业理论知识的同时，应该向同学们介绍一些与之相关的法律法规，通过学科渗透对学生进行经常化、制度化、规范化的教育。

2. 加强法制教育师资队伍建设

中职学校要把法制教育当作一项基础性的工作来抓，健全学校各项法制机构，要投入一定的人力、物力、财力去支持法制教育，改善法制教学条件，并加强教师的法制队伍建设。一方面，要积极引进具备高素质的法律专业教师，充实法律教师师资队伍，保证学校法制教育课程的有效实施。不仅如此，法律课教师还应熟练地将各类真实性案例与知识点有机结合，以案说法，以例释法，化抽象为具体，变枯燥为生动，有效避免照本宣科的填鸭式教学，真正做到寓教于乐。另一方面，要鼓励现有法制教育的教师通过进修、培训等方式，不断学习，与时俱进，提高自身的法律素质、思想政治素质、职业理想和道德水平。

3. 利用"第二课堂"开展多种形式的法制教育

课堂之外，学校还应开展丰富多彩的课外活动，进行法制教育和宣传。一是举办丰富多彩的法制教育活动，如普法知识竞赛、法制演讲赛、辩论赛等，也可以利用墙报、宣传栏等形式开展法律宣传，塑造一种知法、守法的良好氛围。二是让学生参加一些主题鲜明、形象直观的司法实践活动，如旁听一些案件审判，参加诉讼、模拟法庭等，邀请法官、检察官、律师等相关法律工作者开设法制讲座、剖析典型案例等，或者是请少年犯现身说法，进行面对面的法制教育。三是在课余时间，可以通过教室中的电视或者电脑播放一些法制节目，比如《今日说法》《庭审现场》《焦点访谈》《法治在线》等节目，对学生进行生动、直观的法制教育。

4. 加强心理辅导，培养学生健康心理状态

法制教育本质上就涉及心理学、教育学等多门学科，有其自身的内在规律。法制教育首先必须结合中职学生特点，加强心理的引导，增强学生个体的社会适应能力和自我控制能力。积极利用中职学生自身内心的矛盾，以其积极的心理因素去克服消极的心理因素，亦即我们通常所说的要发现和抓住学生思想上的闪光点，发扬其优点来克服其缺点。如中职学校不太遵守纪律的学生，在他们身上大都有思维活跃、胆大好胜、性格爽直的特点。老师抓住学生的心理特点，以其长克其短，扶其正，祛其邪，从而矫正他们的不良行为。其次，针对学生的心理问题，组织开展心理健康教育，通过团体训练和强化、小组咨询、个别咨询等措施，矫正不良的心理状态。帮助学生形成正确的自我意识，掌握自我心理调节的方法，提高应对挫折的心理承受能力，促进学生人格全面和谐发展。

5. 构建学校、家庭、社会和学生自身结合的法制教育网络

学校、家庭和社会共同担负着中职学生法制教育的责任。在充分发挥学校在法制教育中的主导作用的前提下，积极探索创建由学校主导，家长和社会积极参与的新型法制教育协作体制。一方面，学校可以通过电话、网络等联系家长，将学生在学校的表现及时反馈给家长。同时，在和家长的沟通上，也要宣传有关的教育方针、政策、法规，提高家长的法律素质。通过家庭上潜移默化的影响，把法制教育的内容渗透在日常生活之中。另一方面，由于社会上存在着许多不安定因素，中职生分辨是非的能力不强，容易受到社会上各种不良因素的影响，导致他们跟风模仿，形成不健康的思想。社会应当肩负责任，打击违法犯罪行为，尤其要整治学校周边所存在的不安定因素，为学生提供良好的成长和学习环境。

综上所述，加强中职学生的法制教育是一项长期而艰巨的系统工程。我们应该认识到对中职学校学生进行法制教育的必要性和紧迫性，要适应学生的实际状况，不断调整思路，不断寻找行之有效的法制教育途径，提高中职学生的法律意识，降低违法犯罪概率，使他们成为遵纪守法的公民，成为未来社会的劳动者和建设者。

参考文献

[1] 李丽. 从法制教育本质探索中职法制教育有效途径[J].佳木斯教育学院学报，2012（7）

[2] 闫永红. 浅论中职学校法制教育存在的问题及其对策[J].时代报告（学术版），2012（1）

[3] 刘阵红.中职学校学生法制教育浅[J].大江周刊（论坛），2013（1）

[4] 康树华.青少年犯罪与治理[M].北京：中国人民公安大学出版社，2000

浅谈中职德育的多样化途径

张睿

厦门市同安职业技术学校

人们常说，"德育无小事，德育无闲人"，指的是学校德育工作要十分注意紧紧抓住学生的实际需求，有效地落实德育工作。

学校德育是指有计划、有组织地对学生进行思想、政治、法律、道德等层面的教育。中职学生群体具有一定的特殊性，其年龄段所特有的身体速长期、心理转型期，知识差异化、专业多样化，价值取向多样性、道德评价稚嫩性等特征，需要我们在德育工作实施中，十分注意针对性、实效性、多样性和适应性。笔者长期负责中职学校的团委和班主任工作，又担任政治类多学科教学工作，与中职生有较多的接触，在德育实践中有一定的感悟。

一、心理辅导，纠偏中确立自我信心

中职生是一个比较特殊的群体，一般情况下，中职生在十五周岁入学，部分往届生会晚一两岁，到十七岁左右毕业。这一年龄段，正由少年独立期进入青春发育期。从年龄阶段的心理来看，他们开始会独立思考，试图"睁眼看世界"，对社会生活、个人前途有自己的思考，但受知识和阅历影响，往往限于"单纯"，以自己的简单理解来判断事物，容易产生偏执的想法。从阶段的性格特征看，他们具有比较独立的思维意识，有一定的正义感，比较讲义气，但容易冲动，喜欢以一己之力解决矛盾，引导不力容易造成一定的破坏性。从社会责任感来看，他们会憧憬美好的生活，想有一定的能力和技术，今后能在社会上立足，但主要是从自己立足社会的角度想问题，还不能从承担社会责任、家庭责任的角度考虑问题，以自我为中心的思想比较浓。从婚恋角度看，他们彼此会产生爱慕之情，但缺乏正确的婚恋观，对彼此之间承担的责任和义务不甚清楚，只停留在喜欢的层面上。在择业方面，中职生由于原有的学业基础、家庭状况、职业兴趣不同，有喜欢相应行业而来的，有走一步看一步的，有不得已进职校混日子的。由于其来源的广泛性、个体的巨大差异性和学业目标的不确定性，导致中职生个体心态差异巨大，需要进行持久的、细致的心理辅导。

首先，针对入学新生，进行全面排查，了解他们的心结，特别是在入学动机、家庭情况方面要有比较全面的了解，班主任、科任教师要分别进行"推心置腹"的沟通，做他们的贴心人，取得他们的信任。对比较特殊的学生，配合心理辅导老师对其进行辅导，必要时及时进行家访，深入了解学生的过去和现状，把握未来。其次，要善于处理偶发事件，对学生"闯祸"不简单处理，更不是无情打击，给个处分了事，要深入了解事件的原委，分清是非，区别对待，以诚待人，做到让学生心服口服，争取肇事者能以此为戒、真心改过，涉事者及时反思、引以为戒，使双方都树立信心，向良好方向发展。最后，要建立有效的心理辅导室和稳定的专兼职师资队伍，建设心理测试室、疏导室，并使之成为学生喜欢前去体验、诉说的地方，建成学生"心理之家"。学生心理问题宜导不宜堵，只有循循善诱，帮助其树立信心，才能真正做到树人育人。

二、制度管理，规范中建立良好习惯

无以规矩，不成方圆。有人把部队称为"革命的大熔炉"，意在军队以统一的意志、铁的纪律、过硬的技术，反复磨炼，使来自四面八方、不同背景的青年得到锻炼成长。职业学校和军队固然不能相提并论，但也可以从中学习很多有益的办法。中职学生和普校学生不同的是，原有的学业基础参差不齐，良好的学习习惯、生活习惯没有养成，学习目的性不甚明确，甚至有不少学生容易放纵自己，行为习惯出现偏差。因此，纠偏工作很重要，要纠偏，就要有方向，有规范，这就要靠制度来规范管理。制度管理包含生活、学习、实训、社会交往等。

军训，看似简单的事，实际上不简单。笔者以为，制度管理要从军训抓起，一是军训往往安排在新生入学之初，正是有效统一意志，纠正不良习惯，树立信心的好时机；二是军训时的作息、动作的统一、整体的协调，对养成学生良好的习惯很有好处，在学生中容易树立明确的标的；三是看似简单的军训，容易取得成效，学生在获取成功之后，就有了成就感，今后也会以此为范例。

生活方面的管理很重要。学校生活是琐碎的，但是很考验人。我们不主张干涉个人生活，但集体生活要有所统一，有所约束才能对人尊重，个人生活才有保障。同时，涉及社会公序良俗的行为习惯是需要规范的，要从点滴做起，对学生养成良好的品德很有帮助。学生入校就是要学习，学习知识，学习技术。学习要有效，需要有序，要有序，就要规范，就要管理。要推进个人的学习，要尊重别人的学习权利、统一的规定，这就是管理。吃喝拉撒睡，学习和工作，各有所态，但合流最为重要。要合流，就要规范；要规范，就要管理。

规范管理讲究的是科学、有用，要张弛有度，也要持之以恒，管到点上，管到实处。

三、学科渗透，教学中提高德育认知

学校的主要任务是教育与教学，教育教学密不可分，这就是把德育工作渗透在学科教学之中。学校中进行最多的是教学工作，不管是学知识还是学能力。众多的学科教学中，虽然有政治课专司德育教学的，但众多的学科也应该承担德育工作，也完全能够渗透德育工作。除学科知识外，诸如文史哲的爱国心、民族情、传统文化陶冶，数学的严谨，化学的创新，生物的探索，专业的创造、服务、创业、精心，职业道德，职业规范，法律意识，遵守规则等，都可以渗透德育。所有的学科老师都动起来，人人都授业，都传道，都解惑。若此，德育无闲人的局面也就形成了。

学科渗透德育工作要紧密，不能搞两张皮；要无痕，不能突兀。一是要突出学科特点，是什么学科就讲什么知识，不能为了德育而另开炉灶，"皮之不存，毛将焉附"，只有讲好学科知识，在关键处进行点拨，才能有较好的效果。看似无意，却是用心。二是要精到精讲，要借题点拨，不可借题发挥，一有讲头，就撇开主课不论，越讲越起劲儿，这样，学生会失去兴趣，我们想要的德育效果就会打折扣，只有点到为止，才能事半功倍。三是要有德育意识，学科渗透德育工作不是生搬硬套，采用"硬插"的办法，而是要寻找"附着点"，及时生发，但要求教师要"机灵"，联系要客观、科学，这就需要教师树立德育意识，做到时时事事联系德育。

众人拾柴火焰高，人人都成为德育工作者，育才大业就可成就。

四、法制校园，教育中规范人生轨迹

中职学生一般情况是文化基础薄弱，良好习惯缺乏，身心发育稚嫩，品德行为偏差，旷课、打架等违纪行为比较突出；法律认知水平不高，法制观念淡薄，主动践行法律意识不强，往往不懂得采用正当手段维护自身合法权益，行为过激，违纪违法事件上升等。究其原因是初中阶段学业基础差，学校教育有偏差；家庭比较溺爱，家庭教育有误区;厌学情绪明显,过早混迹社会;社会消极因素误导,社会救济措施不足;青春成长叛逆期,心理干预不足,等等。

法制校园建设的关键在于法制文化形成,深厚扎实的法制文化支撑着法制机制形成,法制机制形成才能确保法制校园建设。建设校园法制文化,可以从八个方面入手:①打造法制教育专业团队,将学校政治教研组整合,聘请校外专家,联合编写法制教育校本教材和法律知识小读本,制作教学课件、资源。②建立法制宣传长廊,可在学校主要道路两旁、空地建成法制宣传长廊,展示生动活泼的法制知识及安全知识。③开设普法宣传网络平台,如依托校园网开设普法宣传专栏,有效服务师生。④组建法制文艺宣传队,聘请专业教师到校指导学生的文艺活动,每年举办生动活泼的法制专题艺术表演;⑤开设校园广播站,利用广播室对师生进行法制、法规的宣传。⑥建立手机法治短信平台,把全校学生及家长的手机导入系统,定期发送法制及安全手机短信;⑦建立法律援助中心,聘请知名律师到校开展法律知识讲座。⑧构建法制联动体,与公安、法院、检察院、司法局、关工委等部门建立联动体系,成立禁毒、交通安全等校外法制教育基地。

建设法治校园,让学生懂得何可为,何不可为,在良好的法治氛围中影响学生,规范学生人生成长轨迹。

五、文体社团,活动中增长多样才干

中职生入学之前的基础教育阶段,主要的活动是课堂教学,交流、沟通绝大部分发生于教师和学生之间,学习生活比较单一,而职业教育需要培养的是能适应社会生活的技术工人,需要有相应的社交能力,因此要着手培养各种才能。中职生尽管在基础的文化课程方面可能不如普通高中学生,但其中的很多学生具有相当的文体、组织、社交能力,在社会活动方面很有潜力,具有特长,若进一步培养,极有可能成为"专才"。企业需要的人才的多样化和职业教育的特性,规定了中职教育要树立"全才"观念,能歌善舞,善于演讲,具备组织能力,会写文章,外语口语了得,某项技术拿手等,都会在企业中找到发挥特长的机会,都可能成为企业的抢手货。中职学校一般都实行寄宿制,学生聚在一块,课余时间比较多,加上他们年轻,精力旺盛,需要有用武之地,因此开展相应的文体、社团活动,有利于引导学生合理利用时间,充分发挥热情,彰显青春活力。

因此,文体、社团活动应该成为中职学校教育教学的重要内容、教书育人的主要手段，必须实现常态化。其主要有以下几种形式。

文艺活动。形式上包括声乐、舞蹈、说唱、画画等，可以是高雅的，也可以是通俗的，甚至诸如脱口秀、街舞、广场舞、卡拉OK，只要健康有益的就行，因地制宜，广泛开展。方法上可以组建兴趣小组，适当列入课程计划，开展校园竞赛活动，进行社会义演等。

体育活动。针对学校实际和今后的企业需求，一般开展球类活动较多，但诸如太极拳、健美操等可以大力提倡。体育活动还有利于磨炼学生的意志，增强集体观念。适度的训练和比赛，可以有效提高学生的竞技能力。同时，举行校园趣味运动会将在相当程度上活跃校园气氛，培养学生的集体观念。

文化培训。可以有选择地进行演讲、主持人、诗歌创作、经典诵读等训练和比赛。

社团活动。社团活动涵盖文体等活动，但更为广泛，空间更大，包括文学、政治、技术等领域。社团活动应大力提倡，这是培养学生组织能力、创新精神、自主管理等的重要平台，有利于学生施展才华，展现能力。此外，要加大指导力度，但要放手让学生活动。

社会实践。职专生今后要走向社会，在校期间就要有意识地组织社会实践活动，进社区，进企业，实践实训，在社会实践中，要宣传学校，贴近生活，寻找平台，发挥作用。

中职教育，千头万绪，德育第一。教会学习，教会生活，教会做人，为今后就业、创业打下良好的基础。"条条大道通罗马"，实施德育途径千万条，需要我们树立德育意识，时时做德育的有心人。

浅谈中职生法律意识的培养

——以提升中职生心理健康水平为视角

胡志萍

厦门市同安职业技术学校

一、前言

培养综合素质高的新一代社会主义建设者是职业学校素质教育的主要目标,而法律意识的培养是新时期、新形势下职业学校德育教育工作的重点。当前我国的职业教育改革已进入一个更深的层次,那就是对中职生进行法律知识教育,培养学生树立社会主义法律意识,增强其法制观念。

许多活生生的例子都在告诉我们,做人比学知识更重要。一个人心理的健康、人格的健全是多么的至关重要,如果一个人心理不健康,又不懂得如何调节,或者存在人格缺陷等都很容易导致过激行为,引发犯罪。因此提升学生的心理健康水平对其自身发展起着非常重要的作用。

二、中职生违法犯罪原因解析

1. 中职生缺乏对法律的认识和了解

虽然职业学校都开设了《职业道德与法律》课程,但大多数中职学校的学生都只重视专业课的学习,对于公共课往往不够重视,认为其不重要,特别是一些学校把《职业道德与法律》作为考查课,使得学生没有考试压力,就更难引起其重视。学生平时又没有接触过此类知识,法律意识普遍比较淡薄,只是有一些模糊的概念,有的甚至是错误的认识。

2. 青少年自身的生理、心理特点都是他们较易走上人生歧途的原因

中职生的年龄一般为 16~18 岁,正处于生理和心理发育的成长阶段,该年龄段具有模仿性强、好奇心强、易表现和易冲动的特点,其辨别是非、区分良莠和抵御外界

影响的能力差，自控力弱，行为不稳定，极易误入歧途。

三、提升中职生心理健康水平的意义

心理健康包括很多内容，对中职校学生来讲主要有八大主题，即新生适应、人际交往、青春期性心理、异性交往、情绪、意志力、自我意识、生涯规划与生活辅导、问题解决与创造性。新生适应不良容易引发学生的挫折感，相反，如果适应良好，则能将更多的时间精力放在学习上；如果学生不懂得正确的人际交往方式，那么很容易导致他们人际关系紧张，产生情绪方面的压力，从而引发嫉妒心理，甚至是报复心理；青春期的学生由于受到身体激素水平的影响，容易产生一些幻想，做有关性的梦，如果及时让学生知道这些都是正常现象，那么学生就不会产生过大的压力，不会认为自己不正常了，同时教授学生青春期性心理知识，使其保持良好的卫生习惯，都有助于学生人生的第二次飞跃；面对异性的亲近，该如何拒绝，又该如何进行正常的异性交往，减少不必要的误会这些都需要学习和引导；情绪方面的问题是影响中职生学习和人际关系的一个重要方面，每个人都会产生这样或那样的情绪，特别是青春期具有两极化的情绪不稳定的特点，如果在产生不良情绪时不懂得如何调节，一味地通过不良方式宣泄（通过打架或骂人），或者一味地压抑，对人对己都是非常不利的，因此学会情绪管理对中职生来说很重要，可以减少不必要的犯罪的发生；意志力的培养能够让中职生学会忍耐和坚持，有助于中职生体验成功，从而提升自信心；自我意识的发展对中职生也至关重要，通过心理健康课能够更加明白"我"是谁，帮助他们客观地认识自己；生涯规划能让中职生对自己的人生有规划，人生有了目标就不容易走上歪路。而生活辅导则能帮助中职生更好地生活；问题解决与创造性，可以培养中职生遇事不慌乱，着手解决问题的能力，同时开发他们的创造力，让其变得更加优秀。

如果一个人心理健康水平提高了，能很好地处理问题，面对挫折，调节好情绪，能正确处理与异性的关系，朋友之间的交往又很顺利，对自我有一个正确的认识，对未来有明确的目标，那么相信他们也不会误入歧途。这些都是从积极的角度、预防的角度来此提高他们的法律意识水平，以降低中职生的犯罪率。

四、提升中职生心理健康水平的途径

1. 增加心理健康课和心理健康讲座

心理健康课，是学校为保障学生心理健康，运用有关心理教育方法和手段，培养学生良好的心理素质，促进学生身心全面和谐发展和素质全面提高的课程教育。这是最直接的传授心理健康知识的方法，包括新生适应、情绪调节、人际沟通、消除嫉妒、抵制诱惑、青春期卫生常识、学会感恩等方面。

2. 进行团体心理辅导

团体心理辅导是在团体的情境下进行的一种心理辅导形式，它是通过团体内人际交互作用，促使个体在交往中观察、学习、体验，认识自我、探索自我、调整改善与他人的关系，学习新的处事态度与行为方式，以促进良好的适应与发展的助人过程。例如，通过盲行活动，一部分学生充当拐杖，一部分学生充当盲人，在游戏中互帮互学互助，不仅能增加同学之间的交流，还通过充分的亲身体验，自我领悟，产生深刻的感触，分享感受，学会感恩，知道没有人要无缘无故地对你好，在接受他人帮助时要心存感恩，同时也去帮助他人，少了斤斤计较，不知不觉中增加了自己的人格魅力。同时学会换位思考，与人发生矛盾时能多站在他人的角度看问题，这样矛盾少了，争执少了，人际关系就相对和谐多了，在这样一种良好环境当中，中职生能够更加健康地成长，自然而然犯罪率就下降了。

3. 开展心理健康月系列活动

心理健康月系列活动形式有很多，通过举办心理健康手抄报比赛、心理健康黑板报评比以及心理健康知识问答大赛来普及心理健康常识；通过心理健康讲座让更多同学懂得心理健康的重要性，遇到心理困惑能勇于解决，主动寻求心理老师的帮助；通过心理剧的拍摄、学生写剧本、角色扮演等方式，能以高度参与来体会到中职生常见的心理问题。通过作品展示，让更多中职生从心理剧中发现自己存在的心理困惑，同时找到解决这些心理困惑的方法。

4. 渗透相关法律知识

在心理健康水平不断提升的同时，向中职生传授相关的法律知识，教师应当为人师表，言传身教，身体力行，必须加强学习，不断提升自己的理论水平，并把所学的知识进行整合，将课堂教学作为主渠道，在教学计划、教材选购、师资配备、教师考核、学生考试、授课时数等方面要严格按规定管理和执行，减少随意性。此外，要进行课堂教学改革，充分发挥学生的主观能动作用，开展学法用法的实践活动，让学生知道一旦触犯了法律就要为此承担法律责任，接受法律的制裁，从而在实践中探索培养学生的法律意识，为国家的建设贡献自己的力量。这样学生能更好地接受这些法律知识。

五、结束语

总之，提高中职生的法律意识非常重要、非常紧迫。从积极的角度，通过提高中职生心理健康水平来预防中职生犯罪，能够达到一个防患于未然的效果。矫正中职生犯罪心理，降低中职生犯罪行为，减少中职生悲剧惨案的发生，有利于学校管理，中职生也能够在健康良好的环境中成长成才。

构建物流高效课堂，提升课堂幸福指数

郭巍佳

厦门市同安职业技术学校

"今天上课，你觉得幸福吗？"相信很多职业教育工作者都会选择沉默而不语。常言道："学海无涯苦作舟。"对于现在的学习生活，我们总觉得苦不堪言，学生学习苦，为了家长期盼的眼神和殷切的嘱托；教师教学苦，为了学生求知欲的满足和毕业时的一技在身。压力之下，课堂上的快乐越来越少，我们的课堂幸福指数频频下降。试想一下，倘若学海无涯"乐"作舟，这不是更好吗？学习为什么一定是痛苦的？笔者认为，职业教育的课堂也应该提倡构建高效课堂，提升课堂的幸福指数。

一、中职物流课堂教学存在的问题及成因

1. 学生学习兴趣不高

通过调查发现，中职学生对自己所学专业感兴趣的比例不到三分之一，很多学生在选择专业时被家人逼迫或是压根就对物流专业不了解。纵观中职课堂，学生上课睡觉、玩手机、打游戏或者做与课堂无关的事情非常普遍，老师们唉声叹气，埋怨学生难教难管。学习兴趣是任何教学的根本出发点，组织教学的首要任务就是把学生零散的好奇心，乃至他们的"毫无心思"转变为对本学科积极的学习兴趣和态度，因此，要搞好物流课堂首先要抓住学生的学习兴趣。

2. 忽视职教学生综合能力的培养

职业教育倡导学生主动参与、乐于探究、勤于动手，培养学生收集和处理信息的能力、获取新知识的能力、分析和解决问题的能力，以及交流与合作的能力，而我们目前的课堂教学模式更多的是让学生接受式地学习，然后再进行机械的训练。因此，要加强课程内容与学生生活经验以及现代社会、科技发展的联系，关注学生的学习兴趣

和经验，精选包括信息技术在内的终身学习必备的基础知识和技能。

3. 教学方法单一，教师堂上教态呆板

调查结果显示，学生基本上都不喜欢教师的"满堂灌"，而教师也喜欢依照自己习惯的方式进行教学，且不愿改变，甚至一些教师整学期都保持着同一授课表情而"面不改色"。学生更希望教师采用灵活多变的教法，老师能在课堂上多笑笑，多一些丰富的面部表情，多调节一下课堂气氛。因此，只有让学生在充满师生相互作用的活力和张力下进行学习，其学习欲望才会被充分调动起来。

4. 缺乏对教学过程的评价及学生学习心理的关注

现在的中职学校教学评价跟普通中学大致相近，过分强调学习结果评价，采用单一的试卷测评，而忽略了学习过程评价，技术的掌握需要在不断地摸索、学习中发现问题、解决问题，从而熟练掌握技能。教师应认识到，学习探索过程比学习考试结果更重要，同时，也应关注学生学习过程的心理变化，学生课堂的幸福感问题同等重要。

二、"构建物流高效课堂，提升课堂幸福指数"的要求

针对以上物流课堂教学存在的问题，结合物流课程的实际教学情形，教师应积极营造一个高效课堂，让师生在教学过程中感受到幸福。心理学上说，幸福感是一种心理体验，是对生活的客观条件和所处状态的一种事实判断，又是对生活的主观意义和满足程度的一种价值判断，而幸福感指数，就是衡量这种具体程度的主观指标数值。笔者认为，教师应该主动作为，备好每一堂课，提高教师驾驭课堂的能力，让幸福感渗透在教师的每一声问候、每一次巧妙的提问、每一句真诚的激励乃至每一个会心的微笑中，从而让学生在现代物流课堂中不是被动接受知识，而是积极培育其分析问题和解决问题的能力。这里的关键因素是一个"动"字，要让学生全面调动起来，呈现出一种"主动"参与学习的状态。在此过程中，让学生掌握知识、训练技能、修炼身心、磨炼意志、锻炼体能，成为高素质、高技能的劳动者。相信只要师生相互合作，教学互动，课堂形成活力，一定能实现"高效课堂"，"高效课堂"是课堂教学的宗旨。

三、提升物流课堂幸福指数的策略

1. 更新理念，让我们的课堂不再沉闷

在整个实际教学过程中，教师首先要彻底转变观念，真正实现从传统到高效课堂的

意识转变。师生关系的转变在此尤为重要。教师要真心热爱学生，赢得学生的信任，这是建立朋友式的师生关系的前提。只有让学生感到你爱他，学生才能信任你，你讲的话才有感召力，你的愿望才能得以实现。当然，利用课余时间，尽量去了解学生，是有必要的，充分的接触是建立朋友式师生关系的基础。现在的中职学生自尊心都很强，面对不同的学生，教师要学会用学生能够接受的方式和语言向他指出错误或好的建议。课堂上，多微笑，多聊聊学生身边的人或事，让学生不再觉得教师永远只有一副面孔，努力拉近与学生的距离。学生在学习过程中也可以用自己的心灵去感悟，用自己的观点去判断，用自己的语言去表达。告别课堂的沉闷，就等于营造一个适合让师生自主发展，轻松展现自我的舞台。

2. 改变教学思路，提高教学效果

根据马克思辩证唯物主义和巴班斯基的"最优化理论"的指导，要使教学效率在相应条件下达到最高水平（最优化），我们就必须以完整的、联系的观点来看待整个教学过程，只有对教学过程的各个组成部分进行"最优化"设计，创建提高教学效果的措施体系，才可能实现高效课堂。

（1）精心设计"导学案"。构建高效课堂的最重要一个因素就是成功的"导学案"。课堂导入有很多方法，但要使一节课真正围绕提升"学生课堂幸福指数"这一任务展开时，教师就要格外用心。在讲高教社版《仓储作业实务》一课"托盘堆码"部分时，在课堂导入环节，笔者为学生准备了一些麻将。当学生看到这些麻将时，他们脸上无不流露出一种不解的表情，同时他们也很好奇，这些麻将到底是拿来做什么的？当然这节课也就在学生的好奇心中自然而然地展开了。原来，麻将这一休闲游戏用品也可以这么光明正大地走进课堂，而且发挥了重要作用。课堂上，要求分组的学生在规定时间内，将桌上分好的散堆麻将（一块麻将看作一个纸箱货物）尽可能用多种方式在指定泡沫板（看作托盘）上进行堆砌，限定堆砌三层，每种堆砌结果拍照留存。最后比一比：哪组使用的堆砌方式最多；堆砌起来的麻将数最多；速度最快。通过麻将堆砌游戏，活跃了课堂气氛，使学生能在一个比较轻松的课堂氛围中展开学习，激发学生学习托盘堆码方式的兴趣，又培养学生之间团结协作的合作精神。此所谓"课未始，趣先行"。其实在我们的教材中有很多地方都可以与学生的自身体验发生联系，如果我们能让学生感到这节课其实就是讲他们生活中的事或生活中的物，他们怎能不产生幸福之感呢？教师如果长期坚持这样导课，学生幸福之芽就会在期待中破土。

（2）用心构建课堂教学结构。著名教育家陶行知先生指出："我认为好的先生不是教书，不是教学生，乃是教学生学。"打造高效课堂的今天，教师应该改变自己的教学方法，更应该指导学生拥有科学的学习方法。课堂教学要坚持以学生的自主学习为主，强调学生的自主学习过程，培养学生独立完成学习任务的能力，提高学习的整体效果。这个过程中，教师始终都是教学的主导，以点拨启发为主，通过合适的形式使学生完全动起来，积极参与到学习之中，让这种主动的学习成为自己的一种习惯。在"托盘堆码"这堂课上，笔者采用"游戏—讲授—练习"三步走方式，先从学生动手堆砌麻将入手引出本堂课的主题，在分析如何赢得游戏的同时引出了本堂课的理论知识——"托盘堆码"的方法及堆码过程的注意点，最后让学生在竞赛式的练习中，实现了对托盘堆码知识的具体应用。一堂课下来，教师帮助学生实现了对托盘堆码问题的认识、分析、运用这三个层次目标，系统梳理有关托盘堆码的知识点和技能点，注重能力的培养。课堂上讲练的形式多种多样，教学环节可以灵活处理，充分地做到生生互动，师生互动。而教师仅起到主持人的作用，环节的导入、时间的控制、争议的评价等每一个教学环节，都可能是调动学生主观能动性的一种途径。当教师看着学生能够在自己预定的教学环境中愉快地进行着每一个用心设计的教学环节时，相信心中的幸福感一定会油然而生。

（3）努力营造轻松的课堂氛围。如何营造轻松的课堂氛围，笔者认为有三点：耐心倾听、激情感染、动情褒奖。德国哲学家、教育学家雅思贝尔斯在《什么是教育》一书中对教育有一个经典的阐述，他深刻地指出："教育的过程首先是一个精神成长的过程，然后才成为科学地获得知识的一部分。""感人心者，莫动于情"。无论是学生的回答还是学生的练习，教师一定要学会耐心地倾听和观察，教师认真的态度将感染着学生，让学生感受到被尊重、被认可，在无形中培养出他们严谨治学的态度。物流课本来就是一门枯燥的课程，针对一些底子薄的中职生来说，更犹如听天书一般。有时，在授课过程中，面对学生的"沉默寡言"，教师很容易发火，急于灌输正确的答案，教师的急不可耐剥夺了学生们思考的机会，也导致了学生整堂课都处于"担惊受怕"的情绪中，而教师自己的"课堂幸福指数"也随之降低。因此，在课堂上，教师要时刻保持良好的精神状态，用幽默的教学语言为课堂气氛点缀，枯燥的物流课也会让学生们乐在其中。作为教师，除了研究教学方法以外，还要认真研究教学中语言的表达，以提高学生的学习兴趣，激发学生学习的激情。总之，适当运用幽默风趣的教学语言，可以使枯燥的物流课堂变得更加轻松愉快。每回在学生回答问题之后，教师应尽可能地进行点评，适当地赞赏，赞赏每一位学生所取得的哪怕是极其微小的成绩，赞赏每一位学生付出的努力。"I'm proud of you!""You are my super star!"这些夸张的赞赏语偶尔也挂在笔者的嘴边。笔者相信赞赏会催化学生的潜能，会让他们的智慧像火山一样喷发。

3. 运用多种评价方式，调动学生学习的积极性

在教学过程中注意观察学生，善于发现和挖掘学生身上的闪光点，及时给予表扬，鼓励学生积极参与和主动体验，给他们学习的勇气和信心，使他们体验到学习成功的快乐，真正地体现师生互动，生生互动。笔者主要采取以下方式进行评价：

（1）鼓励学生主动呈现个人作品，并进行讲解，在这过程中注重对各组成员所表现的情感、态度、能力和语言表达等进行小组全面的评价，及时表扬和鼓励。

（2）采用小组互评，成员自我评价的方法，使每个学生都参与到评价中来，让学生试着评价别人的行为表现，反省自己的缺点和不足，以便今后能更积极地参与到合作学习中来，取得更大的进步。

（3）采用物质奖励的方法。通过小组互评和课堂评价总结，评出2~3个优秀小组，从每组成员中评出最佳学习态度、最佳语言表达、最佳参与互动奖，并举行一个小小的颁奖仪式，奖品可以是巧克力、笔和本子。通过尝试发现，学生参与合作的热情更加高涨，即使他们的初衷可能是因为"有利可图"，但至少他们慢慢地不再厌恶这烦人的专业课，慢慢地喜欢上物流课，慢慢地会期盼着下一节物流课的到课，这也正是教师们辛勤工作的意义和工作价值的最好体现。

总之，构建物流专业的高效课堂，提升课堂幸福感，是我们每一个物流专业教育工作者的目标。让学生动起来，让课堂活起来，效果好起来是我们不懈的追求。解放学生，开放课堂，积极地以课堂为主阵地，打造高效课堂，营造教师乐教、学生乐学的快乐课堂，是我们最终的目标。

参考文献

[1] 孙亚玲.关注课堂教学有效性提升人才培养质量[J].中国高等教育，2010

[2] 高亚丽.互动式课堂教学模式刍议[J].教学与管理，2005

[3] 张丹.打造动态教学模式建设和谐高效课堂[J].现代教育，2011

[4] 沈惠芳.新课堂新教学——提高中职课堂教学有效性的尝试[J].才智，2011

[5] 李翠兰.和谐高效课堂教学的认识与实践[J].中国教育学刊，2011

[6] 赵国忠. 中国著名教师的课堂细节[M]南京：江苏人民出版社，2007

[7] 万建仓.浅谈高等职业教育的课堂教学激情[J].中国成人教育，2008（5）

我国电子商务物流现状与发展趋势分析

陈韶越

厦门市同安职业技术学校

一、引言

据相关数据显示，在刚刚过去的 2014 年 11 月 11 日当天，全国快件业务量超过 5 亿件。据国家邮政局预计，全年全国快递业务量将超过 120 亿件，甚至逼近 140 亿件。"双十一"购物节始于 2009 年，至今已经举办六次，每年或多或少都会出现物流爆仓的局面，这反映出物流的发展明显滞后于电子商务。电子商务的出现和发展，改变了我国传统市场体系的经济行为，也对我国商品流通模式造成了深远的影响。进入 21 世纪，随着经济全球化和信息化进程的加快，网络信息技术在经济、社会中的普及和消费理念的创新使电子商务在中国飞速发展。如今，我国已经顺利超越了美国，成为世界第一大网络交易市场。据有关部门统计，我国的电子商务市场规模将以每年 2~3 倍的速度增长，但物流的增长速度却只有 0.5 倍。电子商务的飞快发展，给电子商务物流行业创造了巨大的发展空间，但也对电子商务物流提出了更高的要求。因此，在我国电子商务高速发展背景下透析我国电子商务物流的现状，分析电子商务物流未来发展趋势具有普遍的现实意义。

二、我国电子商务物流发展现状

我国电子商务物流起步较晚，我国最早的"物流"概念是于 1978 年从日本引入的，到了 1990 年才引入"电子商务"这一商业模式。当进入 21 世纪，美国、英国、日本等发达国家早已进入整合物流与电子商务阶段时，我国电子商务的飞速发展才带动了物流行业跳跃式演变。据统计，2013 年由物流送达的国内电子商务包裹超过了 90 亿件，由此可见，中国是在电子商务发展的基础上完善和发展了物流业。而亚洲发展电子商务物流最早最好的日本则是先发展物流业和零售业，后发展电子商务。日本社会的电子商务应用程度很高，物流系统信息化是众多电子商务运营企业的标准"配置"。日本电子商务企业租用大规模物流设施来使可配送的商品种类不断扩大，以满足电子商务发展的需要，软件技术和物流服务的高密度结合大大推进了日本电子商务的发展。而我国电子商务物流还刚刚起步，要达到世界先进水平还有很长的路要走。

1. 我国电子商务物流发展优势

（1）不断增加的电子商务物流企业。

依据所有制成分和管理模式的不同可以将我国现有的物流企业大体上分为两种。第一种是受控性物流企业。这种企业的典型特征就是由政府部门进行控股，也就是国有成本所占的比重非常大，这种企业往往在管理和适应性方面的能力不强，比较典型的有粮油仓储企业和一些外运企业。这些企业在计划经济时代为国家经济的发展做出了重要的贡献，但是在电商时代下，这些企业由于机制问题很难及时根据市场的变化调整自身的经营策略，变得越来越不适应社会的发展。目前部分受控企业已经开始转型。第二种是非受控性物流企业。这种物流企业是在市场经济的摇篮中诞生的，这种企业不受政府控股且具有很强的私有性质，受市场规律的影响较大，主要包含私营企业、外资企业和中外合资企业。比较典型的有宅急送、佳吉快递等。这些企业往往经营目标明确，专业程度高，信息化程度也非常高，但是总体的规模都不大。这些物流企业的主要职能是负责配送货物，设计配送中心，甚至提供信息咨询服务，并通过海陆空等专业化工具将产品送至客户手中，采用的是现代电子商务物流运作模式。

根据相关统计数据显示，我国电子商务物流企业的数量正在逐步增加，并且已达到了一定的规模。截至今年3月，我国共有2679家A级物流企业，其中包括868家4A级物流企业，156家5A级物流企业。相对于这些5A级物流企业，4A级物流企业中经营电子商务业务的企业比例相对较高。在上述的这156家物流企业中，德邦物流、中国远洋及顺丰速运等有限公司都已开始经营电子商务的业务，并且这些电子商务物流企业的经营模式在不断创新，资产规模也在快速扩张。为了寻求业务合作和新的利润增长点，国内的十大电子商务企业都在逐步打造或完善自己的电子商务物流配送中心，并通过自建或者租赁物流仓储设施，扩大企业在全国的物流网络节点。比如，近几年"卓越亚马逊物流"为了扩大物流网点，分别在成都、沈阳、厦门等七个城市完成了企业物流中心的建设。电商企业加快二、三线城市和中西部地区的物流网络建设，使得电子商务物流配送中心发展非常迅速。据相关统计数据显示，我国目前共有两千多家电子商务物流配送中心。

（2）快速发展的电商物流基础设施建设。

得益于机场、港口、公路、铁路及网络通信等基础物流设施的快速发展，电子商务物流基础设施在其基础上实现了信息网络化功能。根据交通运输部的初步统计，截至去年年底，我国交通总里程超过 470 万千米。其中，公路总里程约 434 万千米，包括 10 万千米的高速公路里程；高速铁路运营里程约 1 万公里，其余剩余铁路总里程约 9 万千米，居亚洲第一；内河航道里程约 13 万千米，其中包括超过 1 万公里的高级航道；轨道交通运营约 2300 千米；随着机场支线、国际航线的增开，我国民航机场的数量达到了 193 个，进一步提高了我国民航机场空运的能力；此外，万吨级规模以上港口泊位数量超过 1900 个，居世界第五。

截至去年底，全国主要快递企业新增快递物流网点 1000 多处；新建、改造分拨中心 300 多家；并且投入上百亿元建设物流基础设施，如购置自动化、机械化安检设备和分拣设备、扩建流水线等；此外，航空网络覆盖率也在逐步扩大，快递专用货机数量达到 65 架，进一步提高了物流企业业务能力。从这些数据可以看出，我国电子商务物流基础设施得到了快速的发展。

与此同时，我国网络通信设施也在不断地完善和发展。截至 2015 年 6 月底，全国新建光缆线路约 139 万千米，全国总长度约 1890 万千米；我国信息消费整体规模同比增长 20 个%，其金额约达 1.4 万亿；宽带覆盖率也在逐步增加，全国现已约有 2 亿固定宽带用户，并且截至今年 3 月初，我国的 IP 地址数跃居世界第二，其数量达到了近 3.3 亿。

（3）庞大的电子商务物流业务量。

近年来，随着计算机网络的快速发展，互联网已在各行各业普及，并且出现了物流与电商相互渗透的新现象，一方面，物流企业开始进军电商业，另一方面，电商也在逐步开展物流业务。截至去年年底，我国电商交易规模同比增长 30 个%，交易额超过 10 万亿元。其中，网络零售交易额同比增长 42 个%，其金额约 1.9 万亿元；企业间电子商务交易规模同比增长约 30 个%，其交易额达到了 8.2 万亿元。根据相关调查数据显示，截至今年 6 月底，我国电商物流企业业务量同比增长约 54 个%，累计完成 59 亿次交易量。中国电子商务研究中心认为，由于近年来电子商务的快速发展，在未来的一段时间内，电商物流企业业务量将继续增大，其增长速度会稳步保持在 50%以上。

2. 我国电子商务物流发展劣势

（1）电子商务基础设施尚不完善。

电子商务基础设施由两部分构成。其中一部分称为主题要素，它包括物流基地、园区、物流及配送中心等物流节点设施；另一部分被称为支撑要素，它包括航空、公路、信息化设备、通信网络等物流线路设施。目前，我国在交通运输、货物包装及搬运、仓储设备等物流基础设施方面有了较快发展，但是电子化程度还相对较低。此外，相比于美国等发达国家，我国的宽带基础设施建设相对落后。比如，美国的网络密度约为 7000 千米/万平方千米，德国约为 1.5 万千米/万平方千米，而中国的网络密度只占到美国网络密度的 1/5，甚至只有印度网络密度的 1/4。如果按照人口数量来计算运输网络密度，我国与这些国家的差距更加明显。除此之外，我国的宽带网络速度也始终处于全球下游水平。

我国至今还没有一张覆盖全国的基础设施网络，还缺乏大型的可共享的数据平台。电商、物流等企业利用大型数据平台，才可以实现数据共享，提高效率。此外我国还需要大力推进电子商务其他基础设施的建设。"以物流中心的面积为例，美国的人均物流仓储面积约为我国的 14 倍；而在我国现有 5.5 亿平方米的物流仓储设施中，只有不到 30% 的设施符合现代化的要求，甚至只有不到 1000 万平方米的设施满足国际标准。"不完善电子商务物流基础设施不能满足现代电子商务物流产业的需求，这一问题正严重制约着电子商务物流的发展。

（2）我国电子商务物流政策法规尚不完善。

目前，我国涉及物流服务的法律法规有《汽车货物运输规则》《中华人民共和国邮政法》以及《快递市场管理办法》等。虽然我国正在不断改进、完善与电子商务物流相关的法律法规，但截至目前，只有《中华人民共和国合同法》《中华人民共和国电子签名法》两部法规和电子商务相关，因此我国应逐步建立起一套与电商物流相关的正式法律法规，从而保证我国电子商务的健康稳定发展。

目前，由于缺少相应的法律法规，使得电商物流容易遭到不法分子的破坏，从而造成买家与卖家的损失。值得注意的是，我国相关的物流法律法规大多是由中央部委，有的甚至是由地方部门制定的，导致其缺乏制约作用。这些由地方部门制定的法律法规不仅规范性较差，有些甚至存在地方保护主义，比如限制大型物流企业跨地区开展电子商务物流业务等。相关法规制度的缺乏，很大程度上阻碍了我国电子商务物流的发展。

（3）电子商务物流服务网络集成度低、企业信息化水平较低。

就现阶段来讲，中国物流产业的单价还是很低的，无论是运输、仓储，还是快递等单件物流价格都远低于国际水平。之所以出现这样的情况：一方面是缺乏信息技术的创新及投入；另一方面是由于现阶段我国缺乏规模集聚效益，导致仓储、运输成本增加。"在社会化分工的背景下，国外物流企业通过标准化的服务、大规模的外包以及大规模的使用先进信息技术等手段降低了物流成本。而我国想要降低物流成本，就必须加快整合整个物流行业，并且在此基础上还需对其进行专业的组织管理。"

随着"十二五"期间我国信息化、市场化及国际化建设的不断推进，我国的电子商务也迎来了"黄金时代"。目前，我国经济面临三座大山：第一座大山就是以劳动力成本上升为主的成本上涨；第二座大山就是国际贸易及制造业格局的改变；第三座大山则是新兴经济体中低端制造及发达国家再制造对我国经济的挑战。《电子商务"十二五"发展规划》中提到，在经济转型阶段，为了保证我国电子商务的健康、稳定、规范发展，我国应加快推进信息化建设，并加强推广与应用，促进信息化与现代物流的协调融合发展。可见，从规划到实施路途遥远，还有一段很长的路要走。

到目前为止，我国已有部分电子商务物流企业采用了先进的信息技术，如物流自动化系统、条码、射频识别技术、GPS 技术及物流管理软件等。通过这些先进的信息技术，物流企业大大提高了自身的运营效率。虽然先进的信息化管理能够帮助企业提高业务水平，但是大部分电子商务企业仍采用原始的人工操作方式，目前只有不到 40% 的企业能将信息化技术引入日常的运营和管理中。因此从现阶段来看，电子商务物流企业信息化的整体水平很难满足自身高效运营和社会发展的需求。

（4）电子商务物流管理人才短缺，复合型人才匮乏。

我国对电商物流专业人才的培养开展得较晚，不仅缺少相关专业老师，而且教学手段僵化且与实践脱节。和发达国家相比，我国高校对物流管理人才的培养不够重视。"电子商务物流从业人员专业水平较低；根据相关统计数据显示：目前我国从事物流行业的人员中，有超过一半的人仅拥有中职或高中学历，甚至只有约五分之一的人拥有大学学历或中级、中级以上职称。"就目前来看，我国缺口大量的专业物流人才，此外，物流师资以及物流规划管理、咨询、科研人才更是我国极缺的高端人才。到 2014 年我国大专以上电子商务物流人才的需求量为 30~40 万人，而目前各类大专院校物流专业年培养规模在 5000 人左右。随着电子商务物流市场的高速成长，专家预测，在未来 3~6 年内电子商务物流人才缺口仍会持续扩大。无论是物流人才的质量，还是物流人才的数量，都在很大程度上阻碍了我国电子商务物流业务的快速发展。

三、国内电子商务物流的发展趋势

1. 电子商务物流智能化

"电子商务物流智能化是指在智能社会物流管理体系中，通过智能仓储、装卸、包装、运输、配送以及智能加工、处理等活动，将货物智能地从供应者转移到需求者手中。电子商务的智能化不仅能最大化供应者的利润、为需求者提供最优质的服务，还能将社会和自然资源浪费率降低到最低点，从而保证环境的可持续发展。"2012 年 2 月 14 日，国家《"十二五"物联网发展规划》提出，我国将加快物联网技术在物流等九个领域的研发与应用，并逐步实现规模化应用。2014 年 5 月，物流和电子商务龙头企业及相关金融机构共同启动中国智能物流骨干网（CSN）建设，并将累计投资 3000 亿元用于国家基础设施建设。通过建立一张能支撑日均 300 亿元（年度约 10 万亿元）的网络零售额的智能骨干网络，让全中国任何一个地区都能做到 24 小时内送货必达。为了让物流网络进入智慧商务时代，建成后的"中国智能物流骨干网"，将通过系统深度整合，利用数据共享、数据互换等方式降低电子商务物流成本，同时提高其运营效率，从而保证电子商务的健康稳定发展。通过网络运营商提供的数据，电商企业建立起了基于智能化与网络化的电子商务生态系统。通过数据共享与数据互换，使得电子商务的各个环节紧密地联系起来，并且进一步扩大了电子商务的业务范围，目前电子商务已逐步进入生产、销售及制造等领域。在整个电子商务智能生态系统中，通过分析买家数据，例如购买商品种类、购买频率、消费金额等，可以掌握买家的需求信息和预测未来的需求。

2. 电子商务物流信息化

电子商务物流信息化包括很多方面的内容，如物流中心电子化管理、商品数据库的建立以及运输与销售网络的合理化、系统化等。电子数据交换、网络以及计算机技术的快速发展为电子商务提供了更多的需求和库存信息，也使得商品与生产要素更加自由地在全球范围内流动。电子商务物流的信息化，一方面加快了产品流动，且使得流动更加容易；另一方面也在一定程度上推进了信息科学化、专业化管理的进程。随着 IT 技术的飞速发展，以后将会有更多先进的信息技术被应用到电子商务物流中，例如自动分拣技术、自动条码识别技术、智能仓库管理技术及地理信息系统技术等。这些信息技术将不断提升电子商务物流配送水平，使我们的电子商务物流高度信息化、一体化、组织化、规模化和系统化。

3. 电子商务物流标准化

电子商务物流合理化的前提条件是电子商务物流系统的标准化。物流标准化包括以下三方面内容：第一，统一电子商务物流各分系统的技术标准；第二，统一电子商务物流各分领域的工作标准，比如统一配送、仓储等领域的标准；第三，整合整个物流系统的标准，保证电子商务物流各分系统、各分领域标准的统一性。在标准化电子商务物流系统中，还应考虑其与其他系统的配合性，从而实现子商务物流系统与其他系统的统一。考虑到标准化电子商务物流系统的重要性，国内、国际物流界都在不断地规范其标准，并不断出台标准化措施，可以说物流标准化是今后物流电子商务发展的重要趋势之一。

4. 电子商务物流社会化

物流联盟是今后我国电子商务物流系统发展的趋势。电子商务物流企业通过正式的协议，与销售企业、制造业等第三方企业合作，从而形成物流联盟。物流联盟各成员企业相互独立，企业间的资源以各种可能实现的方式充分共享并获益。"这种模式的盈利方式可以用'1+1>2'的原理来解释，即成员企业之间合作达到的效果或利益大于单独活动获得的成绩；各企业之间不仅相互独立，也相互依赖，充分发挥自身优势，分工清晰，这样就减少了内部的对抗和冲突，使供应商集中精力满足客户的需求，提高了企业的整体竞争能力。"

参考文献

[1] 杨洋，李晓辉 .日本电子商务物流的发展经验及对中国的启示[J] . 现代物流，2014（4）

[2] 姚尧 .大数据时代的智能物流[J].商业，2013

[3] 谢佳佳."中国智能骨干网（CSN）"项目对网络零售及物流行业的影响研究[M].物流技术,2013（11）

[4] 陶峥，张兰.中国电子商务物流发展现状与趋势[M]. 商业经济，2014（5）

[5] 李蔚田，神会存. 智能物流[M].北京：北京大学出版社，2014

[6] 杨继美，李俊韬. 我国电商物流发展现状与趋势分析[J]. 物流工程与管理,2014（4）

电子商务教学方法研究综述

徐志红

厦门市同安职业技术学校

传统的商务模式对生产销售方而言，成本周转时间长、生产销售受场地时间的制约；对消费者而言，消费模式单一、享受不到便捷的服务。这种商务模式已不能满足国际贸易及人们日常生活的需求。随着计算机技术的发展及国际互联网的普及，社会及人们的生活方式发生很大改变，电子商务应运而生，满足了社会及人们生活的需求。

电子商务是指利用电子信息网络等电子化手段进行的商务活动，是商务活动的电子化、网络化。电子商务属于交叉学科，涉及的知识面广，包括客户心理学、消费者行为学、管理学、经济学、市场学、计算机网络技术等。电子商务人才培养周期长，难度大。因此，电子商务人才，尤其是综合型电子商务应用型人才和管理人才的培养是电子商务不断发展的关键。

目前，国内大部分大学都开设了电子商务本科专业，加上同等规模的中职、高职教育，我国电子商务专业教育具有了相当的规模。但是事实表明，传统教学模式下培养出的电子商务人才与社会需求存在较大差距，不能满足人才培养需求。本文首先分析了电子商务传统教学方法的特点，然后对目前电子商务理论与实验教学方法研究现状进行综述，最后指出电子商务教学方法研究的发展趋势，试图为当前电子商务教学改革提供参考。

一、电子商务传统教学方法

1. 电子商务理论传统教学方法

电子商务理论传统教学以教师为中心，通过教师的讲解，主要解决"是什么"的问题，可以借助于多媒体方式，使学生在听觉和视觉上产生双重"刺激"，最终达到学生理解和记忆理论知识的目的。对这种教学方式而言，教师在整个教学过程中处于主体地位，因而教学的效果也只停留在教师传授知识的层面上，学生在具体问题具体分析及采用最优方法解决实际问题等方面的能力得不到培养与提高，毕业之后适应性差。

2. 电子商务实验传统教学方法

电子商务实验传统教学方法以电子商务实训模拟软件为主，能够让学生容易理解理论课程教学中的知识点，便于学生掌握诸如网上银行、网上购物等电子商务活动操作流程。但是，由于电子商务的发展很快，电子商务实训模拟软件始终滞后于电子商务技术本身的发展，长此以往，学生很有可能对模拟软件失去兴趣。例如，学生会视模拟软件中的网上银行、网上购物等部分为小儿科，因为他们在现实生活中早就能熟练驾驭了。另外，基于模拟软件的实训教学很难贴近企业、深入企业，比如：在讲解当当网上购物时，只能进行一些简单的流程性的操作；在讲解戴尔直销时，无法去感受整个流程。

二、电子商务理论教学方法

电子商务传统教学方法的诸多不足引起了电子商务教学者的广泛关注，通过深入的研究，很多新的电子商务教学方法被提出，以达到改进电子商务教学效果的目的。

1. 案例教学法

案例教学是指在课程的教学过程中，以老师为主导，以学生为主体，以书面案例或网络在线案例为内容，通过老师设置和选择案例，老师讲解案例，学生剖析和评价案例，以培养学生创新能力和实践能力为目的的一种互动式教学模式。

案例教学法通过对案例的学习与讨论，能够达到培养学生的判断能力、表达能力和解决问题的能力，提高教师的教学水平等的目的。在案例教学过程中，学生不仅能从讨论中获得知识、经验和思维方式上的受益，而且能在讨论过程中学会与人沟通，提高他们处理人际关系的能力。案例教学法有利于发挥学生的主体作用；有利于提高学生分析问题和解决实际问题的能力；有利于促进学生自主学习、主动学习、合作学习、研究性学习、创新性学习、从而学会学习；有利于教师观念的转变，促使教师创新意识的形成和教师专业素质的提高，从而形成良性循环，达到学生与教师的"双赢"。另外，案例教学法能使学生汲取企业的电子商务实践经验，并从中激发创新思维意识，提高自己分析和处理相关问题的能力。案例的选择、教师和学生的角色定位、案例教学的模式确定、案例教学过程控制等是案例教学法实施的难点所在。

2. 体验式教学法

体验式教学主要是教师通过创设宽松、民主、教学相长的学习情境，把电子商务课程的教学内容按照企业项目管理的模式进行重组，依托电子商务实验室软件，模拟紧张激烈的商业竞争场景，让学生通过团队合作的形式，灵活运用所学的知识，解决和完成教师分配的任务，并及时进行讨论、总结和分析的教学方法。它的主要目标是使学生对典型的电子商务模式的运作有感性认识，理解电子商务各参与主体的作用及其关系，掌握各行为主体的操作技能，通过与传统商务活动的比较来深入理解电子商务的优势和局限性，为传统企业的电子商务化实施打下基础。

将体验式教学方法运用到电子商务教学中不仅是学生理解知识的需要，更是激发学生生命活力、促进学生成长的需要。它强调观察、合作、实验、探究、调查、实践、模拟、设计、讨论及总结等环节，重视学生的团队合作体验和个人直接经验，尊重学生的个人感受和独特见解。学生在实验过程中不再是纸上谈兵地单独进行枯燥的模拟操作，而是通过激烈的团队竞争感受电子商务知识的商业化应用过程。

3. 分层教学法

分层教学法指在电子商务教学中针对学生基础层次及教学内容的难易层次，采用不同的教学方法与教学内容，以达到提高教学质量，让不同层次的学生能最大限度地得到满足的目的。

在电子商务分层教学法实施过程中，首先，按照学生的现有知识结构及认知水平对学生进行分层、设组。其次，教学目标、方法分层，即对基础较差的低层次的学生强调基本概念，培养一定的动手能力和分析能力，着重培养学生的自学能力、学习的主动性和一定的实践能力，而对基础较好的学生则补充教学内容，使教学与学生的对口升学、证书考试接轨，以教师辅导下的自学为主，加以课外辅导，针对有关入学考试要求或相关证书考试要求进行自学与训练，定期组织答疑。再次，练习分层，设计出一些必做题、选做题等不同层次的练习，使学生的练习具有弹性，让各类学生都能得到训练。最后，考核分层，针对不同层次的学生设计不同的考核方式进行考核。不过，电子商务分层教学法仍在发展之中，需不断完善。

4. 各种技术在电子商务教学中的运用

信息技术被广泛应用于各行各业，在教育事业中的应用尤为普及。陈德富，段钢2006 年以波特价值链理论为基础，从价值活动环节入手，全面分析了信息技术应用于电子商务教学创新的机会，并研究了 IT 在电子商务教学过程中的具体应用方法。马红梅 2007 阐述了电子商务的学科特点和充分利用信息技术进行电子商务教学的必要性。并对运用信息技术制作网络教学课件，采用真实的电子商务平台进行实战练习，利用博客进行互动教学和教师专业知识的更新等方面做了一些积极的探索。

电子商务教学离不开教学软件的演示，刘军 2005 年通过分析电子商务教学过程中进行教学软件演示时存在的问题，研究了屏幕视频捕获技术，并给出了使用 DirectDraw 和 VFW(Video for Windows)技术解决的方法和核心代码。

"基于问题的学习"一般是指通过让学生以小组的形式共同解决一些模拟的现实生活中的问题，从而使学生在解题的过程中发展解决问题的能力和实现知识的意义建构。况湘玲 2006 年尝试了美国各级各类学校的教学中一直具有广泛而积极影响的教学模式——"基于问题的学习"（Problem-Based Learning，PBL），并对几届电子商务专业的教学对象进行了相应的教学实践，收到了良好的效果。

5. 电子商务其他理论教学方法

电子商务其他理论教学方法包括项目教学法、图形化教学法、基于博客的辅助教学法、任务驱动教学、研究性学习教学法等，这些方法丰富了电子商务课程的理论教学模式。

三、电子商务实验教学方法

电子商务实验教学是电子商务教学体系中不可缺少的一部分，对于学生理解理论基础知识，培养实践能力、解决具体问题的能力具有重要意义。如前所述，传统的电子商务实验教学以电子商务实训模拟软件为基础，存在诸多弊端。通过近年来的深入研究，新的电子商务实验教学方法不断出现，给解决这些问题提供了新的途径。

1. 基于模拟平台的实验教学

电子商务模拟平台虽然存在这样或那样的问题，但它仍是电子商务实验教学很好的一种模式，因为它容易开发，实验教学过程容易控制。目前这种教学模式的研究主要集中在对模拟平台的改进上，使其更贴近真实的电子商务活动，功能更加强大、自由度更大，更加符合学生的思维习惯。

为了解决目前电子商务模拟教学软件存在的问题，如流程单一、忽视培养决策能力、普及性不高、界面过于单调、管理员决定的因素较大并和现实情况不够接近等，张佩莉、方美琪 2005 年介绍了中国人民大学经济科学实验室设计的一个模拟电子商务的在线游戏软件——ECGAME，在游戏中，玩家可以扮演不同的角色，如消费者、生产商、销售商、运输商等，而且还可以尝试各种各样的经营策略，通过游戏，可以深刻理解电子商务活动各方参与电子商务活动的细节及流程，掌握电子商务活动各阶段的决策方法，极大地促进电子商务的教学。

2. 基于准公司的实验教学

准公司是指一个在运营上真实存在而在经济活动中并不存在的名义公司实体，其作用是为职业教育提供一个实践教学的真实环境，提高实践教学质量，学生可以在这个真实的商务环境里得到全面、系统和灵活的实践训练，而不需要对他们的商务活动承担责任。

针对模拟实验教学真实性的先天缺陷，基于准公司的电子商务实验教学在继承模拟实验教学优点的同时，极大地提高了电子商务活动的真实性，能够使学生在准公司的电子商务活动实践中，各方面的能力得到培养和提高。李金林 2003 年探讨了基于准公司的电子商务实践教学方法，对准公司的概念进行了严格定义，分析了准公司的实质和作用，确定了准公司需要的设施，评价了准公司的优势，最后给出了基于准公司的电子商务实验教学计划安排，为此教学方法的应用提供参考。

3. 实战型实验教学

实战型电子商务实验教学，是指为学生提供电子商务活动真实环境，通过解决电子商务活动中面临的实际问题，让学生灵活运用在电子商务教学中学到的知识，培养其决策应变能力，为毕业以后的工作奠定坚实的基础。

刘娜 2008 年进行了校园网上网店的设计与实现的实战型电子商务实验教学研究，讨论了校园电子商务的基本概念，分析了校园电子商务的基本特征，提出了建设校园网上商店的必要性。通过运用 ASP.net 技术，对校园网上商店进行了详细设计与实现。李金清、纪幼玲、邓之宏 2006 年研究了校园网上商城在电子商务教学中的应用方法，指出在电子商务教学中引入"校园网上商城"系统，将对学生的实践能力、技术应用能力、社会活动能力的培养产生积极的影响，是对电子商务模拟系统教学的一种有益补充与延伸。尹明 2007 年将实战引入实验教学的各方面，包括模块化实训、综合实训等，通过指导学生进行商务信息搜索、电子支付及认证、电子商务网站设计、开设个人网店、参加全国电子商务大赛、参加电子商务证书的认证考试等实战，提高电子商务专业人才培养的质量。

4. 其他

电子商务实验教学方法的其他研究包括电子商务实验教学体系研究、实验教学中教师评价方法研究等。从实施难度上来说，实战型实验教学方法最难实施，基于准公司的实验教学方法次之，基于模拟平台的实验教学方法最容易实施；从教学效果上来看，实战型实验教学效果最好，基于准公司的实验教学效果次之，基于模拟平台的实验教学效果较差。

四、电子商务教学方法研究趋势

通过对电子商务传统教学方法的分析，以及对目前电子商务教学方法研究的综述，可以发现电子商务教学方法研究具有以下发展趋势。

1. 完善的电子商务教学体系研究

电子商务教学体系包括电子商务理论教学体系、电子商务实验教学体系，应回答电子商务教学的内容是什么的问题。完善的电子商务教学体系能够使培养出的电子商务专业人才满足现实中最新电子商务活动的需要，灵活决策并解决实施电子商务活动时面临的各种问题。

2. 个性化的电子商务教学方法研究

电子商务专业涉及的知识面相当广，电子商务教学不可能面面俱到。另外，电子商务专业的学生基础、兴趣各异。将来的电子商务教学应能根据学生的兴趣及特长因材施教，在扎实掌握电子商务专业基础知识的前提下，充分发挥学生的学习主动性，培养出具有个性化的专门人才，而不是适应性较差的通用人才。

3. 融合的电子商务教学方法研究

随着研究的深入，大量新的电子商务教学方法将层出不穷，且各具特色。为最大可能地发挥各种电子商务教学方法的优点，克服其不足之处，将来的研究将关注各种电子商务教学方法的融合，形成一个有机的整体，达到更好的教学效果。

4. 面向实际应用的电子商务教学方法研究

电子商务教学将在完善的教学体系下，更加面向电子商务活动的实际应用，以培养学生解决实际问题的能力为目标。在电子商务理论教学方面，将研究如何进行实际案例教学，结合分层及体验式教学模式，使学生能深刻理解理论基础知识，提高各方面的能力；在电子商务实验教学方面，将研究如何进行以实战为主的实训教学，增加学生电子商务活动实战能力。

五、结论

本文分析了电子商务传统教学模式的特点及不足之处,深入研究了目前电子商务教学的理论教学与实验教学现状,在此基础上指出了电子商务教学方法研究趋势,可为当前电子商务教学改革提供参考。将来的研究包括对国外目前的电子商务教学方法研究现状进行深入的分析与总结。

对中职学校物流专业学生就业问题的思考

乔林琼

厦门市同安职业技术学校

一、引言

2009 年 2 月，物流业作为十大产业振兴规划之一获国务院会议通过，物流业的调整和振兴涉及国民经济多个行业，对物流人才的培养提出了更高的要求。物流业的发展带来对物流人才的空前需求，从 2002 年只有一所开办物流专业的学校到目前为止，仅开办物流专业的中职学校就超过了 1000 所。在很长的一段时间内，中职物流专业的课程处于一种无序、混乱的状态，很多学校都是照搬高等学校物流专业的课程，并且在教学过程中，重理论、轻实践，培养出来的学生不能适应企业对从业人员的要求，学校的教学与企业要求严重脱节。再加上中职学生自身的一些特点，中职学校物流专业毕业生面临严重的就业形势。面对这些问题与不足该怎样去改善、怎样去获得新的教学方法和寻找应对的策略，对教学将是一个挑战，也是一个不断思索的过程。

二、目前中职物流教学的现状分析

1. 缺乏物流专业的自身特点

物流专业出现在中职教育中，但是物流学科边界模糊，专业核心技能尚未形成，很多中职学校的物流专业都是在原有国际贸易、市场营销等专业上演变来的，缺少物流专业的自身特点。而且大多数课程以理论课为主，实践课偏少或者说基本没有，这就导致中职学校物流专业的学生没有掌握应该掌握的实操技能。

2. 缺乏物流人才培养目标

目前，许多中职学校物流人才的培养目标缺乏明确的定位。许多学校培养目标宽泛，对学生需要掌握什么技能，将来能够从事何种物流岗位没有认真研究，只是一味模仿某些高等教育本科院校的物流管理课程设置，没有从中职学校的办学宗旨出发，导致培养目标不明确。再加上学生在校学习的时间只有一两年，所学的理论课程比较多，学校的实训设备与企业的操作设备相比还有不小差距，以致实训效果欠佳，学生的专业技能不高，因此，中职学校物流专业的毕业生缺少企业需要的操作技能。

3. 缺乏专业的师资力量

现代物流专业是自然科学、社会科学和技术科学相互渗透形成的应用性新兴学科，是一门汇集了经济科学、管理科学、计算机科学、信息科学、工程技术科学等多门学科的交叉学科，对于教师的职业能力、实操能力、职业素养有着更高的要求。目前，从事物流专业课程教学的教师多由其他专业转行而来，物流专业知识不系统，更缺乏物流实践经验，只是将书本知识传授给学生，另外，"双师型"的物流教师也普遍较少。

4. 缺乏学生专业技能实践场所

因为物流专业教学内容多，涉及的物流设施设备也较多，购置这些设施设备需要大量的资金，还必须有很大的场地来容纳，可是其教学利用率却较低，维护成本又很高，因此很多中职学校由于资金、场地的限制无法投入巨额资金建立实训场地，学生在校内无法完成必要的物流技能培训。另外，物流企业一般也不愿意成为学校的物流实训基地。

三、中职学校物流专业学生就业过程中出现的几个问题

1. 定位不准确，对待遇期望值过高

刚出校门的中职生，专业技能有限，缺乏实践经验，待遇较低是理所当然的。有的同学总认为外面的钱很容易赚，出去就能拿高工资，一旦没有达到理想中的薪资就开始抱怨，心理上就有一种落差，认为上当受骗了。这就是学生对自己定位不准确，对自己估计过高。首先，中职学生没有把自己的位置摆正，没有清楚地认识到自己只是一名初出校门的中职毕业生，从事的职业及岗位应是生产管理第一线，所做的工作必须从最基层做起。比如，对厦门市同安职业技术学校物流服务与管理专业毕业生的调查表明，很少学生想在毕业后做一线工人，大多数毕业生都想找一份轻松简单的工作，哪怕工资低一点都可以接受；其次，对自己的专业技能估计过高，对自己的工作能力估计过高。在学校所学的知识、技能毕竟有限，有很多工作岗位是暂时无法立即

胜任的；最后，对所学专业毕业后所从事的工作特点及性质了解不够，没有充分的思想准备。比如，学生在校两年多为理论学习，没有掌握过硬的实操技能，毕业时不知道自己能干什么，应该去哪种类型的公司或企业工作。

2. 娇气

主要表现为吃苦精神不够，娇气太重，没有上进心，特别是独生子女和家庭条件相对较好的同学。现在的物流公司一般都会加班，或者是上夜班，学生就会觉得这与自己心目中的工作差距实在太大。再加上家长比较溺爱迁就自己的孩子，不忍心自己的孩子受苦，这样更容易造成学生就业后产生情绪波动。比如，物流公司一般都在城市的城郊地段，工作场所大多是场站、仓库、货运站、快递投递点等，工作较累，生活条件也会相对比较艰苦一些，因此不少学生宁可选择在市区做一些销售或者客服之类的工作，也不愿意去物流公司。

3. 年龄偏小，缺乏团队合作精神

中职生走出学校，面向社会，大多只有 17 岁左右，还未成年。社会阅历很有限，在行为习惯、礼仪、为人处世、待人接物方面存在诸多问题，看不清复杂的人际关系，不善于与人交往，不善于沟通，缺乏团队合作精神，有的同学甚至表现出我行我素的一面。比如，有些学生下班后，本来安排好的加班，他说不干就不干，被领导批评之后马上就辞职了，受不了一丁点儿委屈，却不会去想因为他一个人的缺席，可能会导致整个生产线停产，这样不仅影响了其他员工，也会给公司造成不可估量的损失。所以说，在企业里团队合作精神是非常重要的，但这也正是很多学生所缺乏的。

四、如何构建人才培养模式

就中职物流专业学生面临的就业问题，不得不思考，如何培养中职学校物流专业的学生，使他们更符合用人单位的要求？对此，提出以下几个建议。

1. 培养物流领域的"专才"

中职学校学生学习能力较差，在校学习时间较短，学校的设施与设备也不足，而物流专业涉及的范围很广泛、理论知识也多。这是一个急需解决的矛盾。我们认为解决的方法就是培养"专才"。

如前所述，中职教育不能够照搬高等教育模式，中职不需要，也不可能培养出"全才"。而所谓"专才"，是指根据实际情况，使物流专业人才培养侧重某个较窄领域，将毕业生的就业定位于某个具体行业，而不是"大而泛，泛而空"。比如，一些港口城市的中职学校可以培养港口物流的专门人才，多开设一些与港口物流或水路运输的理论课与实践课；商业较发达城市的中职学校可以开设与仓储或者快递等行业相关的课程。

2. 以岗位需求为依据，加强课程体系建设

专业教学计划的制订应突出从理论教学向实践教学的转变，要坚持学以致用。教学计划应既有科学性，又适合学生实践能力培养的需求。在课程体系上，体现以就业为导向，以学生为中心的目标，根据学生全面提高素质和综合职业能力以及继续学习的实际需要设置课程，确定教学目标，将专业课程分为基础课程和职业技能课程。基础课程为学生打下较为扎实的理论基础，为学生将来可持续发展提供动力，职业技能课程采用理论与实践一体化和项目课程教学模式。采用以工作任务为中心选择组织课程内容，并以完成工作任务为主要学习方式的课程模式。课程内容则以市场需求为中心，突出实用性。现代物流是在传统运输、仓储、包装等行业中引入计算机信息技术，经过整合、再造、重组而形成的创新产业。随着技术更新步伐的加快，对物流行业人才知识更新的要求更高。因此，基于能力培养的物流管理专业在课程设置方面应体现市场需求导向，根据企业、社会对人才的需求设置、更新课程，紧跟市场需求。

3. 专业教材的选用

近年来，由于缺乏规范，加之市面上物流方面的教材非常多，学校在选用教材时存在很大的盲目性，各个学校使用的教材也很不统一。其中存在的最大问题是：理论型教材偏多，适用于中职学校的应用型教材特别少。对此，中职学校应该成立一个教材选订小组，集体讨论，集思广益，多听取有经验教师的意见；多与其他兄弟学校联系，积极取经；甚至可以根据社会对物流人才专业知识结构和职业技能方面的要求，结合本校学生的特点和优势，根据本地区物流业的发展趋势，体现"服务于当地"的市场定向，组织一线教师编制出符合本地区物流发展要求的教材。

4. 改进教学方式

物流专业课的教学方式应主要实行信息化教学。目前，大部分中职学校的教学都是传统教学，学生对教师照本宣科或者纯理论的讲授不感兴趣，没有学习的积极性，甚至个别学生会产生厌学情绪。总体来看，仅靠一块黑板、一支粉笔很难将物流知识讲得通俗易懂，因为很多理论用文字表达会艰涩难懂；很多物流设备学生只是"闻得其名，不见其身"，靠教师口头介绍根本不可能有直观、准确的认识。然而借助视频、图片、仿真软件等信息化手段就能很好地解决这些难题。

5. 实训场所与设备

中职学校主要面向物流企业一线培养操作技能型人才，因此，培养出的学生应有很强的动手能力。这就要求中职学校必须有足够的实训场地来满足学生的实训。要在有限的资源条件下建设满足教学要求的实训基地，可从以下两方面入手。

（1）搞好物流软件配置。学校可以购买适合的物流教学软件或者 ERP 等系统，收集某些软件公司免费试用的软件。当然还包括开展仿真软件模拟类、沙盘模型类、流程演练类及实训操作类等不同类型的实训所需的软件。此类软件的内容基本涵盖了运输、仓储、配送、商务结算及决策分析等物流环节，整套软件不但可以实现独立模块的教学实训，而且可以开展针对第三方物流流程的整体教学。通过这类软件，可以让学生清晰地知道一批物资从采购到生产，最后到销售的整个流程，使学生对物流、商流、信息流、资金流的认识不只停留在书本的介绍，让学生亲自模拟实践操作，真正做到学以致用。同时，也可以达到较低投入的目的。

（2）重视物流实训基地硬件建设。相比教学软件配置，实训场所的建设需要很大的投入，不但需要大量的财力、物力投入，还需要很大的智力投入。在有了资金、物资的情况下，还要解决建成什么样和怎么建的问题。到目前为止，很少有中职学校能自主建成完善的物流实训基地。专业要想有长远的发展，就必须探索落实实训场地和设备，如可以通过购买一些手持终端的仓库管理设备和系统，根据现代化仓库和配送中心的模型，设置电子标签分拣区、货架储存区、信息处理区、模拟超市货架区、POS机收银系统等，让学生熟悉货物的入库、储存保管、出库、上架及收银等工作。

6. 师资队伍建设

中职学校的物流专业教师不仅要具备丰富的专业理论知识，还要有一定的社会实践经验。中职学校应该招聘一些具备丰富的物流行业工作经验的专业老师。首先，学校应鼓励专业教师参与校内外各级各类技能大赛，提高自身实践动手能力和分析、解决问题的能力。其次，学校也可以组织教师参加校外相关机构举办的各种技能大赛，使教师通过比赛，促进自身的训练，练就本领，提高自身实践动手能力，同时，也能增长见识，加强与外界沟通，扩大自己的专业视野，进而改进平日的教学。最后，专业教师应主动下企业，到一线学习锻炼。物流专业教师下企业挂职锻炼是校企合作的必然要求，是落实"以就业为导向"的办学方针以及创新人才培养模式的落脚点。

总之，物流教学要结合物流学科本身的特点和中等职业学校学生具体情况，在教学过程基本规律及教学基本原则的指导下，将传授知识和发展学生智力相统一，灵活运用各种教学方法，并寻求更加适合物流学科教学的新的教学方法，在提高物流专业教师能力与水平的基础上，不断完善物流教学体系，促进物流教学进一步发展，从而培养出适应物流业迅猛发展的物流专业技能型人才。

参考文献

[1] 许恒勤，付强，孙黎宏.我国物流人才需求与物流人才教育[J].森林工程，2005（6）

[2] 韩丹.中职类物流专业学生的发展方向[J].物流技术，2011（2）

[3] 李荣生.提高中职毕业生就业质量的思考[J].经济与社会发展，2007（5）

[4] 林晶.浅谈中职学校物流专业教育[J].海峡科学，2012（7）

[5] 张守德.我国物流专业人才需求与培养模式研究[J].中国市场，2007（23）

反思会计专业教学中存在的问题

黄秋红

厦门市同安职业技术学校

一、前言

为适应经济发展方式转变和产业结构调整要求，大力推进职业教育改革创新，提高技术技能人才培养质量，加快建设现代职业教育体系，更好地服务经济社会发展，2010年 6 月，教育部、人力资源社会保障部、财政部共同印发《关于实施国家中等职业教育改革发展示范学校建设计划的意见》(教职成 [2010] 9 号)，中央财政投入 100 亿元，分三批遴选支持 1000 所中等职业学校深化改革，为全国职业教育改革发展发挥引领示范作用。截至 2013 年 8 月，1000 所项目学校布点已基本完成，建设工作全面展开。目前，三部门已对第一批 276 所项目学校进行了成果验收，这些学校在改革、发展和建设的诸多方面取得重要进展，成为全国职业教育改革创新的示范、提高质量的示范、办出特色的示范。

会计专业是一门理论性、实践性、方法性、业务性和操作性很强的学科，它对每个人的动手实践能力和细心程度要求很高，主要涉及的内容包括：会计专业基础知识教育、法律法规教育、诚信教育、动手实践能力培养，财务软件的应用与及财务分析能力的培养等。由于其包含和涉及的内容很广，因此要求会计专业教师要触类旁通，不仅要传授给学生专业理论知识，还包括其他方面，比如诚信做人、认真做事、熟悉各种法规以及熟练的动手操作能力，专业的财务分析能力……作为一名会计专业的老师，对学生的影响是至关重要的。

二、当前中职会计专业教学中存在的问题

1. 学生方面

（1）缺乏诚信意识。记得有一次上 2012 级会计 2 班成本会计课时，我问学生，以后你们去工作了，老板要你们做假账，你们怎么办呢？大概有一半的学生认为要听老板的，剩下的一半仅有 45% 选择不做，还有 5% 的学生没有表态。这是一个非常惊人的数据啊，试想想如果将来这些学生走上工作岗位，50% 的人都在做假账的话，那该是一件多么可怕的事。还有一次是在上出纳实训课，讲到人民币的识别方法时，问了学生另外一个问题，如果你收到假钞怎么办？竟然有 70% 的学生选择把它用出去。如果将来这些学生中有人做了出纳，收到假钞时首先想到的是要怎样把它用掉，这对于集体或者个人都是很大的损失。我们现在的教材注重的是学生专业基础知识的积累，很少涉及诚信方面的教育，因此对学生而言，诚信这块教育近乎空白。

（2）法律意识薄弱。《企业会计准则》应当是会计专业的学生通晓的准则，可是我发现大多数同学对这个准则并不熟悉，由此带来理论和操作上的错误。比如，最简单的会计年度自公历 1 月 1 日起至 12 月 31 日止，可是有很大一部分同学把会计年度和会计分期混淆在一起。另外，会计法还规定原始凭证记载的各项内容均不得涂改，还是有学生在实际操作过程当中拿着涂改液对写错的原始凭证进行涂改。类似这样的情况还有很多。

（3）动手能力差。我们学校的中职学生在学校更多的是接触理论知识的学习，仅有的一门锻炼学生动手能力的科目是会计模拟实习。而课本上的做账案例又与企业的实际做账有区别，课本的经济业务类型是有限的，有些特殊情况没办法一一列出，而学生由于平时疏于锻炼，到企业实习，身临其境做账时，竟然不知道如何建账，有的建好账却不知道如何进行明细处理。诸如此类的问题折射出学生动手能力、应对突发状况能力有限的缺陷。

（4）财务分析能力低。财务分析是以企业财务报告反映的财务指标为主要依据，对企业的财务状况和经营成果进行评价和剖析，以反映企业在运营过程中的利弊得失、财务状况及发展趋势，其既是已完成的财务活动的总结，又是财务预测的前提，在财务管理的循环中起着承上启下的作用。由财务分析的概念我们知道作为财会人员拥有一定的财务分析能力对企业的投资、盈利将有很大的影响，而我们会计专业的一些学生可能是由于对相关的财务指标没有理解透彻，竟然连利用资产负债表和利润表对企

业的财务状况和经营成果做一些简单的分析都做不好。企业的老总希望找一个能分析、能提供宝贵意见的帮手来帮助企业盈利，可是我们的学生水平至此，是很难满足市场需要的。

2. 学校方面

（1）缺乏职业道德教育。我们学校的会计专业，除了仅有的一门《财经法规与会计职业道德》有一小部分的内容涉及职业道德教育，再也没有与会计职业道德相关的课程或者讲座。职业学校会计专业只注重对学生专业知识的教育，使得会计人员的职业道德水平有下降的趋势，进入工作岗位后可能会导致一些单位的会计核算失误、会计信息失真，不利于了解企业的真实信息，严重影响我国的法制建设和社会经济发展。

（2）主次没有分清楚。我们职业技术学校与本科或者大专院校最主要的区别是要突出我们的技术特长，注重学生动手能力、实践能力的培养，而学校似乎忽视了这一点，把培养学生的理论知识作为自己的主要任务。我们学校的会计专业没有会计实训室，如上出纳实训这种实训课程时，相关的配套设施像传票机、点钞机等不足。这对于学生理论结合实际，锻炼动手能力会有很大的影响。

（3）现有专业教师队伍不能满足教学需求。会计专业教学质量的高低很大程度上取决于专业教师的业务水平和素质，因此提高会计专业教师的实践教学水平是关键。而当前的实际情况是很多会计专业的教师都是一毕业直接从学校走上教学工作岗位，很少参加实践工作，实践能力较低，影响了教学的效果。我们中专专业的学生更注重的是动手能力、实践能力的培养，开设的会计模拟实习、出纳实训都是跟实践有关的综合训练，但是专业教师队伍这方面就先天不足。

二、解决中职会计专业教学中存在问题的对策

1. 学生方面

（1）加强诚信教育。职业学校会计教学中要进行"不做假账，诚信为本"教育。教师在上课的过程中要时不时渗透诚信教育，应该向学生强调诚信是我们会计行业的生命线，企业想要在激烈的竞争中求得生存和发展，仅仅靠做假账和欺骗是不行的。现在是一个合作与竞争共存的时代，企业要想求得生存和发展，只有依靠诚信，为我们的合作伙伴提供真实可靠的资料，才能获得投资者的信任，才能长久地合作，实现互利共赢。

（2）要提高学生的法律法规意识。在会计专业的教学过程中，要把最基本的《中华

人民共和国会计法》和《经济法》作为重点知识跟学生讲解，让学生通过学习对基础的法制法规有深刻的理解与掌握，这样以后在工作中涉及和会计有关的法律问题就不会一问三不知了。此外，学校还可以开设几门和会计有关的法律课程，让学生多了解、多学习会计法律法规，使他们不仅能处理好基本的财务问题，就算在遇到棘手的和法律相关的问题时，也能懂得处理与分析。

（3）加强学生的动手能力培养。要让学生更好地将理论知识和实践能力结合起来，平时要加强学生的动手能力训练。作为专业教师要做好教学设计及实践环节的安排。传统的理论教学都从基本原理开始，然后学做会计分录，最后才学习如何运用会计原理处理企业资金的筹集过程、生产准备过程、生产过程、销售过程、利润分配过程的核算，这样的教学比较抽象。如果老师能结合实际进行情景创设，把凭证、账簿、报表带到课堂，让学生先熟悉一下，然后再上课学生就不会觉得抽象了。

（4）注重学生的财务分析能力培养。在进行理论教学时，涉及有关财务指标的知识点时，要有意识地引导学生利用这些指标进行财务分析。符合什么条件，企业能够盈利，达到什么界限，企业就有可能亏损；此外，学校也可开设一些能提高学生财务分析能力的课程，比如企业财务分析，通过这种专项训练，学生将来走上工作岗位能更好地为企业做好财务分析。

2．学校方面

（1）在实务模拟中渗透会计职业道德教育。会计职责和义务教育主要是培养学生在所从事的会计实务工作中要坚持"忠于职守、实事求是、尽职尽责"的原则，养成良好的原则性、政策性，培养学生战胜困难，敢于同邪恶势力做斗争的勇气。由于时间有限，我们采取的主要做法是把会计职业道德教育与专业知识的讲授及专业技能的培训有机结合起来，并依据岗位设置的不同，进行不同岗位的职业道德训练。在专业知识的学习过程中逐渐提高学生对会计专业的热爱程度，使其乐于学习与会计工作有关的知识和技能，熟悉并认真履行与会计有关的职业守则。通过对在校生进行会计职业道德教育，为学生毕业后在会计各工作岗位上自觉遵守职业道德规范、履行会计职责打下基础。

（2）分清主次，要意识到职业学校会计专业教学应更侧重技能的培养。会计专业是一个动手操作能力很强的专业，学生所学的理论知识，只有在实训课中通过动手操作才能真正转化为实际能力。为了达到这一目标，就要舍得投入资金，购置学生实训中所必需的设备设施，保证学生实训所需经费。因此学校有条件的话要给会计专业配备一个会计实训室，配置齐全的教学演示工具，如点钞机、翻打传票机、点钞币、各种凭证、账本、算盘、电算化软件等教学道具都是不可或缺的。

（3）加强专业教师队伍的建设。高素质的会计专业教师队伍是培养优秀会计人才的前提，是提高会计专业教学质量的根本保证。这一方面靠教师自身的努力，不断学习，并树立终身学习的理念。由于会计专业教师授课任务比较重，很难抽出整段时间接受培训，比较理想的办法是通过网络培训的方式接受专业理论的学习，了解市场经济条件下会计环境的新变化，使自己在会计知识方面不断得到更新和补充；另一方面学校应积极创造条件，鼓励教师参加会计师、注册会计师的考试，取得会计专业技术资格，加快"双师型"队伍建设。学校还应为会计专业的教师提供下企业实习的机会，这样专业教师才能实实在在地接触实际工作中的会计，为更好的理论结合实际教学服务。

参考文献

[1] 会计从业资格无纸化考试教研组.会计基础[M].上海：立信会计出版社

[2] [EB/OL].http://sfx.tvet.org.cn/sfx_jhxmgk.action

[3] 杨华.财会专业财务管理课程的教学反思——教育学论文[J].会计之友，2012（4）

[4] 财政部会计资格评价中心.经济法[M].北京：中国财政经济出版社

论鼓励学生考取会计从业资格证书的重要性

周蜜

厦门市同安职业技术学校

一、为什么要考职业资格证书

1. 有效提升就业能力

中等职业教育要落实"以服务为宗旨，以就业为导向"的办学方针，必须重视证书的考取，使教学内容与应聘岗位接轨，最大限度地缩小课堂教学与实际工作的距离。目前，职业资格证书已经成为求职者和用人单位关注的焦点。国家颁布了职业证书制度，它是劳动就业制度很重要的一项内容，也是一项特殊的国家考试制度职业。证书制度是指按国家制定的职业技能标准，通过政府指定的鉴定机构（财政部门）对劳动者的技能水平或职业资格进行客观、公正、科学规范的评价和鉴定，对合格者授予相应的职业资格证书。

职业资格证书有哪些用途呢？职业资格证书是反映劳动者具备某种职业所需要的专业知识和技能的证明，与学历和文凭不同，职业资格证书与职业劳动的具体要求密切结合，更多地反映了特定职业的实际工作标准的规范，以及劳动者从事这种职业所达到的实际工作水平。它是劳动者求职、任职的资格凭证，是用人单位招聘、录用的主要依据，也是培训就业，对外劳务合作人员核定技能水平公认的有效证件。

我国目前执行就业准入制度。就业准入制度是指根据国家有关政策的规定，从事技术复杂、通用推广、涉及国家财产、人民生命安全和消费者利益的职业或工种的劳动者，必须经过培训，取得职业证书后方可就业上岗的制度。

2. 凡进必考

从事会计这一工作，必须取得会计从业资格证，想取得该证，则"凡进必考"。有人说，我学习了本科，或专科可以直接拿证。其实不然，就是研究生、博士生，也必须参加考试。但是，会计相关专业的毕业生，凭毕业证在毕业两年内可以免考两门，但还是要参加《会计法规与职业道德》的考试。

有文凭不要从业资格证书行不行？回答是肯定不行！因为《中华人民共和国会计法》第六章第二十四条规定，违反本法规定，由下列行为之一的，由县级以上人民政府财政部门责令限期改正，可以对单位处以 3000 元以上 5 万元以下的罚款；对直接负责的主管人员和其他直接责任人员处以 2000 元以上 2 万元以下的罚款。上面所指的下列行为之一的第十条：任用会计人员不符合本法规定的，即无会计从业资格证的人员。

3. 在毕业前通过考试取得会计从业资格证，更有利于早日就业

每年用人单位招聘的高峰在 3 月、4 月、5 月，因为在职人员跳槽在春节后，用人单位吐故纳新也在春节后，各种招聘会也集中在这几个月。若这时没有取得会计从业资格证，就错过了用人高峰，来年再去应聘，用人单位就会考虑毕业后该生为什么没有及时就业，对应聘者不利。如果在毕业前就取得会计从业资格证书，就可持证上岗，给自己创造较多的就业机会，特别是沿海一带，有无会计从业资格证的工资待遇有较大区别。因此，鼓励学生在毕业前最好能通过考试取得会计从业资格证。

另外，会计职称考试的硬条件是必须具有会计从业资格证，如果能在毕业前取得国家级的会计从业资格证，不仅对就业有好处，而且与工资挂钩，全国通用。

此外，在校考试有下列几条优势：

（1）刚学过的知识还没有忘记，考过的机会就大些，也容易一些。

（2）不懂的地方可以及时问老师。

（3）时间多一些，思想单纯些。

二、如何才能顺利通过会计从业资格证的考试

1. 更新教学理念，重视基础教学，选择配套教材的习题很重要

学生刚接触会计课程时，应该先让学生对有关的记账工具有所了解，认识凭证、账簿、报表，有实训基地的可以实地观察，无实训基地的应通过图片、影视资料等的观看，使学生对"资产、负债、所有者权益、收入、费用"有所了解，这样既可以激发学生的学习兴趣，又可以把书本上的知识与实践联系在一起，不至于"死学""死记"。专业课教材着重知识的循序渐进，系统性、理论性强，侧重点不同。配套习题覆盖面广，包含的考点多，大家应充分练习，以提高自己的应试技巧及答题能力。因此，买了好马还要配好鞍。

临考前模拟实际考试，以便大家及时检测自己的复习效果，迅速进入临考状态，为顺利通过考试奠定良好的心理素质和实践基础。

2. 订立学习计划

订立学习计划就是订立复习时间表。从现在开始到考试一共看几遍书，每遍书到什么时间结束，达到什么要求，自己心中要有数。没有计划，三天打鱼，两天晒网，每天看书都只看前两页，到头来竹篮打水一场空。

3. 加强校内硬件建设，提高教师队伍自身素质；
全面研读大纲和教材，把握教材的精髓

要培养出高水平的学生，必须有一支高素质的教师队伍，才能牢牢把握考试大纲。考试大纲和教材是命题的重要依据，一般来说，考试大纲包含命题范围和标准答案，考生必须按考试大纲和教材的相关内容回答问题，否则很难得到高分。

会计从业资格考试的特点是覆盖面广、系统性强。因此，考生必须进行全面、系统的学习。考试大纲要求掌握的内容绝对不能忽视，特别是不能忽视基础知识，如果时间不够，则可以有条件地放弃大纲中要求"了解"的内容。

应试的学习方法是，第一，"把书读薄"，根据考试大纲的特点，进行通读，并归纳总结，从而让厚书变薄，理解其精华所在；对于考试大纲指出的要"掌握"的知识点，考生一定要深刻把握，能够举一反三，做到以不变应万变；第二，再把书读厚，各章后有强化练习题，还有习题集的习题，其编辑思路是具有创新特色的，加强了考试大纲需"掌握"的重点的强化训练，通过练习可对考点加深理解，进而绝对掌握；第三，"最后把书再次读薄"（这个过程在串讲时，由老师和考生共同完成）。

完成通读、研读、强化练习后，考试大纲中应"掌握"的内容已经尽在掌握之中，回顾各章节的学习内容，重温应试考点，解决自己的薄弱点，把书再次读薄后，就可以拎着考点进考场。

我们可以把上述内容归纳为紧扣大纲，精读教材，全面学习，把握重点，突破难点的科学学习方法。

4. 了解各类题型的特点及应试技巧

会计从业资格考试每年4次，不少应试学员在平时学习中下了很大功夫，但是，由于不熟悉考试题型及应试技巧，再加上心理素质差，缺乏临场考试经验，结果未达到及格线而功亏一篑。

本文将考试中常见的几种题型的特点及答题技巧分述如下：

（1）单项选择题。在整个试卷中,这是比较容易得分的题型,但其分值低,题量大,以往的题目在 30 分左右。这类题型有一个题干和四个备选答案,其中只有一个是符合题意的最佳答案,可采取对比筛选法,考生应将时间控制为平均每小题 1 分钟左右解答完毕。如果考试中,真的不知哪一个是正确答案,请你不要放弃,反正答错了不倒扣分,要合理使用猜测法,凭第一感觉,不要过分强求成功,浪费宝贵时间。这类题目,题干和答案的关系是相等关系。

（2）多项选择题。这类题型要求是正确的答案都应入选,考试中最容易失分的就是多项选择题。因为多选、少选、错选、不选均不得分。考生成绩的好坏,能否及格,多选题起决定因素。因此应试人员要慎重对待。这类题可采用逐项判断法,但答案至少是两个,如果某小题选出了一个正确答案,仍可采用猜测法,还是不可放弃。该类题型平均每小题的合理答案时间应控制在 2 分钟左右。这类题目的题干与答案的关系是包含关系。

（3）判断题。这类题型的迷惑性大,答对有难度。命题专家容易在此类题型中设陷阱,故意让你以偏概全出现错答,由此可见,在学习中对基本概念的掌握一定要准确无误。这类题目,题干与答案的关系是全对为对,一错即错。判断题只需打对错,不需改正。

（4）会计分录题。在《会计基础》考试中,计算题、分录题是考试的重点,占据大部分分值。

总之,会计教学与会计证考试的对接是会计教学的核心问题,如何达到"对接"是一个复杂的系统工程,不仅需要教育工作者的努力,也需要社会和学校的大力配合。

中职《Dreamweaver网页制作》课程教学方法探究

李亚秋

厦门市同安职业技术学校

《Dreamweaver 网页制作》课程是计算机多媒体技术专业的核心学习领域课程，是融理论与实践一体化，教、学、做一体化的专业课程，是基于设计的工作过程系统化学习领域课程，是典型的工学结合课程，是"计算机信息高新技术"网页制作模块网页制作员级（国家职业资格四级）的对应课程。该学习领域是计算机多媒体技术专业的岗位专业能力学习领域，是计算机多媒体技术专业学生必修课程之一。《Dreamweaver 网页制作》这门课程的教学方法多种多样，但对于中职学生且又是网页制作这门课程的初学者来说，传统的讲授法、练习法、开放式自主探究教学法显然不能达到较好的教学效果，如何提高 Dreamweaver 课程的课堂教学效果，培养学生的实践动手能力，让学生适应社会的需求，是我们在教学中要关注的问题。笔者在近几年的教学实践中，总结出了几种行之有效的有针对性的教学方法，以下将从这几种教学方法的内涵、适用范围和具体实施方面和大家做交流和探讨。

一、控制变量教学法

1. 控制变量教学法的内涵

控制变量法本是科学探索和科学实验的重要方法。物理学中对于多因素（多变量）的问题，常常采用控制因素（变量）的方法，把多因素的问题变成多个单因素的问题，只改变其中的某一个因素，研究其对事物影响，再对其他因素分别加以研究，最后综合解决，这种方法叫控制变量法。笔者认为，可以将这种方法用于网页制作的教学，因为网页制作是可以通过改变代码或者通过改变某一个属性的值，直观地看到页面的变化，即可以直观地看到效果。面对 css 面板中的"背景、区块、方框、边框、列表、定位"等众多的属性值，让学生了解每一个属性的作用，教师可采用控制其他属性值不变，而只改变其中一个属性，让学生观察相应的页面的变化，从而让学生自己理解该属性的作用，这样的教学方法比老师直接讲授的效果好得多。

2．控制变量教学法的适用范围

控制变量教学法适用于《Dreamweaver 网页制作》课程的初期，即学习网页制作的基本知识和 Dreamweaver 软件基本操作的过程中。

3．控制变量教学法的应用

使用 div 进行页面布局是网页制作中的一个重点，尤其是在传统的教学方法下讲解填充（padding）和边界（margin）时学生容易产生混淆，加之软件是英文版，对于中职学生理解起来就更困难了。笔者在讲解"margin—left"这一属性值时，保持其他变量不变，把"margin—left"的值由 0 增加到 200，产生的效果见图 2（初始效果如图 1 所示），让学生直观地观察网页的变化，他们发现增大左边界的值，div 向右移动了，从而知道了 margin—left 的含义及如何运用 margin—left 去定位 div。然后保持其他变量不变，再增大 margin—left 的值，由 200 像素增加到 300 像素，这时笔者提问 div 会怎么移动，学生就可以异口同声地回答出，div 继续向右移动 100 像素，如图 3 所示。

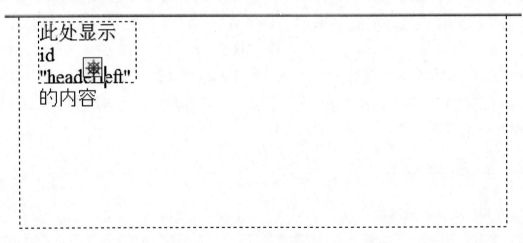

图1　初始效果

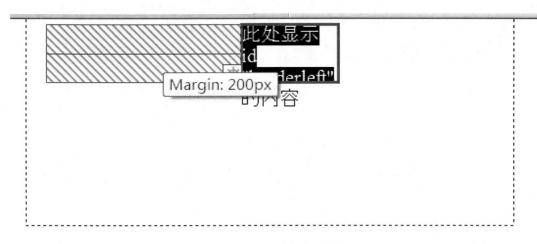

图2 产生的效果

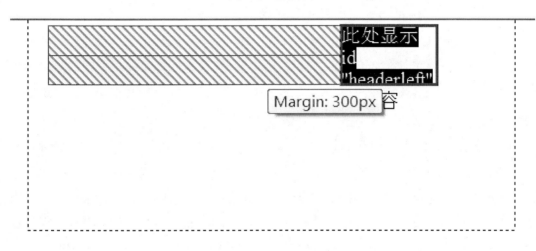

图3 结果

二、任务驱动教学法

1. 任务驱动教学的含义

任务驱动教学法是建构主义教学理论应用于教学中的一种教学法。任务驱动教学方法提倡教师指导下的、以学生为中心的学习。建构主义教学原则强调学生的学习活动必须与问题或任务相结合，以探索问题来引领和保持学习者的学习兴趣和动机，教师在整个教学过程中通过创设情境、分析任务、细化任务，让学生带着真实的任务在探索中学习，使学生拥有学习的主动权，学生的学习不单是知识由外到内的转移和传递，更是学生主动建构自己的知识经验，通过新经验和原有知识经验的相互作用，充实和丰富自身的知识、能力的过程。最终使学生有效地实现对当前所学知识的意义建构的目的以培养学生提出问题、分析问题和解决问题的综合能力。

2. 任务驱动教学法的适用范围

任务驱动教学法是 Dreamweaver 网页制作等操作型技能型课程普遍采用的教学方法，适用于对 Dreamweaver 软件初步掌握并对网页制作基本知识有一定了解的学生。

3. 任务驱动教学法的具体实施

（1）提出任务，激发兴趣。在任务驱动教学法中，"任务"的提出是非常重要的，它决定学生是主动学习还是被动学习。尤其对于中职学生，可以采用"成果展示"的方式，调动学生渴望完成任务的动机，激发学生的参与意识。例如，笔者在讲授如何向网页添加层（AP 元素）热点与锚记链接时，就是以"制作家乡山水网页"任务引领，把游览家乡山水过程中拍摄到的图像以及了解到的景观信息添加到网站中，"家乡山水"页面的效果如图 2 所示，当鼠标指向景区地图的一个景区时，会在光标下方显示对应景区的名称，同时在页面的右下部显示该景区的风景图像及简单介绍。当鼠标单击一个景区时，会另外打开一个"景区介绍"页面，笔者在上课时首先把这么漂亮的"家乡山水"网页成品展示给学生，以激发学生主动学习的兴趣。

（2）分析任务。任务提出之后，不要急于讲解，教师可以把一个大任务细分为一些小任务。任务从易到难，小任务应紧密围绕总体任务一个个地去实现，让学生对呈现的任务进行仔细思考、分析和讨论，提出完成任务需要解决哪些问题，再让学生明确哪一些问题是之前学过的，自己就可以解决，哪些问题是没有学过的，即新知识，这部分需要学生去获取信息和掌握新技能。这里仍然以"制作家乡山水"网页为例，在分析任务这一环节中，老师引导学生要想实现当鼠标单击一个景区时，会打开相应的景区介绍的页面，这需要建立一个标记，使得景区地图和景区介绍有一个一一对应的关系，接下来引入热点和锚记这两个功能。

（3）完成任务。这个阶段教师不要直接告诉学生如何去做，而应向学生提供解决该问题的线索，要引导学生利用已有的知识储备和知识结构去构建新知识，学生结合已有的知识自行完成任务，教师在一旁起到"引和导"、助教、助学的作用，学生通过自主探究或者协作开展探究活动，在完成任务的过程中掌握新知识，并将所学知识融会贯通，进而运用到实际中去。

（4）评价与反馈。评价与反馈在整个教学环节的重要性不言而喻，就好像玩游戏做任务能拿到悬赏金币或者累积经验值可以升级一样，如果不给予网页作品优秀的学生一定表扬和鼓励，恐怕他再去做任务时的获取成功动机会大跌。笔者在教学实践中发现，在课程初期，学生完成的网页作品都一样，都是按照课本要求完成，只是掌握较好的学生做得快，掌握较差的学生做得慢，出现优秀生先做出来再帮助后进生做的情况。笔者采用最先完成任务的五人得 10 分，接下来完成的十人得 8 分，再接下来的十人得 7 分，最后完成的十人得 6 分的评价方式。在课程后期，当学生已经掌握网页制作的基本知识，能独立完成一个网页甚至一个网站的制作时，就可以给予多元化评价，不仅仅评价最后完成的作品，学生的学习能力、分析解决问题的能力、探究能力和创新意识都可以作为评价的对象，学生网页布局是否合理，导航是否清晰，网页是否美观都要纳入作品的考核内容。老师可以挑出较优秀的作品，让作者本人上台展示自己的作品，讲解自己的制作方法，以鼓励和激发其他同学。教师还可以利用网络自主学习平台，将学生作品上传到网上，让大家来为自己喜欢的作品投票，这样能自觉激发学生向优秀作品的作者看齐，做出更加美观实用的网页作品。

三、项目教学法

1. 项目教学法

学生在教师的指导下亲自处理一个项目的全过程，在这一过程中学习掌握教学计划内的教学内容。学生全部或部分独立组织、安排学习行为，解决在处理项目中遇到的困难，这样提高了学生的兴趣，自然能调动其学习的积极性。项目教学法构建一个开放性、研究性的学习环境，充分发掘学生知识迁移的能力和创造性，提高学生解决实际问题的能力。

2. 项目教学法的使用范围

在《Dreamweaver 网页制作》这门课程中，项目教学法适用于课程的后期，学生已经掌握网页制作的基本操作和 DIV+CSS 的网页布局和网页美化方法，可以独立或者分小组开始做公司网站或者门户网站时采用此方法效果较好。

3. 项目教学法的具体实施

对应于中职学校面向职业、面向技术的特点，"项目"的设置应尽量贴近网站开发企业标准化的工作流程，体现网站开发横向工作过程，结合真实网站开发企业从网站需求分析到整站制作，细化五大开发环节，进行针对性的项目教学。

下面笔者以制作企业网站为例阐述项目教学法在网页制作课程中的具体实施过程。

1）根据需求分析确定网站主题和网站结构

艾特表业企业网站需求分析

公司：A'Watch 艾特表业有限公司

LOGO：根据本产品自行设计，简洁大方，具有时尚感

主要产品与服务：男士、女士、情侣款各式手表

建站类型：企业网站

教师模拟企业真实项目，给出甲方的需求分析，把班上的学生分成不同的小组，每一个小组要根据需要设计出网站导航。图4是学生设计出的导航结构。

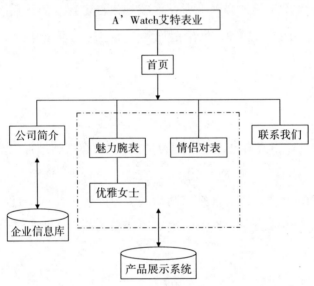

图4　网站导航结构图

2）素材收集和确定网站风格

网页制作过程中，素材的收集是非常重要的，素材的来源通常有：

（1）客户提供的素材：主要是与产品或企业相关的图片和文字，例如产品外观图像等。

（2）网上收集的素材：主要是一些与网站主题相关的辅助性图像，这些图像的装饰性较强，例如背景图片、按钮图片等。

（3）独自创作的素材:利用相关软件自行设计制作。小组讨论确定网站的主色调，主体文字颜色、大小，显示内容宽度，以保证各个页面风格一致。

3）网页制作过程

在这一步骤中，小组分工合作，遇到困难可以参考有关书目自主学习来解决问题或者求助网络，借助网络资源。整个过程是开放式的，学生遇到问题可以求助于老师，老师在这个过程中注意观察记录每一个同学的表现，其在团队中属于主力，还是协助者，遇到不会的问题是积极解决还是放弃。同时老师还要起到督促、管理的作用。

4）网站项目的评估

网页制作的项目评估是为了检验学生实现项目的成果，教师可设计一个项目评估表格，对学生作品从总体设计、样式美观度、导航结构是否清晰、内容完整度等几个方面进行综合评价。

5）成果报告

每个小组最后均要上交项目报告单，每一小组的同学要介绍本小组设计的网站，并说明自己在整个项目中做了什么。老师结合平时的观察记录和对展示同学针对其完成的部分的提问给出他在这个项目中的成绩。

参考文献

[1] 徐娴.元认知策略对中职网页制作项目教学的启示[J].教科文汇，2010
[2] 王君学等.网页设计与制作（项目教学）[M].北京：人民邮电出版社，2008
[3] 李翠白，李芒.基于计算机的教学设计任务驱动式学习方法[J].中国电化教育，2001（12）

浅谈任务驱动法在计算机基础教学中的应用

蔡志兴

厦门市同安职业技术学校

随着信息化时代的到来，计算机在社会生活、工作的各个领域、各个环节发挥着巨大的作用，它在提高工作效率改变人类生活的同时也创造着巨大的社会财富，已成为人类继语言、文字之后的第三大必备技能。作为 21 世纪的主人，掌握电脑操作这一信息处理的工具更显得尤为重要。在学习计算机的过程中，任务驱动学习法作为一种以学生主动学习、教师以教学目标为引导的教学方法，既符合探究式学习模式，又符合教学的层次性和实用性，是应用在计算机教学中很好的模式之一。

一、任务驱动教学法的相关概念

任务驱动教学法指的是在信息技术的学习过程中，学生在教师帮助下围绕共同任务活动中心，在问题动机驱动下，对学习资源进行积极主动的应用，并进行互动合作及自主探索的学习，在学生完成既定的任务时，引导学生产生学习实践的活动。任务驱动要求创建教学情境及任务具有目标性，让学生带着任务探索学习计算机。在带着任务探索学习的过程中，学生可以获得成就感，激发其求知的欲望，并使形成感知心智活动的一个良性循环，从而养成开拓进取、独立探索的自主学习能力。

二、任务驱动教学法在教学的可行性分析

《计算机基础》这门课程包括计算机基础知识、Windows 操作系统、Word 文档、Excel 电子表格、Powerpoint 演示文稿、网络应用六部分。其中 Windows 操作系统、Word 文档、Excel 电子表格、Powerpoint 演示文稿、网络应用培养学生的计算机应用和操作能力。授课地点在计算机房，以学生动手操作为主。基于该课程的特点，很适合

采用任务驱动教学法。教师采用"任务驱动"的教学方法,创设情境,在每一节的教学中,通过设计每一个小任务,引导学生带着任务进行主动学习,学生通过学习完成任务,就会使其对学习的认知产生变化,觉得学习是一个充满乐趣的过程。能够通过自己的主动学习,在老师的引导下、与同学的探索中掌握新的知识,变被动学习为主动学习。教师采用"任务驱动"的教学方法,学生通过学习完成任务,能带给学生成就感,可以充分激发其学习的积极性和主动性。

三、任务驱动教学法的实际应用

教师在上课之前首先展示当堂课的案例,吸引学生注意,引发学生兴趣后,针对案例加以分析,对旧有知识点加以巩固,新知识点则是当堂课需要学习的重点。

例如,在刚开始学习 Word 文档排版时,拿几篇往届学生优秀作品来做案例,将演示指导与学生实践结合起来,一步一步完成任务,当然期末作品的排版也包括封面海报等的设计与格局,这些都在任务之中。为了完成这些任务,学生开始认真演练与试验 Word 文档各种功能。在 Office 办公软件中,Word 的应用范围相对更广泛。而笔者创设情景假设等模式,将驱动式教学法应用于 Word 编排教学之中。比如让学生将自己假设成马上要参加最后决赛之人,如何应用 Word 将自己的宣传资料展示给众多陌生人。而此任务的设置,涵盖了 Word 图文排版之中众多知识点,有较强的综合性要求,不仅包括 Word 最基础的文字输入、段落排版、字体美观设置,还包括宣传资料混排之中艺术字、图片插入、边纹底框、背景、首字下沉等众多工具的应用。这样,通过一个明确任务的引导,让学生清晰地知道自己要做什么,怎么做,不仅刺激了学生的学习热情,也能将课堂教学与实际工作相结合,让学生提前进入"职场"。

再如,笔者设置一个情境,设想自己是临近毕业的学生,面临做简历、找工作时怎样制作一份能完全展示自我的简历呢?通过下发这样的任务,让学生积极主动地完成个人的简历制作。刚开始时,学生可以使用系统自带的简历样板,让其分析样板的完成应用了哪些知识点,然后想想有什么地方可以改进得更好的,比如为了突出信息的一目了然可插入表格、图片等,学生根据自己的创新、想法,在自己探索实践和教师的指导下,制作个性简历,在任务的完成中探索学习,在学习中完成任务。这种驱动教学模式可让学生在 Word 等办公软件的教学中,学得更快,记忆深刻,整个过程条理都很清晰,课堂气氛轻松自如,所有步骤看起来都顺理成章。如此一来便可充分将学生的积极性激发出来,培养出学生的自主创新和积极思考解决问题的能力和习惯。

四、结束语

计算机技术是一门实践性较强的科学，教学实践表明，在中职计算机基础课教学中应用任务驱动教学法可以使学生加强操作技能训练、提高学生动手能力、培养中职学生分析问题与解决问题等能力。此外，还有助于学生创新精神与实践能力的培养，增强学生团体协作与合作的精神。

教学无定法，我们在应用任务驱动教学法时注重与其他教学方法的有机结合，就能提高课堂效率、提高学生的实际操作技能。

参考文献

[1] 夏传华. 中职学校计算机应用基础教学中实施任务驱动教学法探究[J]. 吉林省教育学院学报，2012

[2] 胡新荣. 基于任务驱动式教学的计算机专业人才培养模式[J]. 长江大学学报，2008

[3] 高艳霞. "任务驱动"法在计算机基础教学中的应用[J]. 辽宁科技大学学报，2010（2）

项目教学法在中职计算机课堂中的应用

杨果

厦门市同安职业技术学校

一、项目教学法的定义

在整个项目教学过程中，教师将项目分为六个部分：明确任务/获取信息、制订计划、做出决策、实施计划、检查控制、评定反馈。学生自己负责项目的实施，了解并把握整个过程，不仅要理解和掌握项目要求的知识和技能，而且要体验创新的艰辛与乐趣，这在很大程度上培养了学生分析问题、解决问题的能力。

二、项目教学法在中职计算机基础课堂中的实践与应用

职业学校实践课中分组教学的实施，使得学生分组协作的能力得到了培养，而项目教学法的推广，又使得学生创造力得到极大发展。下面以《制作技能节成绩单》课例来说明项目教学实施过程。

（1）明确任务/获取信息。学校技能节结束了，会计王老师让小林帮忙制作一份表格统计技能成绩。表格内容包含 50 名学生的姓名、班级、成绩（有盲打、点钞、电算会计、手工会计 4 科成绩）总分、平均分及排名。

（2）制订计划。小林根据表格信息情况，制订了以下三个方案。方案一：用刚学过的文字编辑软件 Word 2010，利用插入表格功能来设计、编辑表格，利用 Word 2010 自带的公式来计算总分和平均分，由于 Word 2010 缺少排名功能，排名需要人工进行。方案二：用即将要学到的表格处理软件 Excel 2010 来制作表格，然后用公式来计算总分和平均分，对于排名则采取先排序，再填写名次，最后根据序号重新排名。方案三：用即将要学到的表格处理软件 Excel 2010 来制作表格，然后运用相关函数来计算总分、

平均分及排名。不过，对于相关的函数使用方法还不熟悉，需要进一步学习。

（3）做出决策。针对以上三个方案进行利弊分析：利用 Word 进行排版不方便，并且 Word 的计算公式不好用，而利用 Excel 的公式可以进行总分及平均分的计算，但是不能进行排名计算，如果采用函数来做，就比较方便，但需要进一步掌握函数的使用方法。最后决定，采用 Excel 函数来做更高效。

（4）实施计划。①由于对 Excel 函数还不熟悉，因此先查阅相关资料，学习 Excel 中相关函数如何使用，特别是求总分、平均分、排名函数。②根据给出的任务信息，制定满足要求的表格，输入各科竞赛成绩，利用函数计算总分、平均分及排名。③对制定的表格进行美化编辑，设置合适的行高、列宽及字体格式。

（5）检查控制。学生完成表格的制定后，根据任务要求，以小组的形式对计算结果进行检查，主要包含表格制定的合理性，总分、平均分、排名的正确性，及所运用相关方法的便捷性。

（6）评定反馈。项目完成后，学生仍以小组为单位，组内成员先对自己的任务处理过程进行自我评价，并填写评价表。评价表可以从表格制定的合理性，总分、平均分、排名的正确性，及所使用方法的便捷性及创新性进行设计，由自评、组评和总评组成。然后由小组进行评价，最后由教师进行检查评分。师生共同讨论、评判项目工作中出现的问题、学生解决问题的方法及学习行动的特征。在此过程中，学生通过展示评价活动，学习、借鉴他人创新，从而加强知识的巩固。

三、对项目教学法进行教改的几点思考

（1）项目教学法对教学的促进。①师生的角色发生了巨大的变化。项目教学法改变了以往教师只重教，学生只顾学的局面，在项目教学过程中，教师成为教学中的引导者，学生成为学习的主体，在课堂上进行自主探究的学习。②学生获取知识的途径发生了变化。根据蒙特梭利的研究，作为学习主体的学生，在学习的过程中，依靠自主观察、协作实践，来获得对知识的探究体验，这种体验将直接构成学生对知识的认知。③教学的课堂发生了延伸。在以往的教学过程中，教学以课时为单位来进行教学，课前导入、课堂新授、学生练习、课后总结、课后练习构成了课堂的完整部分。而项目教学将课堂进行了大的拓展，课前教师会给学生准备相关问题，让其去查阅资料，这样课堂就延伸到了课外，扩大了教学内容的量。学生为课堂学习收集了有用的资料，在课堂活动中始终处于主动地位，同时也增强了对课堂活动的自信心。④学生的探究力、

创造力得到了发展。由于项目教学没有将教学的时间段固定在课内，学生在课前和课内都可以进行自主探究的学习。一般在课前一天，教师会准备学生感兴趣而又与下堂课有关的问题让学生在家探究，在吸引了学生兴趣的同时，又培养了学生自主探究的能力。由于是自发性的，学生具有完全的自主性，学习环境较轻松，当然学习效果也好。

（2）项目教学法运用的误区及对策。①"双师型"师资的缺乏。现在职业技术学校的老师多为师范类学校毕业的师范生，习惯了大专院校的学派教育，在刚走上工作岗位时，较少有本专业的相关职业资格认证，与当代职业教育要求的"双师型"教师还有很大的差距。"双师型"教师的缺少导致在教学过程中，授课教师对项目任务的理解不透彻，进而使其向学生转述时对教学重难点的理解不到位。因此，要当代中职教育有长远的发展，必须多引进"双师型"教师或对刚毕业的师范院校大学生进行一段时间的包含职教理念与专业方向的职业资格认证培训。②学生对教改的不适应。经过义务阶段学习的学生进入职业高中后，习惯了教师填鸭、灌输式的教学方法，对项目教学强调学生主动探究学习、合作学习的方式有本能的排斥，会出现一段时间的不适应。不过，经过老师一段时间的引导后，学生慢慢理解并接受了项目教学模式。③教师对项目教学法的理解存在偏差。在学习了项目教学法后，专业教师将所有的科目都进行了项目化处理，甚至对部分基础科目如语文也进行了项目化处理，而其中部分理论性较强的内容是不太适合用项目任务来处理的。另外，有很多传统的优秀教学方法被全部否定而不予采用，这也说明了，教师对项目教学的认识走入了一定的误区。综上所述，项目教学对中职计算机基础的课堂确实起到了很大的促进作用，改变了传统教学中教师主教、学生主学的局面。项目教学真正让教师成为导师，让学生成为学习的主体。学生在学习知识上主动性增加了，同时在探究力、创造力上得到了深度培养。但是，在项目教学的过程中，也出现了一些问题，如"双师型"教师的缺乏，教师对项目教学理解偏差，及学生对教改的不适应等都影响了项目教学的实施及效果，这些都是我们以后要改进的地方。

浅谈《Flash二维动画》中的教学方法

林燕华

厦门市同安职业技术学校

当前许多职业院校的计算机专业都开设了"Flash 动画制作"课程，作为一门操作实践性很强的课程，如果教学中仍然采用传统的教学方法，将很难达到预期的教学效果。结合新课改提倡学生是学习的主体，在教学中，笔者采用任务驱动教学法和案例教学法。

一、任务驱动教学法在Flash课程教学中的应用

"任务驱动"是"以任务为主线，以教师为主导，以学生为主体"的教学模式。教师将教学内容蕴含在任务中，通过创设一定的教学情境，让学生带着任务去学习。在这个过程中，学生拥有学习的主动权，教师不断地激励学生学习，从而使学生真正掌握所学内容。通过一个个有趣的完成任务的过程，从而建立本学科的知识结构。

1. 任务驱动教学法对 Flash 教学的促进作用

（1）调动学生学习的积极性、主动性。

俗话说：兴趣是最好的老师。教师在设计任务时，要适合学生的身心特点，围绕他们感兴趣的事物，有针对性地设计学习任务，激发学生进行积极的思维活动。例如，在学习鼠标跟随效果制作时，首先让学生欣赏一系列漂亮的鼠标跟随动画效果，有的跟随的是一串星星，有的是旋转文字，有的是彩带，还有的是小动物，十分可爱，学生在观看的过程中心情愉快，激发了对美的感受，从而产生学习兴趣。接下来再给学生布置任务：自己设计一个漂亮的鼠标跟随效果，跟随内容可以自定。这样学生在兴趣的驱使下很快学会新知识。

（2）培养学生解决问题的能力。

任务驱动法是一种问题推进式的教学模式，所有的教学内容都蕴含在任务之中，让学生通过解决问题来主动建构起知识面。例如，制作歌曲"童话"的MTV，这是一个大任务，需要学生当导演，将它分解成一个个的小任务，即分几步完成。先写一个故事的剧本，然后确定作品有哪几个镜头出现，每一个镜头有哪些演员和哪些场景等。一般要经历四步制作过程：第一，绘制出各种人物、场景和道具；第二，将绘制出的图形制作成各种人物表演片段；第三，将人物片段合成各个场景的动画片段；第四，将整个场景串起来，并加入音乐和歌词，进一步调整细节，最后合成整个MTV。

（3）培养学生的创新意识与创新能力。

教师可以根据教学内容安排好任务的顺序，使得任务之间呈相互关联、循序渐进的"螺旋式"上升。例如，在学习引导动画时，先布置一个简单的任务，即一只蝴蝶沿着一条路径移动，然后任务难度提高，即让蝴蝶在飞的过程中也翩翩起舞，接着再进行延伸训练，制作月亮绕着地球转的效果，其中地球也要自转。

2. 实施任务驱动教学法对教师的要求

在任务驱动教学法中，虽然强调以学生自主学习为主，学生是知识的主动建构者，但是，这并不表明可以忽视教师在其中的作用，相反教师的作用更为关键，对教师的要求更高。

（1）角色转变。角色转变有两重含义：一是从讲授、灌输，转变为组织、引导；二是从讲台上讲解，转变为走到学生中间与学生交流、讨论。在学生学习遇到困难时，教师应该对学生进行指导；在学生学习不够主动时，向学生提出问题，引导学生去探究；在学生完成基本任务后，调动学生的创作欲望，进一步完成较难的任务。

（2）适时指导。任务呈现在学生面前后，教师不要急于去讲解应该怎么做，或立即让学生自己去做。而是要指导学生进行思考，引导学生逐步厘清思路。在学生完成任务的过程中，教师要注意观察学生，及时发现学生中出现的问题并予以指导，多给学生以鼓励，让每个学生都能自主地、大胆地去完成任务。

（3）反馈纠错。学生完成任务之后，教师应对任务进行检查、测评。教师可利用多媒体教学软件进行示范操作，帮助学生规范操作过程；或由一学生到教师机上操作，教师在旁点评纠正，让学生对知识有一个更清晰系统的认识。

任务驱动教学法始终把学生作为学习的主体，以任务作为驱动，让学生通过自己的操作，把书上死的理论变成活的应用。教师的引导、点拨更多的是对知识加以引申，使学生能够触类旁通，识一山而知千峰，点面结合、以点带面、以旧带新，对培养学生自主学习的能力和创新能力有着积极有效的作用。

二、案例教学法在Flash教学中的应用

从广义上讲，案例教学是通过对一个具体情景的描述，引导学生对这些特殊情景进行讨论的一种教学方法。因此，案例教学是一种师生两方直接参与，共同对案例进行讨论的、合作式的教学方法，教师是引导者、协助者，而学生是教学活动的主导者，是一种互动式的教学方式。使用案例教学可以增强学生独立思考的能力，并学会与他人合作学习。

《Flash 二维动画》课程中案例教学法的实施过程如下。

1．选取案例

课前教师要根据教学内容选取或制作相关案例，可以使用教材上的，也可以从网上下载案例作为补充。在选择案例时应遵循以下几条原则：①针对性原则。教学案例的选取和设计应针对教学目的，有助于突破教学中的重点和难点，有助于加深学生对基本概念的理解。②启发性原则。案例中应包含一定的问题，能启发学生思考。因此，应从教育与教学的角度选取最佳事例。③典型性原则。Flash 的案例十分多，只有选择典型的案例进行教学，才能使学生掌握有普遍意义的操作方法和技能。④趣味性原则。教师在选择案例时应该贴近学生的生活，这样的案例才能吸引学生，促使他们不断思考，调动其学习积极性。如选取可爱的 QQ 小图标。

2．呈现案例

案例可以作为导语，使学生能很快对所要学习的内容有一个比较感性的认识。例如,在讲解形状渐变动画时,先给学生播放一个用形状渐变动画制作的案例——墨舞,看着屏幕上墨滴随着音乐变幻成各种舞姿的小人，他们很快被吸引了，急切地想知道这是怎样完成的，在学生的疑问和探求中，导入新课就水到渠成了。

3．组织讨论

课堂讨论是案例教学的中心环节，是教学的焦点和高潮，是一种交互式的探索过程。这一阶段重视的是师生之间及学生之间的互动，教师改变角色，成为促进者和引导者，使学生有更多展示自己能力的机会；学生经互动可以得到来自教师及其他学生的意见和建议，增加对问题理解的深度和广度，同时，也可培养自身的表达和沟通、反省和批判的能力以及懂得尊重他人意见。

例如，利用 Flash 的几种动画形式仿制北京奥运会开幕式上卷轴画打开效果的综合案例，以下称"综合案例"，笔者是这样做的，先展示案例，然后，启发学生思考并提出问题：①卷轴画由哪几部分构成？②各组件的动画实现方法有哪些？③如何实现画的展开效果？可以利用几种动画形式实现？④右轴向右滚动可以用哪种动画形式实现？为什么？⑤如何实现纸背跟随右轴滚动？应注意事项是什么？⑥形状补间动画与动画补间动画的共同点及区别是什么？确定问题后，组织学生讨论、分析。

4. 教师总结

这个阶段属于过渡阶段，它通过从案例讨论中引申出一定的结论，为随后的课堂教学做准备。在这个阶段，教师对讨论进行总结，其基本以正面鼓励为主，对于问题不一定给出确切答案，重在揭示案例所包含的知识点。这一总结在教师的巧妙安排下将作为导语引出后续案例，课堂将进入又一轮的案例教学，在这样的循环中，随着案例的不断呈现，嵌在案例中的知识点将依次传递给学生，最终完成课堂教学内容的讲授。

案例教学法非常重视学生在学习中的主体地位，能极大地刺激学生学习自主性的发挥。在这个过程中，学生没有了依靠，变成一个决策者，要根据案例提供的信息和自身的认知能力，去分析问题、寻找解决问题的方法。同时，结论和答案往往是不确定的、多元的，学生的思维是不拘常规的、发散的，可以向不同方向推测和猜想，思维变得灵活而又变通，创新意识得以激发，创新思维得以发展。

总之，任务驱动教学法和案例教学法作为新型教学方法，需要我们不断地探讨和实践，才能行之有效。在实际应用中，一定要把理论和实践紧密结合，处理好案例与理论知识的关系，只有理论联系实际，才能收到预期的教学效果。

参考文献

[1] 李秀萍.浅谈案例教学法的应用[J].卫生职业教育，2004（15）

[2] 孙睿等."Flash动画制作"课程的教学改革实践[J].科学教育论坛，2006（4）：235

学生如何更好地学习陶笛

王晓芳

厦门市同安职业技术学校

本学期，我利用午休时间开展了陶笛兴趣班，虽然开课的次数不多，但同学们都很认真，对陶笛有着浓厚的兴趣，学生的配合，让我在教学上更得心应手。但作为初学者，在学习陶笛的过程中，仍然会出现一些问题。学生如何更好地学习陶笛，在此，我将从以下几方面进行阐述。

一、陶笛的保养

1. 专人专用，卫生健康

吹奏陶笛要养成吹前漱口的习惯，且要时刻提醒自己切勿将口水吹进陶笛，做到专人专用。

2. 轻拿轻放，禁压，禁撞

陶笛是用陶土制成的，是易碎品，因此在学习过程中要注意轻拿轻放，使用时把带子挂在脖子上，以免摔碎，用完后收在盒子里，以免撞碎、摔碎。在陶笛班教学的过程中，有个学生的陶笛摔碎了，幸而陶笛并不是"粉碎性骨折"，我用502胶水又让它复活了。总之，在学习过程中，一定要保护好这个"易碎品"。

二、陶笛的演奏姿势

正确的陶笛演奏姿势：吹奏陶笛时，上身挺直，不驼背，双手自然张开，不能抬得过高，双脚稍微分开，肩膀自然放松，陶笛与嘴唇形成45°角，切勿过低或过高。在教学过程中，陶笛的演奏姿势是必须要强调的，因为陶笛与嘴唇的角度过大、过小，都会影响到陶笛的音质，初学者应重视。

三、气息的运用

1. 吹奏气息强弱

初学陶笛，会出现气息过猛、过小的问题。吹奏气息过猛，音色燥，不好听，音准差，吹奏气息过小，音吹不出来，音准差。在教学中，我一般将吹奏陶笛的气息用"吹走手上的一片羽毛"来形容，通过想象，便能较好地感受到正确的气息；又或者，我可以在学生吹奏的时候，靠近学生的手臂，用正确的气息吹向学生的手臂，让学生直接感受到正确的气息，通过感受、对比，更好地掌握吹奏的气息强弱。

2. 脸颊切勿向金鱼一样鼓起

在初学的时候，大部分中学生吹奏几个连续的音时是用鼓嘴的方式进行吹奏的，我都会及时纠正，可以让学生用双手贴脸，脸皮保持不动，试着吹气，气息直接从嘴巴出来，而不经过脸颊的鼓动，经过尝试后，找到了脸颊不动的状态，便能解决这个问题。

3. 换气

换气应依照教材给出的换气口换气，或者老师画的换气口换气，规范换气。且应快速地换气，可以口鼻同时吸气，需多做相关训练，提高换气的速度。

4. 气息连贯性的培养

在吹奏作品的时候，随意换气，会导致一首曲子吹下来给人断断续续的感觉，没有连续性、连贯性。关于气息连贯性的培养，一般会进行范吹、画气口，还可采用一种名为"过山车"的方法，即在吹奏的同时，我在一旁用手画出一个圆，有如乘坐过山车，在圆画完之后，乐句的段落性就体现出来了，也意味着必须在画圆的过程中保持一口气。

四、按孔方法与指法的运用

1. 用指肚按孔

学习陶笛，指法是非常重要的，要使陶笛发出悦耳的声音，就需要熟练掌握指法。许多学生经常出现音不准的问题，这是音孔漏气造成的。在教学过程中，我会强调用指肚按孔，避免指尖、指腰按孔，因为指肚的面积相对指尖和指腰要宽一些，其次指肚按孔手形也较美观。可采取"叮"的方法，即在做示范的时候，手用力按音孔，就像"叮"一下，然后让学生观察指肚部分会有个圆圈，指肚有一个圆圈才是正确的按孔位置，进而让学生进行练习，也让学生"叮"一下，然后把手指拿出来让我检查，如果位置偏高、偏低，能够轻易看出，再进行指导。"叮"一下的方法还有一个好处，就是可以检查是否漏气，如果指头上的圆不完整，就证明按孔没有按紧，漏气了，让学生进行调整，便能吹出悦耳的声音了。

2．手要自然放松

在吹奏时，手是自然放松的，不拱起、弯曲、变形，每个手指都各得其所。在此我总结了一些要点：第一，手指要自然放松，不要拱起，要放平；第二，两手的小拇指、四指要放在陶笛的尾部，不要翘起。第三，手臂自然放松张开，不要夹紧或者张开太大。

五、关于课后练习的几点意见

学习陶笛，除了课堂上要认真听讲外，课后的练习也是很重要的。学习要循序渐进，踏实地深入进行。因此，在课后练习上，应注意以下几点。

（1）最好做到每天都练习。

（2）慢练是基础。我认为不管学什么，都要有扎实的基础。学生应意识到，要熟练地吹奏一首曲子，不出差错，慢练是很重要的，先从很慢的速度练起，然后是快一点的速度，再快一点，这样一步一步地，最后才能演奏好作品，切忌急于求成。

（3）在练习过程中，若有疑问，要做好标记，在课上向老师反馈。

（4）多听听陶笛乐曲，感受陶笛魅力，也善于向他人学习，提高水平。

小议中职旅游教学中人文素质教育的渗透

吴慧佳

厦门市同安职业技术学校

旅游业的良性健康发展离不开广大旅游从业人员,而从业人员的素质又直接影响旅游业的形象和旅游观光者的感受。然而在目前的旅游工作者队伍中,许多人职业道德差,服务意识、诚信意识不强,出现私拿回扣、索要小费、强迫游客购物甚至"宰客"等歪风邪气,严重损坏了旅游市场秩序,甚至影响国家的声誉。从某种意义上说,旅游工作者也是人文工作者。因此,旅游工作者必须具备较好的人文修养,旅游学校应对未来的旅游从业人员加强人文素质教育。

一、中职旅游教学中人文素质教育的现状

1. 学校对人文教育的重视不够,组织课堂教学的策略有待转变

很多中职学校从思想上不重视人文教育,在这样的理念贯彻下,教师认识不到或者直接忽略学生的人文教育,学生无法成为教学过程中的主体,教师仍然采用填鸭式的教学方式,很少与学生进行交流沟通,学生的思想观点不能充分表达,严重制约了学生的人文素质培养。教师很少采用分组讨论等自由发挥的形式组织课堂教学,没有认识到合作学习对人文素质培养的重要性,学生自主活动的时间较少,彼此之间缺乏交流合作,不利于与人沟通能力的培养。

2. 师资力量不足,教师人文素质有待提高

从人文素质教育发展现状来看,中职学校中师资力量不足是制约其发展的一个重要因素,主要表现在两个方面:一是中职旅游教师中有许多并不是旅游专业出身,存在一部分是由相邻专业转轨过来的,也有一些甚至是其他的专业改行过来的,这样的师资队伍,其整体水平相对较低。高学历的旅游专业毕业生严重不足,尤其是专业的学

科带头人更是稀少，旅游专业教学质量无法提高成为必然；二是旅游专业教师本身的人文修养不高，人文意识淡薄，文化底蕴不足，教师认识不到人文教育对学生的重要性，又何谈进行人文教育。

3. 学生思想观念存在偏差

与普通高中学生的素质观念相比较，中职学校的学生整体素质相对较低，一是中职教育学校的学生文化基础不高，在学习中经常遇到各种难题和挫折。二是中职学生不自信，心理脆弱，存在自卑心理，甚至有的存在心理疾患或者心理障碍，在他们的潜意识当中认为自己之前失败了以后还会失败，思想道德素质也偏低。再加上学校和教师不重视人文教育，学生对人文教育的认识几乎为零，不能认识到对自身发展的重要性，也就很少会积极主动参与人文素质培养的活动。

4. 评价体系不够完善，对社会生活的关怀程度有待加强

关于旅游知识在生活中的应用，有许多教师并不很关注，在教学中没能把学习知识与社会生活结合起来。事实上，把旅游学科当成专业知识的学习是远远不够的。教育的最终目的不在于学生学了哪些知识，而在于当他们把这些知识忘掉后剩下的东西。另外，有些教师到现在还只能是一如既往地"照本宣科，向学生灌输呆板的知识"。再者教师对学生的评价方式也有待改进，多数教师仍然喜欢学习成绩好的学生、学习态度端正的学生，关注的不是学生思维的活跃性而是学生的学习成绩，并以此作为对学生评价的主要依据。

二、中职旅游教学中的人文教育的内容

1. 文学艺术修养

旅游与文学特别是艺术有着异常密切的关系。因此，对导游人员来说，文学鉴赏不仅能提高他们观察人、认识人、理解人的能力，而且会大大提高他们导游的智力技能。在中职旅游教学过程中，指导学生进行优秀文学作品鉴赏可使学生的文学与艺术修养大有提升，组织各种形式的丰富多彩的文艺活动也是一个提升文学修养的不错方法。旅游文化在旅游教学当中占据重要的位置，其与哲学、文学、建筑学等都相互关联，这些知识的积累需要我们平时多多阅读不同国家、不同民族的优秀文学作品，感受文化瑰宝的魅力。

2．思想道德修养

高尚的道德情操是我们每一个旅游从业人员必须具备的一种品质，其包括在人文教育当中。从事各行各业都应该具有行业的职业道德，旅游行业也不例外，这些职业道德囊括的很多，如热情好客、文明礼貌、优质服务、遵纪守法、廉洁奉公等。旅游从业人员要爱自己的职业，以自己的职业为骄傲，尽力做好自己的本职工作，树立事业理想和奋斗目标，不懈努力，给自己的未来添加缤纷的色彩，走出一条适合自己的旅游职业生涯之路。

三、中职旅游教学中的人文教育现状的解决策略

1．树立以人为本的教育理念

纵观人文教育的整个历史进程，我们可以发现，无论哪个时期的人文教育，莫不以对人自身的关注为出发点和归宿。人文教育从其目的来说，无非就是对人性的弘扬。因此，在当代人文教育的实践中，我们必须牢固地树立以人为本的理念。这里所说的以人为本，简单地说，就是以人为根本，以人为出发点和归宿。教育实践活动的主体——教育者和受教育者，都是活生生的人。因而，以人为本，本是教育的应有之义。在教育观上，不仅要教给学生旅游各门学科的科学知识，教他们求真、求实，更要教他们正确地认识和对待科学及技术。在学生观上，要将学生视为具有独立个性的主体，尊重他们的人格，为其主动性和创造性的发挥提供必要的时间和空间，促进其身心的全面发展。在师生关系上，要求建立一种民主平等的师生关系，希望师生之间真诚对话，畅所欲言，更要求教师在内心把学生视为学校的主人，树立为学生服务的观念。在教法观上，要求摒弃灌输与说教，而着重于人格的感染和环境的陶冶，收"润物细无声"之效。

2．强化师资队伍建设，加强教师人文修养培养

确保人文教育顺利开展的基础和前提是加强学校师资队伍的建设，中职旅游学校投入人力、财力，广泛吸收优秀人才，聘用旅游专业的高素质、高学历毕业生。教师必须具有丰富的理论知识，灵活多变的教学组织能力，最好还要有丰富的旅游业工作阅历和教学经验。对于在校的旅游教学教师，学校应该组织相关的进修和学习培训，积极鼓励教师参与。教师还可以去参观先进学校的教学方法，与各校教师交流意见，增加自己的专业技能，提高自己的文化素质和内涵，致力于打造一支知识渊博，道德素质高尚，人文底蕴丰富的优秀教师团队，充分发挥自己的人格魅力，将自己的内涵修养潜移默化地渗透到学生心中，提升学生的人文修养。

3. 挖掘旅游教材中的人文素材，借助多媒体开阔人文视野

国家颁布的教材是学生的主要学习资源，教师要熟读教材，充分利用有限的资源，挖掘教材中的人文教育素材。举个例子：课本教材会有各国自然旅游资源和人文旅游资源知识的介绍，教师在讲课时，在善于引发学生独立思考，体会差异的同时，让其思考差异产生的原因和这些原因背后所蕴含的文化背景，充分发挥学生的主体作用，在学生学习基础知识的同时培养其人文素质，积累人文知识和人文风俗。在讲到祖国的各个景点时，要将充沛的感情融入其中，带领学生身临其境地感受风景的优美，感叹祖国的美好，陶冶情操，培养审美情趣。

利用多媒体教学的优势，如配有图画、配有声音等，丰富课堂内容，营造愉快的课堂氛围。多媒体可以将抽象的难以表达的事物形象化，可以给学生身临其境的美感，引起学生的注意力，提高课堂听课效率。充分利用多媒体，缩短教材内容，增加课堂以外的知识，可以播放三峡两岸的风光，各种名胜古迹，秀美河山、神奇岩洞、广袤沙漠，激发学生学习的热情，培养学生的美感，拓宽同学的人文视野，增加学生的人文知识。

人文教育对过程和自我评价十分重视，鼓励我们用发展的眼光看问题。在旅游教学中贯彻以人为本的理念，启发学生的思想觉悟，培养学生敢于承认错误的勇气。教师不应以貌取人，不应把成绩作为唯一衡量标准，要使自我评价、教师评价、学生评价相结合，以学生为重点，结合旅游教学实践，为社会旅游业培育更多优秀人才，整体上提升中职旅游教学的人文教育的水平。

参考文献

[1] 张洪占.渗透人文教育提高旅游教学效果[J].职业技术，2013，11（10）：78—80

[2] 杜时忠.人文教育论[M].南京：教育出版社，1999（7）

[3] 肖同庆.寻求价值目标与历史进程的契合[J].东方，1999（1）：8

"翻转课堂" 之我见

郭巍佳

厦门市同安职业技术学校

随着信息技术的普及，每一个学生和教师都有自己的个人信息终端。你看一看自己的身边，几乎人人都有手机、笔记本电脑，越来越多的人正在使用"智能手机"、添置平板电脑。教育将如何"与时俱进"，从去年开始，"1 对 1""翻转课堂""微课程"等的新概念层出不穷，目前，"翻转课堂"已经成为国内外教育信息化的高频率新词汇。

一、何谓"翻转课堂"

在科罗拉多州落基山的一个山区镇学校"林地公园高中"普遍存在的问题之一是：许多学生由于各种原因时常错过了正常的学校活动，且学生将过多的时间花费在往返学校的巴士上。这样，导致很多学生由于缺课而学习跟不上，直到有一天情况发生了变化。在 2007 年春天，学校的化学教师乔纳森·伯尔曼（Jon Bergmann）和亚伦·萨姆斯（Aaron Sams）开始使用屏幕捕捉软件录制 PowerPoint 演示文稿的播放和讲解声音。他们把结合实时讲解和 PPT 演示的视频上传到网络，以此帮助课堂缺席的学生补课，而那时 YouTube 才刚刚开始。更具开创性的一步是，他们逐渐以学生在家看视频听讲解为基础，开辟出课堂时间来为完成作业或做实验过程中有困难的学生提供帮助。不久，这些在线教学视频被更多的学生接受并广泛传播开了。由于很多学生在每天晚上 6 时至 10 时之间下载教学视频，以至于学校的视频服务器在这个时段经常崩溃。"翻转课堂"已经改变了我们的教学实践。我们再也不会在学生面前，给他们一节课讲解 30—60 分钟。我们可能永远不会回到传统的方式教学了。这对搭档对此深有感慨。两位老师的实践引起越来越多的关注，乔纳森曾因为出色的课堂教学获得"数学和科学教学卓越总统奖"，而亚伦则因为"翻转课堂"也获得了同一奖项。2011 年萨尔曼·罕和他的可罕学院突然红遍全球。原因是他的教学视频受到无数人的喜爱。而与此同时，一些一线的教师也把可罕学院的视频加入了他们自己的"翻转课堂"策略中，省去了教师录制教学视频的环节。毕竟录制高质量的教学视频除了要熟悉技术操作外，更需要高超的教学讲解技能，这是引入"翻转课堂"的门槛。而可罕学院的免费在线教学视频正好降低了学校和教师实施"翻转课堂"的门槛，推动了"翻转课堂"的进一步普及。萨尔曼·罕在 TED 的演讲"用视频变革教育"中也谈到了可罕学院参与到了 K12 学校的"翻转课堂"实践中。可以这样说，"翻转课堂"是跟随着可罕学院蹿红全世界，被更多教育工作者了解的。现在已经有包括中国在内的越来越多的地区和国家的教师开始了自己的实践。

在传统的教室里，教师在课堂上讲授新知识，学生在课后进行巩固复习，以掌握这些知识和技能，并将其迁移到其他相关情景之中。传统教室面临的最大挑战就是很难顾及每个学生的基础、需求、进度及学习风格。对于教师来说，往往只能照顾中间程度的学生，对于那些学得快的和学得慢的学生，往往难以兼顾。

不言而喻，"翻转课堂"的定义已经非常清晰了。所谓"翻转课堂"，就是教师创建视频，学生在家中或课外观看视频中教师的讲解，回到课堂上师生面对面交流和完成作业的这样一种教学形态。

二、"翻转课堂"翻转了什么

"翻转课堂"不仅是课堂程序的颠覆，还有许多教学理念和教学行为的变革。且先看原创者乔纳森·贝格曼和亚伦·萨姆斯所说的"翻转课堂"不是什么和是什么（表 1）。

表 1　"翻转课堂"

"翻转课堂"不是什么	"翻转课堂"是什么
不是在线视频的代名词。"翻转课堂"除了教学视频外，还有面对面的互动时间，与同学和教师一起发生有意义的学习活动	是一种手段，增加学生和教师之间的互动和个性化的接触时间
不是视频取代教师	是让学生对自己学习负责的环境
不是在线课程	老师是学生身边的"教练"，不是在讲台上的"圣人"
不是学生无序学习	是混合了直接讲解与建构主义学习
不是让整个班的学生都盯着电脑屏幕	是课堂的内容得到永久存档，可用于复习或补课
不是学生在孤立地学习	是所有的学生都积极学习的课堂；是让所有学生都能得到个性化教育

由此可见，"翻转课堂"除了翻转教学程序，还包括以下几方面。

1. 翻转了教师角色

"翻转课堂"首先要翻转的是教师的观念和角色，教师不能太把自己当老师，教师不是传经布道的"圣人"。教师只是学习活动的组织者和主持人，是学生学习的促进者和帮助者。正确的学生观、学生是学习主体的意识、平等民主的师生关系等是必须要强化并努力营造的。如何有效地组织和主持活动，如何鼓励学生参与，如何帮助和促进学生学习也必须要不断学习并熟练运用。

2. 翻转了学生的学习方式

在"翻转课堂"中，学生不是被动的接受者，而是知识的主动建构者。学生要进行自主学习、探究学习和合作学习。教师必须要调动和维护学生自主学习的积极性，让学生掌握自主学习的策略，给学生的自主学习提供帮助。同时，学生还可以根据自己的现有水平选择学习内容，真正实行分层学习。

3. 翻转了师生互动方式

"翻转课堂"丰富了师生互动、生生互动的方式和内容。课前，师生、生生主要通过网络交流互动，学生也可以以小组合作形式开展学习。课堂上，没有了知识传授环节，有的是师生之间、生生之间面对面的交流、讨论，聆听他人的见解，发表自己的意见，甚至可以和老师辩论。

4. 翻转了教师的备课内容

"翻转课堂"会大大增加教师的备课内容、工作量和工作时间。首先，每一堂课教师都得分两次备课，而且备课内容和形式与传统的完全不同。对于课前学生的自主学习，教师得准备教学视频，还得给学生准备导学案。对于课堂教学，由于内容和方式都不一样，重在讨论交流，会有更多的生成，教师在备课时就得有更多的预设。在学生的自主学习期间，教师还得尽可能地提供在线帮助，这些都增加了教师的工作量和工作时间。

5. 翻转了教师的知识结构

"翻转课堂"需要信息和网络技术的支撑。教师除了学科知识和技能、教育教学理论、教科研知识和能力外，还必须有扎实而熟练的信息技术。能熟练地收集、处理信息，会利用网络资源收集教学视频及其他文本和超文本资料，会运用信息技术制作教学视频和其他教学辅导材料，会使用校园网、论坛、聊天交流软件给学生提供实时帮助和在线交流等。

三、"翻转课堂"的教学模式在我国是否可行

1. 对于"翻转课堂"的不同态度

　　几年来，"翻转课堂"这种新教学模式在包括北美在内的世界各地学校广受欢迎，那么在我们国家，在我们的教育背景下是否需要"翻转课堂"，"仁者见仁、智者见智"，不同人有不同的看法。

　　有学者认为，这是一个混合了教学与学习的最好概述之一，它是一个使课堂人性化的学习策略。建立和提高师生之间的关系对于改善学生的学习效果是至关重要的，当教师每天有机会和每个学生交谈并评估每个学生的进步时，学生会感到学习的重要性和社会存在感，他们会感到有挑战性和被支持。而且，"翻转课堂"的案例并不是教学技术或设备的革新，它再次向人们证实了一个事实，即技术并不完全是有形的媒体和硬件，流程的变革也能带来生产力的巨大变革，如同三级轮耕对农业的变革一样。还有部分学者认为，如果作为一线教师，其实并不需要多么"先进"的教学模式，不在乎课堂是否翻转，他们关注的就是如何把课堂控制好，如何把课上好，学生如何把所学知识有效内化而已。有一项调查显示，很多一线中小学教师反映，他们比较关注的是如何把一节课上好，如何讲得出彩，如何让学生在短时间内消化吸收？如何让学生在考试中取得好成绩？他们并不需要什么建构主义理论、什么信息化教学设计理论，也不去关注先进的教学模式。

2. 冷静思考对待"翻转课堂"

　　对于"我们的教育是否需要'翻转课堂'"这一问题，我们不能在没有进行深入分析之前擅自下定论"需要，还是不需要"，也不能因为这是一个新事物，就抛弃其他的研究，一味地去投入时间精力去研究它，我们首先要做而且必须要做缜密的思考。

　　首先，在"翻转课堂"教室里面的学生数量应该多少才最适合？学生数量的多少对于"翻转课堂"的效果有没有关键的影响？在当前中国学生颇多且教室有固定格局的这个情况下"翻转课堂"是否可行，能否收到像国外的那种较好的效果？

　　其次，"翻转课堂"翻转的主要是课堂内外的不同活动内容，那么对于任何学生都适合吗？对于那些自律能力较差的学生，应该采取怎样的措施来监督他们在课堂外有效学习？这个问题使我想到，即使没有"翻转课堂"，在传统课堂中也会存在学生自律问题，即学生在家里复习功课时不也照样面临同样的问题吗？

　　最后，我们应该以什么方式来测量"翻转课堂"的学习效果？还是延续以往的考试

机制、以分数为唯一标准吗？还是应该探究与之搭配的新的评价机制来评价学生的综合素质？

总之，我们在遇到新问题时需要更多冷静的思考，考虑这种新的教学模式与我国的教育背景是否相符，如果真的在我国实施的话，应该具备哪些条件等。

3. 我国实施"翻转课堂"需要的条件

考虑我国的教育背景，目前粉笔与黑板仍然是我国课堂教学工具的主流，并且教学效果依然不减当年，如果说现在完全抛弃传统的粉笔与黑板，那么目前的教学肯定无法进行。如果"翻转课堂"真的在我国实施的话，它应该具备两个条件。

首先，要有足够多的优秀教学视频，通常这些教学视频是由任课教师录制并后期制作的，如果教学视频不好看、不优秀的话，学生是没有兴趣去看的，更别说是提高教学效果了，基于这一点对教师的教学水平和视频制作技术水平的要求有待继续提高。

其次，"翻转课堂"对于学生的自律性和意志力的要求是很高的，而且这种自控能力不是一两天能够训练出来的，它包括各方面的因素，其中与年龄因素有很大关系。我觉得在目前的条件下，如果"翻转课堂"能应用到职业教育教学中，推广难度要相对小一些，因为目前职业教育相对于中小学教育来说更注重自主学习，而且空余时间相对也很充裕，目前可移动终端设备也很先进，完全有可能进行"翻转课堂"的学习。

四、结束语

"翻转课堂"是一种新兴的教学模式，"翻转课堂"就是转变传统的教学模式，课堂内是师生互动和交流的场所，课堂外则实现在线教学并将"作业"带入课堂，走出课堂学习才真正发生。"翻转课堂"在国外兴起并广泛应用，对于我们的教育来说，"翻转课堂"可以说是一个"舶来品"，那么我们应该如何正确看待？如何去实践？到目前为止，我们还没有看到国内太多成功的实践和案例。我们对于新的理念或技术的出现，不能仅仅停留于理论层次的研究，俗话说："实践出真知"，应该把这种新理念更多地应用于教学实践中，需要有更多的实践者参与其中，为我们的教育做出应有的贡献。

参考文献

[1] 张跃国，张渝江.透视"翻转课堂"[J].中小学信息技术教育，2012（3）

[2] 萨尔曼·可汗."翻转课堂"的可汗学院：互联网时代的教育革命[M].杭州：浙江人民出版社，2014

[3] 张金雷，王颖，张宝辉."翻转课堂"教学模式研究[J].远程教育杂志，2012（4）

[4] 理想思考、冷静对待颠倒课堂[EB/OL].http://blog.sina.com.cn/s/blog_62787867010195ld.html，2012

"六大解放"之职业教育

郭秀凤

厦门市同安职业技术学校

陶行知先生是中国近代伟大的人民教育家、思想家，其创造的"六大解放"教育理论是生活教育的核心内容。陶先生在长期从事教育活动的实践中非常重视对学生进行创造性教育，其中关于培养儿童创造力的"六大解放"教育理论不仅对小学教育有指导作用，对从事职业教育活动者指导学生也有很大的启示[1]。

职业教育是对受教育者施以从事某种职业所必需的知识和技能的训练，因此职业教育亦称职业技术教育或实业教育，职业教育是与基础教育、高等教育和成人教育地位平行的四大教育板块之一[2]。职业教育根据其培养的目的，更需要将学生的头脑、双手、脚、空间、时间解放，使他们充分得到自由的生活，从自由的生活中得到真正的教育。陶行知的教育思想以人为本，注重实践和体验。

一、解放学生的眼睛，发展学生的观察力、注意力

陶行知指出："生活教育与生俱来，与生同去。出世便是破蒙，进棺材才算毕业。"解放眼睛，要"敲碎有色眼镜，教大家看事实"，让孩子们会看，会视察。达尔文在被问到他为什么能取得巨大的成绩时说："我没有过人的机敏，只是在精致视察的本事上，我可能在众人之上。"由此可见，视察力是创造的出发点，是聪明大脑的"眼睛"，作为职业教育者，解放门生的眼睛是我们不可推辞的责任，我们要帮助孩子们把"眼睛"擦得更亮。引导学生掌握正确的观察要领。中职职业技能训练不局限于实验室，应该深入企业联系实际的生产需求和操作规范，实验室培养的学生与社会需求的人才要保持零距离，这样才能很好地快速进入最佳的工作状态，适应企业的运行模式和环境。作为从事职业教育的工作者，我们要拓宽学生的认知视野，使他们能够认识社会，同时

带领学生融入社会中，在社会生活的过程中，得到最真实的感受和教育[3]。

陶行知认为："在一般的生活里，找出教育的特殊意义，发挥出教育的特殊力量。同时要在特殊的教育里，找出一般的生活联系，展开对一般生活的普遍而深刻的影响。把教育推广到生活所包括的领域，使生活提高到教育所瞄准的水平。[4]"不与实际生活相结合的教育就不是真正的教育。陶先生坚决反对在没有生活的环境中做教育的死教育、死学校、死书本。在职业教育中，我们该如何做到解放学生的眼睛呢，给予以下的建议。

第一，要有明确的观察目的，在帮助孩子确定了观察对象之后，要鼓励孩子留心观察到底，不要轻易转移目标；

第二，要有顺序、有步骤地观察，如从上到下、从左到右、从外到里等；

第三，要从多角度观察事物，培养孩子创造性的观察方法；

第四，注重同一事物、不同事物的比较，提高学生观察能力。

让学生们在社会生活中、在自然环境中陶冶性情，锻炼意志，提高他们分析问题、解决实际问题的能力，这样才有利于我们职业技术教育培养出高质量的并与社会紧密连接的合格应用型人才。

二、解放头脑，发展创造力

许多人认为头脑长在学生身上，他想什么当然是他的自由。然而，就有这样的例子。有一位美国的母亲拿着一个圆圈问自己的女儿，这是什么？已经上一年级的女儿非常肯定的回答这是"o"（英文字母）。而就是这个圆圈，在女儿上一年级前这位母亲拿着它问同样的问题时，女儿的回答是"是太阳、是葡萄、像乒乓球……"各种各样的答案。那么，是什么禁锢了孩子的思维，这位母亲毅然与学校对簿公堂，法院判决学校败诉。有学者拿一张白纸分别向幼儿园的小朋友、小学生、中学生、大学生提出"有什么用"的问题，结果也大大出人意料。幼儿园的小朋友想法最多，有擦桌子、擦皮鞋、擦鼻涕、冬天可以点燃纸取暖等。而大学生只有一个回答"可以写字"。这一点足以让我们无话可说。原来我们这些从事"太阳底下最光辉职业"的教师仅仅是在让那些刚进校门时的"大问号"经过十年寒窗变成走出校门时的"大句号"。而且我们的老师、家长远没有那位美国母亲那样觉醒的把儿童的头脑从迷信、成见、曲解中解放出来。这就逼迫我们教育工作者必须思考这样一个问题：为什么学校的教育非但没能培养孩子创新思维的发展，反倒局限了他们的思维？这说明我们的教育过于侧重知识的传授，而未能开发学生丰富的想象力空间。承认答案的多样性，发展学生的创造性思维应该成为教育的真谛[5]，因此就不难理解为何法院给了学校这样的判决。

陶行知先生坚决反对那种把教学过程作为单纯的认识过程，反对死灌死背的填鸭式教学式，更是反对把学生培养成考试机器的授课方式。陶行知要求用"启发的方法""以克服短命的教育"。作为从事职业技术教育的教师，其主导作用不能忽视，但同时学生的创新思维也需要激发[6]。课堂教学好比是舞台，学生是演员，教师是导演。在教学中要充分发挥教师的主导作用和学生的主体作用，教师必须尊重和信任学生，给学生充分的自主权，要注重启发引导，让学生独立思考问题，能自己解决的尽力让学生自己解决，以活跃学生的思维，充分调动学生的积极性。学生自己能弄懂的、学会的内容，就应该让学生自学，以培养学生的自学能力。能让学生观察或动手的，尽量让学生亲自观察或动手操作，使学生有充分的时间去观察、去思考。在讨论课程改革的过程中，积极倡导学生主动参与、交流、探究等多种学习方式，把探究性学习摆到突出的位置上。上述种种在培养工科电子信息类专业的学生时显得更为突出，例如，在进行 PLC（可编程逻辑控制器）和单片机实训教学时，作为教师，要培养学生一种编程的思维和解决问题的思路，而不局限于解决某一个题目。同一个实际项目的问题，最好的结果是 10个学生有 10 种不同的答案，但最终的答案是都能将实际项目的问题得到解决，我们要的是每一个学生的思维、想法，不只是一个答案。要"给学生以空间和时间，让学生自己往前走"，积极引导少年儿童走出校园、走向社会、走进家庭，以探索性的学习活动方式，自己发现问题、自己确定课题、自己制订活动计划、研究方案、自己解决问题，使学生掌握以形象思维与抽象思维相结合来获取知识的方法，体现学生学习的自主性和能动性。

三、解放双手，发展操作、实践等能力

各种感官中，唯独手这个"触觉的器官是处在主动的地位""被动的力，比不上自动的力；头脑的力，比不上手脑并用的力。"动手又动脑，是中职教育的目的，中国目前的教育存在的问题是教用脑的人不用手，教用手的人忽略脑，这就造成中职学校学生综合素质不强，面临市场的淘汰，培养出来的学生与市场接不上轨的现象。因此陶行知主张将双手和头脑的血脉连通起来，"使人人都有脑筋变化过的手"。中国教育革命的对策是手脑联盟，最后实现的结果是手与脑的力量都可以大到不可思议[7]。

职业教育要求我们中等职业院校培养服务于社会经济发展的应用型技能人才，就是说职业院校培养的学生在掌握专业理论知识后，更重要的实践能力，在实践中进一步

巩固理论知识及用理论知识指导实践。陶行知说："知识要从行动中来，不行动而求知识，是靠不住的。"在学生的培养中将学生的动手实践培养作为一项重要的任务来抓，鼓励学生热爱实践、敢于实践、投身于实践，同时为学生的动手实践营造良好的环境。学校也要坚定手脑并用，全面发展的育人理念。如何创建一个良好的动手实践环境，作为学校来说，做到以下三点是十分必要的。

一是开放专业实验室，为学生提供一个方便的时间环境，备专业的指导老师，在学生遇到问题时可以第一时间与其进行沟通和辅导。

二是适时的企业教育实习，了解整个社会的市场需求，引导学生的发展方向。

三是尊重动手实践的氛围，定期举行校园专业竞赛，以此可以鼓动整个学校动手实践的氛围，一方面可以通过奖学金获得经济上的支持，另一方面学生可以获得肯定和鼓励。我母校的一个大学生创新创业基地就是一个成功的案例，这是一个校企合作的项目，其每年都会向几个企业输送一批善于动脑动手的好苗子。在这个基地的时光，我看到了每一个基地成员为了共同的一个目标孜孜不倦地奋斗，从这里走出来几个全国赛事中的一等奖、天津市一等奖。这样，企业得到了自己需求的人才，学生也得以很好地就业，这种企业和学校双赢的模式值得职业院校的借鉴，同时也在学生中形成了一种敢于实践、尊重实践、喜欢实践的氛围。

勤于动手对于学生能力的培养是十分重要的，因为人类的活动靠双手进行，特别是中职学生不许动手只会摧残他们的创造力。培养学生的动手能力，不仅要学会应用已有的知识，而且要学会收集、加工、消化、吸收知识，开阔视野，增长见识，这也是基本素养和实践能力，可见，对职业院校的学生动手能力的培养更要加大重视力度。

四、解放嘴，发展提问、表达等能力

陶行知有句名言："千教万教，教人求真；千学万学，学做真人""教人求真，学做真人"，是生活教育培养人的根本目标，也是生活教育培养合理人才的最好注脚。我们的社会是一个需要沟通的社会，但我们培养的学生往往是闭口不语，表达语序错乱的学生。凡是去过美国读书的人都会深有感触地说："美国的学生上课真是太自由了，学生不仅可以随时发言，而且还可以同老师辩论，老师和学生没有上下之分，而是平起平坐，充满着宽松和谐的气氛。"让学生想说就说，能发表独立见解，允许有问题就问，使大家可以享受言论自由，提倡标新立异，这种教育是我们中职所欠缺的，也是我们中职学生的本性，应该随性发展。

《学习的革命》中说：学生的大脑不是被填满的容器，而是需要点燃的火把。点燃这火把，还要用自由表达解放学生的嘴巴，课堂上让学生读懂什么就说什么，想到什么就说什么。作为教师要敢于打破"师道尊严"的思想，鼓励学生想说就说，当然是说与我们课堂相关的，让他们能发表独立见解。孔子曾说过："闻道有先后，术业有专攻；三人行，必有我师也"，教师不仅要允许学生可以自由发言，而且学生还可以同老师进行辩论，老师和学生在知识的讨论中没有上下之分，营造出这样一个宽松、和谐、平等的学习氛围，学生的大脑才能被调动起来。

陶行知先生指出"发明千千万，起点是一问"，从事职业教育的教师在教学过程中应组织学生对他们所质疑的问题进行学生之间、学生与老师之间的分组交流和讨论，将这种教学方式引入教学的具体课题上，无论是在工科实践还是文理专业理论学习中都会起到良好的效果。只有在交流讨论中，学生的大脑才会进行思考、绽放智慧的火花，将知识融入他们自己的思维才更有利于学生对其认知、理解和记忆。

五、解放空间，发展想象、创造等能力

马斯洛在论述人的创造力时说，每一个人都有一定程度的创造力，而初始创造力常处于无意识状态，这种无意识能促进人发现与发明。因此，我们应该把本属于孩子的自由发展和思考的空间还给孩子。学生的学习不局限于学校，在信息化的时代，学生的学习途径可以多种多样，如课本、课堂、企业、网站、图书馆等。具体来说，我们在解决一个问题时，通过小组合作的方式和自己的观察，或者利用书籍和网络，利用一切学生能想到的方式来收集和整理来自不同渠道的信息和资料。每个组都在规定的时间内（三天）完成了这项任务，然后在班级分组汇报，互相倾听，互相交流。

职业教育是培养服务于社会的高技能人才的场所，更需要我们的学生走进社会，陶行知先生曾主张"社会即学校"，用社会各方面的力量，打通学校和社会的联系，创办人民所需要的学校，培养社会所需要的人才。真正把学校放到社会里去办，使学校与社会息息相关，使学校成为社会生活所必须，其真正含义就是根据社会需要办学校。从教育内容来说，人民需要什么生活就办什么教育。从教育形式来说，适宜什么形式的学校就办什么形式的学校，培养的人才更好地融入社会中。

六、解放学生的时间，实行弹性学习

陶行知认为"时间的解放是顶急需的解放"。他婉劝教职员，对学生"不逼迫他赶

考，不和家长联合起来在功课上夹攻，要给他一些空闲时间消化所学，并且学一点他自己渴望要学的学问""让他做有意思的活动，开展他的天才"。

学校里面太多的硬性课程安排已经占据了学生太多精力,他们已经没有时间去走入自然和社会，汲取这个大学堂可以带给他们成才的营养。陶行知指出"没有时间便看不清楚，没有时间便想不明白"，有时应该让学生"慢慢地走，然后才能吸收沿途中所接触的事物、所欣赏的风景"，使他们成为真正"活的小孩"。学校要尽可能地为学生提供有弹性的时间安排。让他们有时间思考、有条件实践,有自主活动、有创造性活动。

职业教育能力的培养不能短期强密度地实施,学生知识和技能的建立应该是在整个学年有计划分层次进行,同时给予其自由的拓展时间，让学生更深入地思考问题、更充分地理解知识、掌握技能，学校不能占据学生的全部时间，要解放时间，让他们有消化知识、发展兴趣和进行创新的自由安排时间。现代教育理论合作学习的实施，有助于改善这些不良的现象。首先，在中职教育中合作学习可以使一项复杂的任务具体化，分解任务，明确分工。小组成员分别担任总结人、记录员、观察者、联络员、检查者、裁判等职务，分工负责；其次，将一个大的问题分割成若干个小问题，然后分工合作，共同解决。这样，合作由组内，扩展到组间，互帮互助，成员个体所花费的解决问题的时间相对缩短，更容易让学生体验到成功的快乐和合作的魅力。

七、结束语

陶行知说："我们要能够做的最高境界就是创造。"生活教育就是"向着创造生活前进"的教育，生活教育的根本目的就在于创造。职业院校对学生的培养是一个复杂的综合工程，有了这"六大解放"教育理论作为指导，学生的创造力才可以尽可能发挥出来。彻底解放学生让他们走上创造、实践之路，也只有这样，我们的职业教育才能适应社会发展的需求，才能为实现小康社会的全面发展更好地养出优秀的应用型高技能人才。

参考文献

[1] 韩冰清.论"六大解放"及其实施——陶行知的"六大解放"思想对培养学生创新素质的启示[J].黄冈师范学院学报，2002，22（2）

[2] 程家福.陶行知.创造教育思想及其当代价值[J].湖南师范大学教育科学学报，2008，7（2）

[3] 刘卫国，张峰.论我国职业教育发展中的市场化取向[J].教育与职业，2004（8）

[4] 陶行知.陶行知文集[M].南京：江苏人民出版社，1981

[5] 马菁菁.陶行知"六大解放"教育理论对英语教学的启示[J].文化教育.234

[6] 方明.陶行知教育名篇[M].北京：教育科学出版社，2005

[7] 易维.陶行知教育理论指导影视艺术教育的现实意义[J].民办高等教育研究，2010，7（4）

中职焊接课程改革小论

邵合川

厦门市同安职业技术学校

一. 中职焊接课改的现状

这几年的一线教学，笔者经常被学校派出到不同的学校、不同地方去参观、培训和参加技能竞赛。笔者发现，虽然这几年从中央到地方，许多中职院校在课改方面不断进行改革创新，但仍然有很多学校的教学方式还是"填鸭式""灌输式""满堂灌"，特别是焊接学科。就焊接而言，许多中职老师把这些教学方式看成"老到"的法宝，注重对知识的灌输。老师们课堂上鞠躬尽瘁，将理论技术讲得滔滔不绝；模拟考卷天天发，写都写不完……如此种种教学现状，无不让人痛心疾首。也许在老师的这种高压下学生理论技术考取了高分，但是学生已经丧失自我学习的努力，相当于是一台复读机，你教什么我学什么，技能已经无法得到很好的训练和应用，已经无法满足技术的日益更迭，已经无法满足技能人才市场的需求，更不用说是对学生的创造能力、团队协作能力的培养，乃至人才的培养。

课改就是课程改革，就是颠覆传统教学模式，就是剔除我教你学，就是"翻转课堂"。作为新课堂教学，首先强调了学生的学，充分让学生先学、自主学习，要充分发挥学生的主体地位。其次让学生在先学先做的基础上发现问题，再通过学生以自主、合作的方式，质疑交流、反思总结以达到解决问题的目的，实践出真知，边实践边发现理论技术。最后老师布置练习让学生当堂训练测试，以反馈学习效果。老师在整个教学和学习过程中只是一个引导者、串联者。这种教学模式往往是很多焊接老师所没有接触过的，不敢或者不够大胆放开去实际应用，许多焊接老师教学课改后很难适应、很难坚持，往往又回到传统的教学方式授课，造成课改没有成功甚至倒退性失败。

笔者认为，有技术没技能没朋友，同时焊接课改贵在坚持。只有坚持课改，再结合实际所遇到的各种难题，加以分析解决，课改才会硕果累累。

二、焊接课改成功的重要因素

焊接课改要成功必须从每一位领导者到老师都要意识到课堂教学改革的重要性，虎头蛇尾要不得，注重理论技术、放弃技能训练更是要不得。笔者就谈谈以下几个方面的看法。

（1）焊接课改需要我们老师有打破常规的勇气、具备课改的理念和课改教学能力。前面提到很多焊接课改不成功，大都来自教师自身的因素，因此，焊接课改要成功，教师自身不能坐井观天，要大胆走出去，多学些新技术、新理念；同时不能认为学生自我学习能力提高了，教师就可以慵懒了，就可以不用学习提高，就不用亲自动手操作，这样课改注定要失败的。相反，教师一定要多研究新技术、多参加提高焊接技术的操作性培训，不愧为师。把技术和技能结合起来，做一个优秀的"双师型"技术技能老师。

（2）焊接课改可以多种多样，其中有很多成功的先例，决不能简单顺手拈来套用，这样很容易造成水土不服，不切实际。课改一定要有详细议案，参考别人可以走得更快，但是一定要结合本校或班级实际情况，加以改造，才能相得益彰。

（3）要求学生大胆尝试，用心体会技能学习过程。焊接课改涉及学生动手操作的技术难题，有的学生会说老师没有教我们不敢动手操作，确实焊接是一门涉及操作安全的课程，不能随意地让学生自己操作。但是类似这种问题只是课改路上的一个小小的绊脚石，随着焊接知识的提高，学生自我保护能力也在提高，同时学生操作时一定要有车间安全员在场，确保安全第一、文明学习和生产。学生在动手的过程中涉及危险的操作，安全员一定要纠正，若只是涉及技术错误的，倒可以让学生自己体会，把正确的技术规范和错的技术规范一对比，很快就能掌握因技术规范不同带来的影响，在提高技能的同时提高技术理论水平，自我领悟能力也可以得到提高。有了技能操作尝试，再和老师讨论技术话题，自然是轻车熟路。

（4）焊接课改应多组织各级别技能竞赛，少些卷面考试。技术诚然很重要，但是有技术没有技能或者技能不熟练，那就是磨刀磨了刀背不磨刀刃。好刀要锻刀背，更重要的是要有锋利的刀刃。简单的卷面理论技术考试已经无法满足技能市场需求，技能竞赛既可以提高学生的技能操作水平，还可以提高学生的技能学习兴趣，一举多得，减少卷面考试，增加技能竞赛的机会和提高技能竞赛的级别难度已经是迫在眉睫。而且不单单是组织学生参与技能竞赛，老师也应该积极支持和参加各种级别的技能竞赛，提高自身的技能操作水平。

（5）学校层面的支持。焊接课改看起来简单，实际操作中遇到的问题是重重的。这就要求学校教育管理者要消除教师课改后的后顾之忧，加以鼓励并和教师形成一个课改的团队，即一个整体，遇到问题一起讨论解决，一起研究改进。学校教育管理者应为焊接技能训练用的耗材和车间技术更新改造提供后背支持，只有强大的后备资源支持才能有稳定的技能训练和足够的实训开出率。再者就是焊接课改需要教师开阔眼界，提高技术和更新理念，作为管理者应该带领教师走出去，到成功或者优秀的课改学校取经、学习和接受培训，教师的理念转变了，技术技能提高了，才能有成功的焊接课改。

（6）焊接课改一定要有教师的施展空间。要砸破束缚教师展露身手的枷锁，摒弃一切阻碍课改的不利因素。坚决杜绝那种耗时耗力抄写教案式的备课，教师的备课做到实用、高效、有针对性。这就要求管理者评价教师时不是这周备了几页教案，批改了几课时作业，应该把目光落到备课质量和教学效果上，焊接实训本来就比理论说课来得重要，简单粗暴地看作业量和手抄教案量，课改无法得到很好的施展。

（7）焊接课改不能换汤不换药，要改变课堂教学模式，积极提高学生的学习兴趣，让学习成为一种乐趣，授课坚决简化，做到只讲重点，不说废话，只讲学生不会的，不提大家都懂的，减少说课时间，提高实训开出率，提高操作示范，增加学生动手操作时间，提高学生预习的时间，作业能当场完成的不拖到休息时布置。让学生开心操作，快乐学习，学好焊接技术理论和技能操作。

（8）课改不是一个人或一个专业的事，应该各个击破，相互学习，互相扶持，多专业、多学科互相促进。一个人走不远，多人路更宽。遇到相同的问题可以互相研讨、互相学习，从一个学科、一个专业拓展到整个学部、整个学校。

三、结束语

总之，焊接课改不是一朝一夕，要想成功就必须勇往直前，多学多探索，胆大心细，越挫越勇。可以踩在巨人的肩膀上，也可以带着天使的翅膀，多种多样，灵活并进。笔者在教学一线也还在摸着石头过河，遇到的问题也不少，但是坚持一直没有变，希望能看见并肩作战的你，一起享受课改带来的硕果累累。

笔者在撰写本文时，曾到成都参加国家级课程改革与实施技术培训，得到广州番禺职业技术学院渠老师的不吝指导，在此特别致谢。

以建示范校为契机全面提升办学水平

陈韶越

厦门市同安职业技术学校

经国务院批准，国家教育部、人力资源社会保障部和财政部联合推出了国家中等职业教育改革发展示范学校建设项目。国家中等职业教育改革发展示范学校建设计划从2010年起实施，为期5年，分3批，每批建设3年，共建设1000所中等职业教育改革发展示范学校，国家投入专项资金100亿元，每所学校平均获得1000万元建设资金，主要用于人才培养模式与课程体系改革、师资队伍建设、办学体制机制创新与校企合作，进一步提高办学质量，提升职业教育服务经济建设和社会发展的能力和水平。而2012年度中央财政拟立项支持342个"国家中等职业教育改革发展示范学校"。我校国家中职示范校申报工作从2013年9月开始，国家级示范学校的评估体系主要面向学校内涵建设，这与我校"十二五"规划及发展思路相吻合。我校在做好基础建设的基础上始终以内涵建设为重，在管理上上台阶、上水平、出效益。国家级示范校创建一直是我校工作的重中之重，是全面落实教育发展改革规划纲要的重要载体。我校将创建工作与进一步强化内涵建设相结合，明确思路，提高认识，统一思想，全员参与，推进了学校内涵建设。经过紧张激烈的竞争角逐，我们学校脱颖而出，2014年9月，教育部、人力资源部、财政部正式联合发文确认，我校成功入围"国家中等职业教育改革发展示范学校建设计划"第三批立项建设学校。

我校成功入围国家中等职业教育改革发展示范学校建设计划第三批项目来之不易。全省这次入围第三批国家中职示范校一共11所，但全省有中职（技工）学校300多所，国家示范校可谓百里挑一，十分难得。我校之所以能申报成功，一靠过去打下的良好基础；二靠我们积极努力争取；三靠学校制定的创建措施、方案科学有力。我们要充分认识到国家示范校创建机会难得。国家示范校建设期两年，中央财政将给予一千多万元的资金支持，另外还有政策方面的支持，同时，国家示范校更是巨大的无形资产。我们还要进一步理解国家级示范校的内涵，即改革创新的示范、提高质量的示范、办出特色的示范，明确创建国家级示范校的重点任务，更加重视创建国家级示范校对学校中长期发展的实际意义。通过两年的创建，我们学校的优势将更加突出，与地区其他中职学校领先的差距将进一步拉大。我认为，在争创国家级示范校进程中，学校应该重点做好如下几个方面的工作。

一、以"双师型"为重点，搞好教师培养培训工作

"双师型"教师就其内涵而言，首先应该符合职业技术学校的一般标准，如具有良好的职业道德、敬业精神、终身学习的意识与能力等。同时，还应该具有教学能力、专业技术能力、创新能力、研究开发能力、创业能力、交往和组织协调能力、教育教学管理能力七种能力。《教育部关于"十二五"期间加强中等职业学校教师队伍建设的意见》教职成〔2011〕17号文件中要求：专任教师中，学历达标率超过95%，研究生层次教师比例逐步提高；"双师型"教师占专业教师的比例达到50%。而我们职业学校教师队伍建设更要以"双师型"教师为重点，完善"双师型"教师培养培训体系，健全技能型人才到职业学校从教的制度，使得我校教师师德水平明显提高，具备运用现代信息技术的能力。具体实施建议有以下几点。

1. 采取多种措施培养"双师型"教师

我校应根据学校实际，积极创造条件，加强专业教师培训。对于理论课教师，在不断提高其理论水平和学历层次的同时，要让他们到生产、管理、建设、服务第一线或学校实训基地工作一段时间，参与实践，并解决某些实际问题，从而提高动手能力和操作水平。对于实验实训课教师，在不断提高其动手能力和操作水平的同时，要加强对他们的理论培训，努力提高其学历层次和理论水平，形成认识上的飞跃，使其动手能力和操作水平由狭隘的经验型向创新型转变。此外，应充分利用联办企业提供的场所和有利条件，推行"轮岗制"。专业教师分期分批，每两年或三年到企业顶岗工作半年或一年，接受企业训练，了解行业、企业信息，增强行业、职业实践能力；定期进行教育理论培训，更新专业教师的观念、知识和技能，提高其适应性。在此基础上，针对教师具体情况采取有针对性的培训措施：第一，对三年以内的专业教师，鼓励其考取行业技能等级证书，并通过拜经验丰富的"双师型"教师或企业行业专家为师，到相应大专院校培训学习、组织自修，到企业行业顶岗锻炼等方式，提高其综合素质，帮助其尽快成长为"双师型"教师；第二，对取得"双证"，多年从事专业课教学，但职

业行业实践能力和素质较差的专业教师，通过定期组织到行业、企业参观、学习，进行社会调查、社会实践、顶岗锻炼等，不断更新其行业、职业知识、技能和信息；第三，对从企业行业界聘用的、具备丰富的行业职业实践经验的专业教师，鼓励其考取教师资格证，并通过举办教育理论专题讲座、教育经验交流会、座谈会、学术报告会，开展课题研究等，提高其教育理论素养和执教艺术；第四，对较为成熟的"双师型"教师，为其提供条件，推荐其参加全国、省、市教育教学研究活动，参加教材、教参、教学大纲的编写，参加行业、企业培训及职业技能等级鉴定等工作，促使其成长为学校的"双师型"教师标兵，并协助学校培养好"双师型"教师。

2. 激励教师参加培训、考证、进修

自创建省级重点中职校以来，我校就始终抓住国家大力开展中职教师培训工程的机遇，已经选派多名教师参加国家级、省级的专业带头人、骨干教师培训。首先，我们要继续选送更多的教师参加省、市教育部门组织的各项专题师资培训，并要通过请进来、走出去的方式，广泛开展学习交流活动。除此之外，我校还应定期开展校内教师业务培训，以提高教师的教学能力。其次，我校应制定各项激励措施，鼓励支持青年教师进行在职学历学位的进修和深造，加大专业教师的职业资格证、技能等级证的考证力度，教师学历层次提升和部分教师的专业转型力度。国家示范校建设用于教师队伍建设的资金比例最大。我校应提高教师的学历层次结构，鼓励40岁以下的教师读在职研究生，学校可以先预借读研究生的部分学费，等拿到文凭后给予全额报账。

二、以"校企合作、工学结合"为首要人才培养模式

我校创建国家示范校的一大重点就是校企合作、工学结合人才培养模式的改革创新。校企合作与工学结合目标是一致的，那就是有利于学生身心健康，有利于培养学生良好的职业道德，有利于学生综合职业能力、岗位职业能力和就业能力的提高。年来，我校在这方面有一些探索，这也是我校能成功申报国家示范校的得利因素。但我认为，在校企合作、工学结合方面我们还属于初级、浅层的。今后必须努力推进学校、企业两个主体培养中职学生，中职学生必须工学结合，边学边做。人才培养采用的培养模式，应该根据不同专业和校企的实际需要，采取灵活多样的形式。学生入学后，可以先到企业感受和学习一段时间，再回学校学习，最后到企业强化培养；也可以在学校学习一段时间，然后到企业工学结合和顶岗实习；还可以在学校完成基础文化课的学习，再在学校和企业之间实行工学交替的学习方式，边学习边工作，完成学业；此

外，还可以一开始就切入校企合作项目，开展有针对性的"订单"培养和"定向"就业等模式。学校所有专业都要实行校企合作，所有学生都要尽可能专业对口生产实习。同时改革和实施弹性学制和学分制。学生在规定的时间内取得规定的学分，准予毕业。如果规定时间内不能完成者，可以延期一年，其间，学生可以不按规定的课表上课，可以自学，但必须参加顶岗实习，按新一届学员考核时间参加考核，取得学分后，还可以毕业；如果在第二年生产实践中，参加市级以上技能鉴定考核或是大赛获得名次，并有荣誉证书的，也可以以证书（本专业的）换取学分，予以毕业，超过规定的时间的不予毕业。总之，要搞好我校的内涵建设，就必须面向社会，服务社会，面向企业，走进企业办学。依托企业办学，企业参与职业学校教育教学全过程，实行"校企合作、工学结合"人才培养模式。

三、以课程建设为重点，继续巩固办学优势

课程建设是国家示范校建设的另一个重点内容。要以促进学生职业生涯发展为宗旨，以培养职业能力为核心，以工作任务为线索，与行业企业共同优化或重构专业课程体系。众所周知，劳动市场的需求信息是职业学校专业设置的基础。我们要根据厦门经济特区的发展规划、劳动市场的预测和教育机构本身的特点进行课程开发。在课程建设规划初期还要开展社会需求调研，要做到以下五项研究：一是区域经济特征及发展趋势的调研；二是区域对中职教育需求的调查与分析；三是区域企业用工需求情况的调研；四是对本校课程设置情况的反馈分析；五是对本校教学资源的调查统计分析。

四、以学生综合素质培养为教育教学重点，全面提高学生素质

坚持育人为本，德育为先，促进学生全面发展，是人才素质与用人单位对接的首要目标。要建设国家级示范校，必须始终坚持将职业道德素质作为人才培养的第一目标，实施学生综合素质培养工程，全面提高学生素质。要积极探索新形势下学生素质教育的新规律、新模式、新思路，坚持学生为本、德育为首的方针，弘扬"博学笃行，厚德载物"的校训精神，做到以理想信念教育为核心，以爱国主义教育为重点，以思想道德建设为基础，以学生全面发展为目标，以培养创新精神和实践能力为突破，按照学生素质提升工程实施方案的要求，提高学生的人文素质、科学素质和身心健康素质，使之形成正确的人生观、价值观、职业观。要重点培养和提高学生"敢说、会写、

能干"的能力，提高学生职业综合能力，进而促进学生职业道德、综合能力的提升。

五、以建设良好的硬件环境营造校园和谐氛围

良好的校园硬件条件、高效的管理运行机制、和谐的校园文化氛围，是示范校建设工作的基础和重要保障。要创建国家级示范校，必须有重点地加强校园环境建设，改进校园管理、运行机制，大力营造和谐的文化氛围。我们要按照建设生态校园、景观校园、高品位文化校园的目标，继续整体规划校园建设，重点加强基础设施和教学实训设施的建设，提升硬件水平。充分利用信息化手段，推进数字化校园和共享型教学资源库的建设，提高教学、管理的信息化水平。按照稳定第一，稳步推进的原则，进一步深化后勤社会化改革，提高服务水平和质量。此外，要全面落实科学发展观，将示范校建设同创建"和谐校园"有机统一起来，同步推进，协调发展。

参考文献

[1]王振如.以示范校建设为契机谋求学院新发展[A].高等职业教育，2011（10）.

问渠哪得清如许，为有源头活水来

——谈中等职业学校语文教学

洪永庆

厦门市同安职业技术学校　高级讲师

一个没有文化传承的民族和社会是没有前途的。文化传承需要有自己民族的语文及相关的教育作为支撑。没有语文的教育必然是一种不健全的教育，不能肩负起社会和民族的发展需求。当前社会迅猛发展，需要大量的技术人才。中职校是培养技术人才的孵化器，它要将一大批原先素养偏低的中职生锻造成品德好、有技术、能创业的复合型技术人才，以适应社会迅猛发展的需要，支撑经济的可持续新常态顺利进步。当下的大多数中职生语文能力不强，究其原因主要是学习兴趣不高，学习习惯不好，学习方法较差。因此，改革中职校语文教学方法十分必要。

朱熹说："问渠哪得清如许，为有源头活水来"。它道出了生活哲理，对于我们搞好中职语文教学应该富有启迪。

一、教师应该注重以自身人格魅力影响教育学生

教育质量说到底就是教师的质量，名师方能出高徒。汉代韩婴说得好："智如泉涌，行可以为表仪者，人师也。"也就是说，教师须德才兼备，智慧如泉水喷涌，道德、言行可以作别人的榜样。学为人师，行为世范，人格高尚者自成人师。

人格是以人的素质为基础，通过与自然环境和社会环境的相互作用产生出来的。教师在教学生的事业中，形成独特的鲜明的人格。教师人格是思想、道德、行为、举止、气质、风度、知识、能力等众多因素的综合。凡是成功的教师，无不以人格之光照亮着学生的心灵，潜移默化地影响着学生的人格。鲁迅先生是伟人，他在教学生方面也是我们杰出的榜样。教育学生是个循序渐进的过程，不管教师自觉或不自觉，其言行对学生都在起作用，并产生影响，这就是"随风潜入夜，润物细无声"的结果。教师的一言一行影响学生成长、成人、成才，身教重于言教。《论语·子路》中说，"其身

正，不令而行；其身不正，虽令不行"。王国维在《人间词话》中这样说："言气质，言神韵，不如言境界。有境界，本也。气质、神韵，末也。有境界而二者随之矣。"这里说的"境界"是一种终极意义的追求与归宿。如同万物本源于"道"而最终回归于"道"一般，"境界"包容了能指向"美"的一切范畴的内涵，并有着更高层次的升华。因此，教师修炼自身素养，提高思想与教学艺术境界，完善自身人格至为重要。

教师的人格力量与精神境界是实施素质教育的重要保证。作为语文教师，首先必须是一个热爱生活、积极进取的人；作为语文教师应该具有浓浓的书卷味，具有良好的文学修养，谈吐优雅，语言风趣，给学生一种文化人的感觉；作为语文教师应该是一个天文地理、文化历史、人情风俗乃至自然科学都广采博览的"大杂家"；作为语文教师应该是一个国事家事天下事事事关心，敏锐感受的"信息通"，一个合格的现代人。更重要的是作为语文教师至少应有一两门"看家本领"——一手漂亮的书法或一位丹青好手，或能笔下生花，或一口流利的普通话……总之要让你的学生崇敬你，崇敬你才能喜欢你，喜欢你才能亲近你，亲近你才能信任你，信任你才能跟你学，才能对你所教的语文感兴趣，才会产生学习的愿望与内驱力，"亲其师"方能"信其道"。

中职校语文教师应该具备良好的心理素质，面对差生要有爱心、耐心与信心。因为我们的教育对象是中职生，目前其素质情况偏差，尽管国家重视职教，但社会上许多人还是歧视或误解中职生的，他们被看成"二等公民"。多数中职生是普高的落榜者，职校是他们人生求学路上无可奈何的选择。他们是带着失望、无奈甚至自卑的心理跨进职校大门的。他们那一颗颗脆弱的心需要特别呵护；他们的缺陷与不足需要特别的包容。再加上一部分品学兼差的"问题学生"更不知让人费多少心思了。这一切需要我们无怨无悔地去面对，诲而不厌地去引导。关爱学生是教师的天职，没有爱心、耐心与信心是教不出好学生，更教不出好的中职生。学高为师，身正为范，教师的生命融入事业之中，人格就能闪现耀眼的光辉。

二、职校语文教学应以"育人为本"，注重全面提升学生的人生素养

"教书育人"是教师的天职。中职生将面对社会的选择、就业的考验，要让我们的学生能立足社会，光学会认知和技能是不够的，还应学会做人做事和与人共处。也就是要使学生成为真正的人，会生活、会工作，能幸福地度过一生的人。根据党的教育方针的要求和语文学科本身的特点，语文课素质教育的目标应当是：培养学生具有远大的理想、高尚的道德、科学的价值观，以人民为本位的爱憎情感，健康的审美趣味

以及掌握运用祖国语言文字的聪明才智。可见语文学科把铸造民族灵魂、生命精神的培育作为首要任务，语文学科具有育人优势，尤其应该以"育人为本"。

在中职校语文教学中，教师应通过对课文的教学，陶冶学生的品德、情操，调节与挖掘学生的潜能，达到提高素质，更好适应市场经济社会需求的目的。教师应在传授学生语文知识的同时，渗透培养学生爱祖国，爱社会主义，爱科学，激发起他们学习祖国语言文字的兴趣，教育他们养成助人为乐，勤奋好学的良好品质，使他们平时和睦相处，为以后营造和谐的人际关系打下基础。此外，应对学生进行学习目的的教育，使学生达到分辨是非，审视生活中美丑的能力，能自觉地抵御邪恶，发扬正气，提升他们的人生境界，使每一个学生都能适应时代发展的潮流。

要实现这样的目标，不能指望工匠型的劳动能够奏效，不能只对语文作静态的形式分析，不能只看到简单的语言符号，而应充分发挥语文课文的思想性和人文性的教育作用。由文质兼美的范文组成的职校语文教科书饱含着丰富的思想内容和人文内容——社会生活和人生哲理，历史的画卷和个人心灵历程，多方面表现的世界之美、人生之美、思辨之美、语言之美。这一切能在思想上给人以启迪，在感情上给人以熏陶，在审美上给人以愉悦，能够丰富人的知识，扩展人的眼界，拨动人的心弦。为了达到教书育人的目标，可以做如下的尝试。

1. 欣赏文学精品让学生提高审美情趣和人生境界

欣赏教学就是指导学生诵读，体味和感受文学作品，以陶冶情操、培养审美能力的一种教学方法。在中学语文教学中运用欣赏教学法，既可以使学生富于感情，能够激发学生引起共鸣，起到潜移默化作用，又可以培养审美观念，利于增进对美丑善恶优劣高下的鉴别能力。

语文作为一种交际工具、文化载体，是用来反映生活并服务于生活的。语文课好比是戏剧的脚本，学生通过阅读、背诵进入角色，走进课文作者的感情世界，从而贴近课文作者的心灵；通过体验、写作，进入现实生活中的角色，进行必需的语文实践活动，从中不断提高自己的语文素质和文化素质。语文学科具有积淀丰厚的人文魅力，语文教学的人文化是义不容辞的，它可以贴近学生的心灵世界与情感世界。教学诗歌，是"对人类灵魂与命运的一种探讨或者诠释"；教学散文，是对语言所浸润的情感的体悟。学生同文本真真切切地畅谈，获得的是青春激情的勃发和对生命的感悟。人文熏陶传递出的"相看两不厌"的效应具有打动人心的力量，这是语文学科得天独厚的魅力。

具体做法有以下几方面。

（1）保证有效的阅读时间。

为了打破教材局限，要尽量保证每周有一定量的阅读课，组织学生到图书室去多读一些文学精品，扩大自己的阅读量。在面向就业的前提下，知识面对于学生来说总是首位的。这就需要语文老师挤出些时间给孩子们。细想：学生在课外阅读中，难道不是在复习词语，接受新词、好词、佳句吗？学生在阅读过程中，不也能看到正确的陈述句、反问句，转述句、双重否定句吗？况且阅读与做其他事情一样都有个量变到质变的过程，"操千曲而后晓声，观千剑而后识器"。阅读不应是"深挖洞"，更应是"广积粮"，阅读量不够，感性认识不足，哪来理性的飞跃？阅读本质不是技能训练，而是在大量的以了解内容或获取信息为中心的阅读中提高阅读能力和语言水平，"点燃学生的感知想象思考创造，照亮学生的心灵、释放生命的力量"。因此，学生在校期间，我们语文老师应该创造读书的氛围，挤出时间让学生读书。

开放性地进行阅读能使学生冲破空间的桎梏，如鱼得水，如鸟归林，焕发出满腔热情，用他们拓宽的大视野去审视海阔天空的大世界，去光顾琳琅满目的"开放生活大书橱"，去体验复杂而有序的生活真谛。苏轼的"熟读深思子自知"，杜甫的"读书破万卷，下笔如有神"，无不说明了多读能使人受益无穷，让我们把时间还给学生，让他们在阅读中积累、内化，提高自己的语文综合能力，继而轻松提高自己的语文成绩。

阿基米德说过"给我一个支点，我可以撬起整个地球"。我们的教师应努力为学生创造一个可以撬地球的"支点"。

（2）创设欣赏文学作品的适当情境。

真正的学习应该创造出一种轻松的氛围。这种轻松的氛围的创造需要在课堂教学过程中实施情境教学，即引入、制造或创设与教学内容相适应的具体场景或氛围，使得教学内容的仿真情况在课堂中得到一定程度的再现，引起学生的情感体验，帮助学生迅速而正确地理解教学内容，以提高学生的学习兴趣和教学效率。

文学作品是生活情境的反映，欣赏教学就要引导学生创设适当情景来感受作品中反映的情境。为达到这一目的，可结合不同文体采用不同的教学方法。如对浅显易懂的诗歌和散文，可采用朗读法和记诵法，使学生在熟读课文的过程中欣赏作品中反映的意境美、语言美乃至技巧美等。对较含蓄难懂的诗歌和散文，教师可引导学生共同理解诗意和文意，共同体味诗歌和散文的含蓄美、艺术美。在讲析《琵琶行》第一段时，教师可以先让学生诵读，再经自己范读和适当点拨后，说："现在请同学们闭上眼睛想象和感受一下，作者在这一段描绘出一幅怎样的景物图？其中又蕴含着怎样的感情？——

你们看，茫茫江头，秋夜送客，枫叶飘零，荻花萧瑟，寒江浸月，客船待发，这是一幅怎样的图景，你们能用文中三个字概括出这景物的特点和给我们的感受吗？"同学们自然会随着我有声有色的引导欣赏到一幅萧瑟的秋景图，也会把重点抓得很准，立刻回答："秋瑟瑟"。而对待小说和戏剧，除了生动地陈述作品最吸引人的地方和作者的生活经历之外，可以组织学生根据不同的内容进行相应的分角色朗读或登台表演，这样就使学生直接参与其中，在欣赏的同时再创造，既欣赏到作品原有的内容，又培养了学生创造的能力，这样学生便会在一种欢乐愉快中欣赏到了文学作品的魅力。这也是寓教于乐的一种体现。

通过欣赏教学法使每一篇课文在学生面前不再是点、横、撇、捺的简单机械的语言符号，而能体味到其中睿智的哲思、美好的情愫、跃动的血脉、震颤的灵魂及其映照出的历史的沧桑和时代的光华。于是在艺术享受的心醉神迷中，灵魂不断得到了净化，感悟力、理解力、鉴赏力种种掌握运用语言的能力就次第走上一个又一个新台阶，素质教育的目标也就功到自然成地逐步实现了。语文教学的育人本位也就得到了很好体现。

2. 精心引导学生诵读古典诗歌

中国古典诗歌是中国传统文化的精髓。在这些古典诗歌中，有的蕴含着中华民族赖以生存发展、兴旺发达的重要精神支柱的爱国主义精神，有的描写祖国大好河山，在他们的字里行间无不饱含作者热爱伟大祖国的情愫。通过古诗文教学，使学生对祖国悠久的历史、灿烂的文化和杰出的科学成就加深认识，增强学生的民族自豪感，树立民族自尊心和自信心。

中华民族在几千年的历史长河中，孕育了千千万万的优秀儿女。他们不但崇尚自由，热爱和平，追求真理，注重礼仪，而且奋发向上，自强不息，团结御侮，以天下为己任。

《邹忌讽齐王纳谏》中的邹忌以自己的切身感受设喻，讽谏齐王要广开言路，纳谏除弊，修明政治，以使齐国强盛起来。他的才干和智慧，是中国人民的骄傲。他的这些建议，都是治国安邦之本，直到今天仍然有着重要的借鉴意义。

李白的《将进酒》感情奔放，气势雄浑，曲折低回，跌宕起伏。李白以饮酒放歌为名，表达了壮志难酬的悲愤。

杜甫的《茅屋为秋风所破歌》以满腔热情抒发了"若天下寒士能各得其所，自己甘愿献出生命"的心声，其忧国忧民的拳拳之心历历在目。

教学这类古诗文时，要注重引导学生去体会和领略那种惊天地泣鬼神的英雄气魄，在崇敬与感慨的同时陶冶自己的情操，培养崇高的思想品德和爱国主义情感。

3. 课前 3 分钟的小演讲

作为一名职校生不仅需要知识面广，面对就业的他们还要有一定的语言表达能力。因此，我在语文课上很注重学生表达能力的培养。平时上课，我都会在正式上课前组织学生进行演讲，朗诵自己喜爱的诗歌、散文以及其他文学作品，只要他们能迈出第一步，那就算是很大的进步。在课堂上，我也鼓励学生发表自己的见解以及组织学生进行各种形式的讨论，久而久之，学生们胆子变大了，敢于展现自己的才能。他们的语言表达能力有了很大的提高，学习兴趣也浓厚了。这也给他们以后就业带来了很大的自信。

学生在艺术享受的心醉神迷中，灵魂不断得到净化，感悟力、理解力、鉴赏力种种掌握运用语言的能力就次第走上一个又一个新台阶，素质教育的目标也就功到自然成地逐步实现了。

三、中职校语文教学应大力提高学生语文素养的培养

"21 世纪迫切需要的语文智能是敏捷思维，一目十行，过目成诵，入耳成文，出口成章，下笔千言，倚事可待；因而快思、快读、快听、快写训练便成了现代化语文素质教育的崭新课题。"（河南师大曾祥芹《人类言语运动的五种速度》）这是现代快节奏生活对人的素质要求。

中职校语文教师在教学中应该着力对学生进行这五项技能的训练。针对职校生基础差、底子薄的特点，可以重点训练学生的书法、写作与普通话等技能和基本功。字是一个人的"门面"！学生应聘填个招工表，连字都写得站不稳，不是第一关就过不了吗？写作方面除教材安排的作文序列训练之外，每周引导学生写周记，按写作训练规律由片段到篇章，文体由记叙、说明到议论，多侧面、多角度地训练。除此之外中职校的语文课面对的学生，是接受完学校教育后要走上工作岗位的群体，因此教师在上语文课时要注重实用性，要与学生的专业课结合起来，催化学生学习的兴奋点，点燃学生的学习兴趣。因此我认为还应对应用文的写作进行严格训练，因为日常生活中应用文的运用非常广泛。在上语文课时，教师也可教授学生学习写商业信函、公文以及学生找工作时的工作简历和求职信等，这些都是职校学生走上工作岗位前必须准备的一些技能。

总之，开展中等职业学校的语文素质教育就是要坚定一个信念："培养真正的人！让每一个从自己手里培养出来的人都能幸福地度过自己的一生"。只要努力，终有回报。

参考文献

[1] 张民圣，于漪.教师人文读本[M].上海：上海辞书出版社

[2] 柳斌.中国教师新百科教育卷[M].北京：中国大百科全书出版社，2002

[3] 孔丘.论语通译[M].北京：光明日报出版社，2008

[4] 王国维.人间词话：王国维[M].武汉：长江文艺出版社，2007

[5] 俞平伯等.唐诗鉴赏辞典[M].上海：上海辞书出版社，2013

[6] 曾祥芹.人类言语运动的五种速度[J].中学语文，1997（01）

[7] 戴圣良.网络环境下的作文教学[D].华东师范大学，2006

[8] 于丹.重温最美古诗词[M].北京：北京联合出版社，2002

探讨兴趣教学法在中职体育教学中的应用

钟庆发

厦门市同安职业技术学校　高级讲师

兴趣是学生学习最好的老师,学生对于自己感兴趣的科目,都能够给予极大热情。由于中职体育教师与普通中学体育教师教学研讨较少,在教学中无法较好地顾及学生的实际状况和兴趣爱好。教学方法不具创新性,使得学生的运动积极性受到压制,因此将兴趣教学法有效地应用在中职体育教学中十分重要。

一、兴趣教学法概述

兴趣教学法,即在教学过程中,体育老师如何让学生对体育这门课程产生浓厚的兴趣,也就是所谓的体育兴趣。兴趣就是指兴致,是对事物表现出的关心或者喜爱的情绪。在心理学上讲就是人们希望能够认识某样东西或是参加某一项活动的心理动向。兴趣能够使人们有效地集中注意力,产生紧张又高兴的心理变化,对于人们的实践活动起很大的作用。以此为基础,体育教学就是使人们积极地了解并乐于从事体育活动的心理动态。如果一个人对体育产生了浓厚的兴趣,他就会积极地投入,全身心地努力,最后的结果就是在体育活动中获得了满足,同时在情绪上获得良好的体验。

二、兴趣教学法在中职体育教学中的作用

1. 可以有效地活跃课堂氛围

在中职体育教学的过程中,通过有意识的兴趣引导,根据学生的个性特点及学生的身体锻炼需求,采用各种适合学生个性发展的不同形式的教学方法。一方面,提高了学生的学习兴趣,活跃了课堂的教学氛围,展现各种妙趣横生的活动方式;另一方面,改变学生不喜欢参与体育活动,甚至是被动式地参加体育运动的授课形式。

2. 能够有效激活学生学习体育的兴趣

中职学校体育老师在教学中要根据学生不同的个性特征、心理素养和身体素质，进行有目的性的引导，才能更好、更准确地挖掘出学生的兴趣爱好点。例如，有些学生体质较差，不宜参加过于激烈的运动，可选择趋于趣味性、娱乐性、健身性的游戏，如投沙包、"炸碉堡""运球往返计时赛"等。如此不仅能培养学生团结协作精神、集体主义精神，更重要的是调动了学生的学习兴趣，激发了学生的学习热情，可以让同学们收获更多的乐趣。

3. 培养团队精神，促进班集体的建立

在体育课教学过程中要渗透团队精神，培养学生的合作能力，这是体育本身所具有的特点。学生通过体育学习所获得的社会适应能力，包括理解个人健康与群体健康的密切关系，对自我、群体和社会的责任感，合作精神和竞争意识，对他人的尊重和关心，良好的体育道德和团队精神。例如"老鹰捉小鸡"游戏，"小鸡"在"母鸡"的掩护下，结伴而行，拼命躲闪防止被"老鹰"抓住。这样就培养了学生团结友爱、相互合作的团队精神。学生的学习兴趣水平会有所提升，从而更好地提高教学效果。

4. 促进学习提高技能，养成终身锻炼的良好习惯

在体育教学中，教学内容新颖，难度、深度安排适当，是培养和激发学生对体育产生学习兴趣的关键，用"乐教"影响学生"乐学"，利用教学手段的变化，促进学生掌握更多的体育知识和运动技能，激发学生对学习的兴趣，养成对体育的一种强烈求知欲及坚持长期锻炼的习惯。

三、兴趣教学法在中职体育教学中存在的问题

当今社会科技发展迅速，外界对学生存在吸引力的事物越发增多，而中职学校学生处于社会与学校的临界点，兴趣教学法虽能激发学生主动参与课堂学习，但还需要完善中职体育教学评价体系，加强校际交流研讨活动，提高教师自身业务素质和教学水平。

1. 没有把兴趣教学法真正地运用到体育教学中去

我国当前体育教学的教学观念（包括中职学校在内）较为陈旧、保守，对理论知识和技术技能过于重视，没有充分认识到体育教学方法的重要性，某些老师进行体育教学时，教学方式无非是跑步与自由活动，教学内容始终如一，枯燥无味，这样学生对

上体育课的热情、兴趣逐渐减退，甚至逃避体育课。

2. 中职体育缺少整体性的教学模式

当前中职体育教学方式，采用的教学模式陈旧，缺少整体性的教学模式。设计体育课程时，老师没能按照中职学生的年龄、兴趣、爱好，性格以及具有可塑性的身体特征进行编写。教学过程中，中职体育老师只简单地采取教学比赛、跑步、自我练习等形式，学生只能被动地参与到老师安排的活动中，其创新能力和团结协作精神无法得到很好的发挥，没有办法形成整体性的教学模式，这在一定程度上成为兴趣教学法在中职体育中发展的拦路石。

3. 中职体育教师缺乏钻研兴趣教学法，故学练效果不突出

当前的体育教学处于不断创新和知识更新的时代，有些体育老师缺乏研讨钻研精神，不善于学习新知识。认为上体育课不必跟文化课老师那样认真备课、编写教案，只要懂得技术动作，懂得怎样教就行了，对兴趣教学法理解不透，存在应付了事的思想。最终结果只能是学生对上体育课失去吸引力，教学效果可想而知。

4. 中职体育教师综合素质跟不上，影响教学实效

中职体育老师水平参差不齐，部分教师工作热情较低，缺乏钻研精神，教学水平停滞不前，存在吃老本的现象。体育课无创新性，无法较好地吸引学生，影响教学效果，阻碍兴趣教学法的应用推广。而且中职体育校际教研活动开展得较少，各校体育教师各自为政，进行教学探讨与研究的机会不多，缺乏有效的课堂教学，特别是教育理念陈旧，无法形成一套有效的教学管理和评价机制。因此重视教师理论和技能的学习，提高教师的整体素质，才能确保体育教学的实效性。

四、兴趣教学法在中职体育教学中的具体应用

1. 情境引导式教学

在中职体育教学中，根据学生的年龄变化、兴趣爱好以及心理特征设置不同的教学情境，才能更好地吸引学生加入体育活动中，从而提高学生对学习体育的兴趣，提高体育课堂的教学质量，促进中职学校学生更快更好地发展。例如，在篮球项目教学中，教师可以从学生喜欢 NBA 球星乔丹入手，介绍乔丹刻苦训练的成长经历，最终成为美国篮球史上伟大的球星。利用学生崇拜英雄的心理，引导学生以优秀运动员为榜样，树立学生"爱国、拼搏、向上"等远大理想，激发更多的学生参与到体育运动中，更好

地实现中职体育教学的目标。与此同时，情境引导式教学还可以更好地培养学生的合作和创新精神，让每个学生都可以在体育中得到乐趣。

2. 游戏式教学

中职学校学生还保留爱玩、好动的天性。采用游戏式的教学方法，能更好地吸引学生积极地参与到体育教学中来。在教学的过程中，体育老师可以根据学生的爱好、心理特征和身体素质，设计各种不同的游戏，丰富课堂的教学内容，让课堂气氛更加活泼、幽默，让学生积极地加入课堂游戏中来，尽可能地激发自己的兴趣，充分享受体育带来的趣味。例如我们可以在课堂上设置"投准"的游戏，让学生充当投手，在固定的架子上挂满纸质的物品，用乒乓球做炸弹，分散开来进行投掷，让学生进行比赛，谁的命中率比较高，谁就可以取得好的分数。通过游戏使学生勤于动脑、激发兴趣、发散思维、增强自信心，还可以有效地培养学生的创新能力和自主能力。

3. 心理引导式教学

中职学校学生的年龄还处于叛逆的阶段，很容易出现行为的叛逆、急躁等不健康心理特征。因此加强对学生的心理引导，多开展一些合作性、开放性强的体育活动，能够引导、促进学生心理健康良好发展。课堂上我们可以开展多样的集体比赛项目，例如年级篮球赛、拔河比赛、圆圈接力跑等活动，让学生克服胆怯，养成勇敢、乐观以及坚强的个性。这既提高了学生学习的自信心，也让学生更加积极、主动地参与到学习的全过程中，同时增强了学生发展体能、掌握技术的本领。

4. 兴趣小组式教学

随着社会的不断进步，有很多的中职学校体育老师对兴趣教学法越发重视。教学中可根据学生之间的共同爱好，让学生组成几个兴趣小组，充分发挥集体探究学习的优势，促使他们取长补短，取得进步。老师可以采用踢毽子、拔河等方式来锻炼学生的合作意识和竞争意识；采用丢手绢、接力赛等方式培养学生更好地与人相处并合作；通过花鼓和街舞等形式激发学生的运动兴趣，因为其对于新兴的事物总会产生浓厚的兴趣。

五、结束语

总之，作为21世纪的中职体育教师，必须与时俱进、开拓创新，在教学中运用多种手段激发学生兴趣，只有这样才可以更好地完成教学任务，更有效地提高学生的身体素质。当然，将兴趣教学法有效应用于中职学校体育教学中并非一蹴而就的，还需努力探究，寻找适合自己的方法与途径。

参考文献

[1] 冯遵章.浅析兴趣教学法在初中体育教学中的应用[J].体育世界（学术版），2012（9）

[2] 宋亚娟.浅析兴趣教学法在初中体育教学中的应用[J].新课程学习（学科教学），2013（10）

[3] 袁春花.兴趣教学法使体育课堂教学变轻松[J].教师（课堂广角），2013（1）

[4] 陈轶中.兴趣教学法在初中体育中的应用[J].才智（创新教育），2013（8）

[5] 王汝英.论体育教育对终身体育意识的影响[J].体育教学，2003（6）

中职学生参与课外体育活动现状与对策研究

——创建国家示范校建设材料

徐双智

厦门市同安职业技术学校

一、研究目的

课外体育活动是指在体育课程以外，以健身、保健、娱乐为目的的体育活动，以提高运动技术水平为目的的课余体育训练，以及为丰富学生课余文化生活而举办的课余体育竞赛等的总称[1]。同时，课外体育活动的开展不仅在培养学生的体育兴趣和锻炼习惯上起着重要的作用，为学生终身体育化奠定了一定的基础，而且有利于促进学校文明建设以及进一步增强学生体质，提高学生的健康水平和身体运动能力[2]。本文从调查厦门市同安职业技术学校学生进行课外体育活动的现状着手，在大量文献资料和调查研究的基础上，总结厦门市同安职业技术学校学生进行课外体育活动的经验及其存在的问题与不足，分析其主要影响因素，并在此基础上提出科学合理、有效的建议。

二、研究对象与研究方法

1. 研究对象

以课外体育活动为研究对象，以厦门市同安职业技术学校 2012 级、2013 级在校电商、数控、建筑、物流、护理、药剂六个专业的中职生为调查对象。

2. 研究方法

（1）文献资料法。通过学校图书馆、中国期刊网和万方数据库查阅了大量关于课外体育活动、中职生参与课外体育活动、课外体育活动的开展等的相关文献。

（2）问卷调查法。本研究设计了学生参与课外体育活动的问卷调查表，问卷的发放与回收于 2014 年 2 月至 2014 年 3 月进行，全部问卷的发放严格按照发问卷的要求进行发放和回收。共发放问卷 240 份，回收问卷 239 份，回收率 99.58%，废卷 9 份，有效问卷 230 份，有效率 95.83%，具体情况见表 1。为了确保调查的可信度，在相关人员的协助下，组织填写。

表 1　被调查人员的具体情况（n=230）

		人数	百分比（%）		人数	百分比（%）
性	男	111	48.26	住宿	193	83.91
别	女	119	51.74	走读	37	16.09

（3）数理统计法。本研究调查的所有数据全部采用计算机录入，同时采用 SPSS 17.0 软件进行统计学分析。

三、研究结果与分析中职生参与课外体育活动的现状如下

（1）每周参与课外体育活动的次数。参加课外体育活动的次数是指单位时间内参加课外体育锻炼的数量。课外体育锻炼的次数可以反映中学生体育锻炼意识和习惯的养成程度[3]。适当科学的体育锻炼有助于增强体质。从表 2 可以看出，中职生参与课外体育活动 0 次的为 42.2%、1 次的为 24.8%、2 次的为 15.2%，每周锻炼两次及以下的占总数的 82.2%。

表 2　每周参与课外体育活动次数调查统计（n=230）

每周参与课外体育活动的次数	0	1	2	3	4	5	>5	合计
频数	97	57	35	20	5	7	9	230
百分比（%）	42.2	24.8	15.2	8.7	2.2	3.0	3.9	100

（2）每次参与课外体育活动的时间。从表 3 可以看出每次参与课外体育活动的时间 30min 以内的占 49.6%、30~60min 占 33.9%，60min 以内的占 83.5%，这其中一部分包括不参加课外体育活动的学生。虽然平时学生课余时间很多但花在体育锻炼的时间却很少。

表 3　参与课外体育活动时间调查统计（n=230）

每次参与课外体育活动的时间	30min以内	30~60min	60~90min	90~120min	120min以上	合计
频数	114	78	25	6	7	230
百分比（%）	49.6	33.9	10.9	2.6	3.0	100

（3）参与课外体育活动的项目。课外体育活动的项目与学生的兴趣、技能、性格等因素有关，从表 4 可以看出，中职生参与课外体育活动的项目排在前三位的是羽毛球（25.98%）、篮球（14.22%）、其他（10.78%）。而排在前面的活动项目大多以球类项目和其他有器械的项目为主，相比无器械的活动，有器械的活动更能使学生产生兴趣。

表4　参与课外体育活动的项目（n=230）

	Responses		Percent of Cases（%）
	N	Percent（%）	
羽毛球	106	25.98	46.10
篮球	58	14.22	25.20
其他	44	10.78	19.10
游泳	33	8.09	14.30
乒乓球	26	6.37	11.30
跳绳	26	6.37	11.30
排球	23	5.64	10.00
滑旱冰	17	4.17	7.40
田径	16	3.92	7.00
街舞	14	3.43	6.10
舞蹈	13	3.19	5.70
足球	10	2.45	4.30
武术	10	2.45	4.30
健美操	8	1.96	3.50
板球	4	0.98	1.70
合计	408	100	177.30

（4）参与课外体育活动的动机。体育对一个人有无意义，受个人需要、兴趣、爱好、习惯、意识等个性倾向所制约，不同时期，其侧重点有所不同。从学生参加课外体育活动的动机来看（见表 5），影响中职生参与课外体育活动的动机主要有娱乐（25.36%）、健身（24.50%）和自身兴趣（18.16%）。而提高技术（2.58%）所占比重最小。由于现在的中职生学业压力并不是很大，课余时间较充裕，他们更愿意参加一些他们感兴趣的，并且有一定娱乐性质的活动。

表5　参与课外体育活动的动机（n=230）

	Responses		Percent of Cases
	N	Percent	
娱乐	88	25.36	38.30
健身	85	24.50	37.00
自身兴趣	63	18.16	27.40

	Responses		Percent of Cases
	N	Percent	
调节情绪	46	13.26	20.00
其他	28	8.07	12.20
应付考试	17	4.90	7.40
与人交往	11	3.17	4.80
提高技术	9	2.58	3.90
合计	347	100	151.0

（5）影响参加课外体育活动的原因。一个人是否主动参与体育锻炼，是由多方面的因素所决定的，不同时期受周围不同的环境条件影响会产生不同的效果[4]。但是，从表6中可以发现缺少伙伴（18.77%）、其他（15.20%）、无兴趣（15.20%）占到了很大的比例，而场地、器材、经济能力占的比重却很小。由于现在人们生活水平的提高，场地、器材、经济能力得到相应的改善，而网络、电视、娱乐活动等的不断增多，使得人们可以选择的课外活动也变多了。而大量的学生被吸引到其他活动中去，一定程度上造成体育伙伴的缺少。

表6　影响参加课外体育活动的原因（n=230）

	Responses		Percent of Cases
	N	Percent	
缺少伙伴	58	18.77	25.20
其他	47	15.20	20.40
无兴趣	41	13.27	17.80
学习紧张	39	12.62	17.00
无人组织	39	12.62	17.00
缺少器械	35	11.33	15.20
缺少场地	32	10.36	13.90
无人辅导	13	4.21	5.70
经济不能接受	5	1.62	2.20
合计	309	100	134.40

（6）希望参加的课外体育活动形式。体育活动的形式有很多种，有自主的，也有集体组织的，但不管哪种形式，最主要的是活动的对象参与者。从表7可以看出，学生希望参加的课外体育活动形式主要为自主活动（47.23%），俱乐部（23.41%），自主管理、教师辅导（17.46%）和学校组织、教师带领（11.90%）。其中，自主活动比重最高，大部分学生更愿意自己支配课外活动的时间。

表 7　希望参加的课外体育活动形式（n=230）

	Responses		Percent of Cases（%）
	N	Percent（%）	
自主活动	119	47.23	51.70
俱乐部	59	23.41	25.70
自主管理、教师辅导	44	17.46	19.10
学校组织、教师带领	30	11.90	13.00
合计	252	100	109.50

四、结论与对策

1. 结论

（1）通过调查发现每周不参加课外体育活动的中职生占 42.2%，每次锻炼时间在 60min 以内的占 83.5%，说明学生体育锻炼时间过少，同时还反映学校开展每天锻炼一小时的活动实效差。

（2）通过分析，与无器械的体育项目如田径、舞蹈等相比，中职生更乐意参加以球类和有器械的项目为主的课外体育活动。

（3）通过调查发现学生参加课外体育活动的动机以娱乐和健身为主。

（4）影响中职生参加课外体育活动的因素以缺少伙伴为主，同时他们希望参加的课外体育活动形式以自主活动和俱乐部为主，反映出当下的中职生喜欢自己组织的，和自己喜欢的玩伴在一起活动和娱乐。但是，由于当下又缺少较多的适合他们的体育伙伴，导致他们的课外体育活动受到影响。

2. 对策

（1）针对中职生锻炼时间和次数少的问题，作为学校要保证每天锻炼一小时活动的有效开展和实行，同时丰富课外体育活动项目。

（2）针对学生喜欢的课余体育活动项目以有器械的项目为主，学校应保证充足的体育器械，以便学生能更好地投入课外体育活动中去。

（3）根据中职生喜欢自主活动的体育活动形式，但又缺少玩伴的情况，学校可大力支持学生开设一些体育社团，通过社团的形式，把那些喜欢同一个体育项目的学生聚集起来，方便他们课余体育活动的进行。同时多举办一些体育比赛，使他们平时的练习有很好的施展机会，从而促进他们更好地进行课余体育锻炼。

参考文献

[1] 潘绍伟，于可红.学校体育学[M].北京：高等教育出版社，2010
[2] 张梅.北京市海淀区初中生参加课外体育活动的现状调查与分析[D].北京：首都体育学院，2012
[3] 许文鑫.福建省大学生课外体育活动现状及影响因素研究[D].厦门：福建师范大学，2006
[4] 席连正.课外体育活动对终身体育的影响[D].武汉：武汉体育学院，2007

注重科学训练，提高耐力素质

邵加兴

厦门市同安职业技术学校

伴随着社会的快速发展，人们越来越注意强身健体，越来越热衷体育竞技运动，全民健身，风生水起，蔚然大观。在体育活动中，耐力素质特别引起人们的重视并深入践行。

一、关于耐力素质的概念及生理机制的问题

探究耐力素质的作用，首先必须了解耐力素质的含义及生理机制的内涵。所谓耐力，是指人们持续一段较长时间工作的能力。在运动训练中，耐力是运动员在长时间的训练和竞赛中抗疲劳的能力，是运动素质的重要因素之一。耐力的分类繁多，根据各专项运动的性质、特点、要求及运动部位、运动环境等不同，从不同的角度去划分，有不同的分类命名。在运动训练中，为了便于分析及符合各专项的归类与训练实践的需要，一般以参加运动的能量供应的特点为标准，分为有氧耐力和无氧耐力两大类。

1. 有氧耐力

有氧耐力是指在氧气供应充足的情况下，长时间进行运动的能力。其生理机制是将呼吸吸进的氧，经过肺泡与血液间的气体交换，弥散融入血液，并与血液中红细胞内的血红蛋白结合；通过血液循环进到肌肉等组织时，红细胞将氧释放出来，供肌肉等组织利用，肌肉中的糖原、脂肪等可在酶的作用下利用氧进行有氧代谢供能。

进行有氧耐力训练，主要是为了提高运动员的最大摄氧能力，推进氧进入血液的弥散进程；增加血红蛋白的数量和给氧释氧能力，提高心脏中血液输出量及血液循环量，从而促进肌肉组织进行有氧代谢。其任务可以定位为：提高机体的摄氧、输氧及利用氧的能力，从而增强持久运动的能力。

2. 无氧耐力

无氧耐力是指机体处于缺氧或供氧不足的情况下，较长时间利用肌肉收缩供能的能力。其生理机制是由于训练强度大而且时间较短，引起机体供氧不足，使肌肉产生大量的乳酸，导致血液酸化，从而刺激机体产生适应性变化，增强机体的耐酸能力，进而提高糖酵解的供能能力，发展无氧耐力。

开展无氧耐力训练，一是要通过提高肌肉中乳酸脱氢酶的活性，提高肌肉无氧酵解供能的能力；二是无氧耐力训练，还能增强碳酸酐酶活性以促进二氧化碳的排出，提高肾脏排酸保碱的能力，从而提高血液中的"碱储备"，以增强对乳酸的缓冲能力；三是开展无氧耐力训练，能提高脑细胞对血液酸化的耐受性，推迟疲劳的产生，提高在缺氧情况下，保持较长时间的大强度运动的能力。其任务可以定位为：提高肌肉的无氧酵解能力，机体消除乳酸活动的能力。

由此可见，开展耐力素质的训练，直接影响着运动员的呼吸、循环等心肺功能、中枢神经系统的机能及运动中肌肉运动时的能量供应等问题，对运动员的身体发育、增进健康和运动训练的效果以及竞赛成绩的提高都起着十分重要的促进作用。因此说耐力素质是当代各项运动训练中极为重要的素质之一，不可或缺。

二、关于耐力素质在训练与竞赛中的作用

经过长期的运动实践，人们发现耐力素质在现代训练及竞赛中的作用主要有以下几个方面。

1. 能促进运动员健康发育生长

随着训练的科学化，各项运动水平迅速提高。运动员开始训练的年龄越来越小，如体操、游泳、乒乓球等运动员从 5~6 岁、7~8 岁就开始训练，田径项目也从儿童开始抓起了。对于年幼运动员，首先要保证他们的身心健康、发育生长，在此基础上才能谈得上提高运动能力及专项成绩。体育教学实践证明，对年幼运动员进行合理的有氧耐力训练，能使他们的心脏容积加大，心搏量增多，最大吸氧值提高，呼吸频率减少，心率稳定，肌体恢复能力提高。加上适时科学合理的营养膳良，能有效地促进他们的健康发育、茁壮生长。对于成年运动员，开展耐力训练同样有助于增强体质，减少伤、病侵害，有利于科学系统地训练。

2. 能提高机体抗疲劳的能力

疲劳是一种生理现象。有机体经过长时间的活动，必然要产生疲劳，导致工作能力下降，限制了运动能力和训练水平的发挥。现代运动训练的特点是采用大负荷、大运动量训练，这只有在运动员具备了较高的身体素质，特别是具有良好的耐力素质的条件下才能充分进行。实践证明，耐力训练可使运动员肺活量增加，最大吸氧量得到提高；心脏体积及容积加大，心搏量增多；血液中的血红蛋白数量增多，输氧能力提高；同时提高能量代谢的机能及脑细胞等耐酸性能，从而有效地提高抗疲劳的能力。抗疲劳能力越强，机体保持持久的高水平运动能力就越强，这为加大运动量及运动强度，提高训练的质量奠定了有利的条件。

3. 能消除疲劳促进机体的恢复

通过有效的耐力训练，呼吸及心血管系统功能得到发展，机体的物质代谢和能量代谢功能得到提高，训练后血氧供应充分，可使机体内疲劳因子消除加速，能量物质恢复加快。这就缩短了训练后消除疲劳的过程，使机体迅速得到恢复。机体的迅速恢复，可以使训练间歇缩短，增加重复次数及训练课的次数，这就能够保证完成大强度、大运动量的训练任务；同时也能够保证整个训练的不间断性和系统性，防止出现过度训练，增进了实效性。任何运动训练，都需要消耗很多的能量，如果能及时消除疲劳，使机体及早得到恢复，必然会有效促进训练及竞赛的效果。

4. 能促进其他素质均衡发展

实践证明，耐力素质对其他运动素质也有着方方面面的影响。经过良好的耐力素质训练，运动员会提高抗疲劳能力，促进大脑皮层兴奋与抑制过程有节奏地交替，促进呼吸及心血管系统的机能得到发展，改善机体能量物质储备增多及代谢功能。这些变化都会成为其他素质（力量、速度、灵敏度等）发展的物质基础，从而促进其他素质的发展。因此，在现代运动训练中，从儿童、少年时期就开始耐力素质训练的实践，改变了以往的传统观念。

5. 能促进运动员心理素质的培养及竞赛技术、战术的发挥

良好的有计划、系统性的耐力训练，能增强与提高机体的机能，同时，由于耐力训练常常是一个极为艰苦、较为枯燥的训练过程，因此坚持训练的过程，也可以说是培养运动员坚毅、顽强、勇于克服困难的意志品质及良好的心理素质的过程。综观当今世界的重大比赛，无一例外要求运动员必须具备良好的心理素质。比如一场足球赛，90

分钟内始终要求运动员保持充沛的体力进行大强度的奔跑、拼抢与机灵地运用各种战术配合。世界级足球选手每场大赛大约要奔跑近万米，没有很好的耐力又怎么表现出顽强的意志力呢？又比如一场拼搏激烈的排球比赛，时间往往长达几个小时，这无论在精神上，还是体力上都对运动员提出极高的要求。同样，在现代五项、铁人三项、马拉松等体育竞技项目中，同样存在有关坚强毅力、顽强意志和努力拼搏的耐力素质问题，胜利者的耐力素质的往往是出类拔萃的，这一点早已经得到世人的公认。当今的运动竞赛不仅是在比技术、比战术，更深层次的是在比体力、比意志。运动员如果没有良好的耐力素质是难以进行长时间紧张而激烈的竞赛的；没有具备坚毅、顽强、勇于克服困难的意志品质，就不可能有神清气定、稳定自如地开展运动及有效发挥技术、战术的心理基础，就谈不上有满怀信心地创造优异成绩的追求了。

三、关于影响耐力素质的几个因素

根据耐力素质的生理机制可以知晓影响耐力素质的几个因素。

1. 糖原贮备是有氧耐力的物质基础

肌肉激烈活动时，能量来源首先是 ATP（三磷酸腺苷）和 CP（磷酸肌酸）。但这种供能只能维持 6~8 秒钟，如果持续活动，在氧供应不足时，体内糖（糖原或葡萄糖）可以通过无氧糖酵解分解为乳酸，以供应能量。以上的代谢供能属无氧代谢过程。如果继续活动，由于负荷强度下降，便开始进入有氧代谢供能过程。这时肌肉主要利用肌糖原在氧的参与下进行分解代谢，合成 ATP 供能，由于肌糖原被消耗，可以由来自肝糖原的血糖给以补充，因此糖原贮备量对耐力素质的影响较大。

2. 酶的活性

人体内酶活性越高，各种能源物质的分解速度就越快，耐力水平也随之水涨船高。

3. 摄氧、输氧、氧利用率因素

（1）运动员的心肺机能，对最大摄氧、输氧能力的提高很重要，是发展耐力素质的基本条件。

（2）血红蛋白的含量决定输送氧的能力以及运送、排除二氧化碳的能力。血红蛋白含量高有利于向肌肉组织提供更多的氧，降低肌肉的酸化程度，使肌体能持续更长久的工作时间。

（3）运动员对氧的利用能力与耐力水平有关。根据有关报道，经过系统训练的运动员可以用最大耗氧量的 10%~90%进行运动，而且血液中的乳酸积累量相对不高。而没有经过系统训练的人，在用最大耗氧量的 40%~50%进行活动时，体内就开始积累较多的乳酸。权威专家研究表明，如果一个运动员的有氧耐力从最大耗氧量的 80%提高到90%，那么他的 10000 米长跑成绩可提高 3.79 分钟。这就充分说明了运动员的有氧耐力水平与摄氧、输氧、氧利用率等因素有着千丝万缕的关系。

4. 神经系统的功能与耐力素质的发展也有较大关系

耐力素质要求大脑皮层兴奋与抑制要有节奏地进行交替，最大限度地节省能量物质。提高神经系统的功能，一方面是提高神经—肌肉的协调能力，使肌肉活动减少无意义的能量消耗，另一方面是提高神经系统对物质代谢的调节能力，这样才能使机体坚持长时间的活动。

5. 人体肌肉纤维的类型及数量对耐力素质也有影响

据研究，肌肉中的红纤维收缩速度虽然缓慢，但是有氧代谢能力较强。因此，活动能够持久。根据测定，耐力性较强的运动项目的优秀运动员，红肌纤维所占比重极大，可以达到 80%~90%。

6. 心理素质对耐力素质的影响

除了运动员的生理、生化等机能能够直接对耐力素质直接施加影响外，运动员的心理素质对耐力素质的训练及发挥也有着十分重要的影响。运动员的意志力在耐力训练和体育竞赛中显得非常重要，特别是经过较长时间的训练后出现疲劳的情况下，完成负荷尤显重要；在以强度为主的训练以及与较强对手们的比赛中，耐力素质的作用尤其凸显。如果运动员的意志不坚强，怕苦怕累，在强手面前退缩、气馁，这就使神经中枢缺乏强烈的刺激，其兴奋与抑制就会产生失调，就不可能保持训练及竞赛所要求的高强度水平。有许多实例已经表明，人类有着极大的耐力潜力，这种潜力必须通过运动员的坚强意志去战胜疲劳，才能发挥到极致。

总之，现代竞技体育对运动员的耐力素质的要求越来越高。要想提高运动员的综合素质，就必须大力强化耐力素质训练。科学、系统、有效开展，必将收获运动员身体素质和竞技成绩的双丰收。

浅谈中职学校学生终身体育锻炼意识的培养

陈少云

厦门市同安职业技术学校

一、前言

就目前而言，中职学校学生终身体育意识普遍都比较弱，中职生普遍都不能够很好地认识到终身体育意识对他们长远发展的重要性。而教师在培养他们的体育锻炼习惯以及终身体育意识上仍然存在很大的缺陷和不足。而对于中职学生来说，培养学生终身体育的意识对于学生发展有着多方面不可或缺的意义。那么终身体育怎样才能为中职生服务，这是中职体育与健康教学首先要回答的问题。希望老师和学生都能把终身体育意识重视起来，全校师生共同进行体育锻炼，从而提高学生终身体育意识，也进一步促进社会的发展和进步，使全民的身体素质得到有效的进步和提高。

二、终身体育的内涵

终身体育，是指一个人终身接受体育指导和教育以及进行身体的锻炼[1]。终身教育主要包括两方面的含义：一是指一个人从生命的开始一直到生命结束，在这一生中都学习并且参与身体锻炼活动，体育活动成为其学习和生活中不可缺少的部分；二是指以终身体育为指导思想，将体育的整体化和体系化作为目标，在不同时期、不同的生活领域中，为人们提供学习和参加体育活动的机会[2]。

三、中职生的终身体育意识的现状和影响因素

1. 中职学生终身体育意识的现状分析

1）中职学生没有很好地养成体育锻炼的习惯

由于从小学到中学都有升学考试压力的存在，很多学校不能从根本上实行素质教育，只不过是在实行素质教育外衣掩盖下的应试教育。很多学校特别是师资配备不足的地区更严重，从上级领导到下属的老师都不能制定出真正实用和规范的考核制度和措施。再者，迫于升学的压力，很多领导、教师都不赞成学生把更多的时间用在体育锻炼上，学生接触的体育课少了，教师对学生的体育锻炼引导得少，学校不支持，这些都是直接影响学生体育兴趣的形成，进而影响学生进行体育锻炼的重要原因。

2）学生体育课兴趣不高

（1）运动条件所限。运动条件主要包括学校的活动场地器材，也是一直影响学生积极性的一个重要因素。调查中有一大部分人反映学校场地器材缺乏。场地器材是保证学生体育课能否顺利开展的物质基础，如果缺乏，势必会造成部分体育项目开展不起来，老是重复那几个简单无趣的运动项目，就会使体育课显得更加单调枯燥乏味。

（2）学生的意志品质薄弱。根据近两年来上体育课发现，学生怕苦怕累，另外就是怕失败后遭同学笑话，这些都是意志品质较差的表现。现在的学生几乎都是家里的独生子女，从小在温室中成长，备受父母的疼爱呵护，虽然其父母基本支持孩子参加体育活动，但仍有部分父母担心子女受伤或者感冒而影响学习，怕浪费时间，以致不让孩子参加体育活动。也正因为如此，子女在父母的长期影响下，对待很多事情也就有怕苦怕累怕失败的思想，一遇到困难挫折便产生畏难情绪，从而导致他们的思想意志薄弱，这也是影响学生上体育课的积极性和对体育不感兴趣的一个重要因素。

（3）身体健康因素。中职校中有部分学生是因为自身的体质较弱运动能力较差，另外还有部分女生是因为月经来临害羞而害怕活动，这些都是由于学生缺乏必要的体育卫生知识，而导致他们在上体育课时活动的积极性不高。

（4）体育教师。从学生的反映得知，很大程度上是由于教师自身的原因影响了学生上课的积极性。教师的言谈、举止、形象、认识和看法等都能直接作用于学生，从而对其产生影响。在教学工作中确实有部分体育教师由于教学思想陈旧、内容不熟、教学态度不认真、示范不准等，影响了学生学习的积极性。另外，由于教师组织不力，教法呆板，生搬硬套，对个别学生不闻不问，或者是过于敏感而滥用惩罚，引起师生关

系紧张，导致学生不爱上体育课，并产生反感情绪，这些都是学生上课积极性不高的重要因素。

3）忽视对学生体育意识、体育能力的培养

由于教学内容长期以来受到传统体育观念的影响,教师只重视学生身体素质的发展和运动技能的掌握，而忽视对学生体育能力、体育意识的培养。学生只在老师的陪同下进行锻炼，离开老师就无法科学自主地实施自己的体育活动，而且学校对学生体育保健卫生和体育文化方面的知识传授甚少，不能满足学生对体育健身知识和发展基本运动能力的需要，同时也忽视了对学生体育运动兴趣、爱好以及终身体育意识的培养。

2. 中职生培养终身体育意识的影响因素

（1）中职生自身因素。中职生自身是一个很重要的因素，因为他们的心理和生理日趋发育而走向成熟，自我意识逐渐变强，自我调控的能力也有所提高，但是中职生在个人心理和身体发育以及参加体育活动的动机等方面都存在较大差异，男生大多数都会选择比较激烈的球类活动，女生则一般喜欢一些运动量较小、可以改善形体的体育项目，一般来说，中职生都会积极参与自己喜欢的运动项目，而对于他们不喜欢的体育项目则会加以应付，甚至出现逆反心理。中职生在接受体育运动的能力方面也存在较大差异，一些经常参加体育运动的学生则表现出较强的接受能力。但是，大多数学生则不能做到及时掌握当天所学内容，时间一长就会出现严重的两极分化现象。能否将体育教育落到实处，对中职生们的心理状态起着最直接的影响，当这些学生心情较好时参与体育活动，他们便表现出积极参与的极高热情；当他们心情低落时，就会表现出厌烦、排斥的运动情绪，这些因素可以说是直接影响着学校能否顺利开展学生终身体育教育工作。

（2）中职校级领导的重视程度。中职体育教学的实施是否顺利，和学校实施的相关政策直接关联，然而学校相关领导对体育教育的重视程度更是学校能否顺利开展终身体育教育的重要影响因素。由于中职生完成两年学业后面临直接就业或者是参加中职高考的选择，很多学校为了走大众路线，单纯地以提高升学率来提高招生就业率，再加上大多数学生家长给予孩子参加中职高考的巨大压力，学校便放弃抓体育而拼命抓高考，过分重视学生的文化课，从而忽视了对他们的体育教育。把原本一周两次的体育课改成了一周一次，这就直接导致体育教学和课外体育活动不能够正常开展，严重阻碍了教师对中职生的体育教学，更是直接影响对中职生开展终身体育教育的活动。

（3）中职体育教师的专业水平。体育教师是学生实施终身体育教育的直接执行者，这就要求体育教师不仅要具备专业的技术水平、良好的个人素质、丰富的体育和锻炼常识[4]，还要充分掌握并根据学生特有的生理、心理、行为等对体育教学进行一定的创新，从而提高体育教学效果。但是就目前而言，部分体育教师只重视对学校专业队伍的管理和训练，而忽略了对自身教学业务水平的提高，且个别体育教师在整个教学过程中态度不认真，不去认真备课、上课，不去积极了解学生心理活动，让学生放纵自由，随意活动，有的教师甚至缺乏相应的职业道德，这都严重阻碍着体育教学的开展。

（4）中职学校建设的体育场地及置办的体育器材。随着国家越发重视职业教育，使得中职学校的体育器材和体育场地得到了很大的改善，但仍然存在一些问题，有的学校体育场地没有被充分利用，闲置现象严重，有的学校甚至出现体育场地被占用的状况。大多数学校对体育馆都没有充分利用，仅用于对学生进行运动训练和举办体育比赛，并没有充分发挥体育馆的实际价值，而且存在体育器材不够用或者对于体育器材的使用不恰当等问题。

四、中职体育教学中培养学生终身体育意识的意义

1. 中职学校体育是社会体育和学校体育的衔接点

中职学校的体育是学校体育的最后一个阶段，是学生从学校走向社会的一个重要转折点，对于学生形成终身体育意识具有重要的作用。学校体育则是社会体育的基础，中职生在学校所接受的体育教育，将会一直延续到社会。学生步入社会以后，健康的体魄是他们发挥聪明才智的基础，而他们在学校所掌握的体育知识，也将为自己今后事业的成功和开展社会交往创造了有利的条件。终身体育则是学校体育的最后一站，终身体育作为学校体育和社会体育的衔接点，对培养中职生终身体育意识有着特别的意义[3]。

2. 中职学校体育也为学生将来健康的生活方式奠定有利的基础

随着经济的发展、生活水平的逐步提高，人们对现代生活方式的不断追求，在很大程度上也进一步改变了人们的生活方式。而只有体育能够愉悦人的身心、丰富人们精神文化生活、充实人生和提高人们的生活质量，促进人的全面发展并且能够增强身体机能和对环境的适应。体育锻炼是抵抗疾病的重要手段其还有更多的作用，能够消耗人体内多余的营养而带来的脂肪，维持人体营养的供需平衡，使人们保持健康的体魄、拥有健美的身材，并且能够使人们的生活更加丰富多彩。终身体育最重要的作用就是能够持久有效地影响人的体质，从而保证人们能够更健康地投入生活和工作中去，它

不但有利于社会的进步和发展，更能够有效地提高人们的生活质量。

五、培养学生终身体育意识的对策

1. 转变传统的教学思想，树立正确的教学观念

传统的体育教学思想中，大部分教师往往只注重对学生体质方面的教育，从而过多地将精力放在体育基本技术、技能的传授上，而忽视了对学生体育意识的培养。因此，在中职学校体育教学的过程中，教师应当逐渐转变传统的体育教育教学思想，应加强对学生体育意识及健康意识的培养，在整个教学过程中还应该将终身体育意识和现阶段的中职体育教学有效地结合起来，从而扭转现实中体育教学存在的只重视体育实践而忽视理论的教学局面。

2. 加强对中职生终身体育思想的教育

学校以及教师要加强对学生终身体育锻炼的宣传力度，增强学生的体育锻炼意识，逐步提高学生对于终身体育意识的认识，树立正确的体育价值观。体育教师在教学时主要以引导为主，并指导学生强化自身的体育锻炼以及参与意识。在实践活动中进一步了解终身体育的价值和意义所在，让学生逐渐把体育锻炼作为生活的一部分，并加强对学生体育理论知识教育，让学生能够在学习中进一步认识到体育对自身和社会的价值。学生只有真正提高终身体育的意识了，才能在今后的学习生活中坚持体育锻炼。在学校方面，中职学校可以充分利用校广播电台、黑板报等宣传终身体育观念，从而激发学生体育学习的热情，了解更多相关的体育知识。中职校还可以定期组织各种体育竞赛及趣味活动，举办相关的体育讲坛等，以丰富学生的体育活动内容，进而强化其终身体育的思想。

3. 加强对学生体育兴趣的培养

在中职体育教学过程中，教师加强对学生体育兴趣的培养，能够使学生养成良好的锻炼习惯，从而促进学生终身体育意识的形成。兴趣是学生学习过程中最好的老师、最活跃的因素，能够调动学生的学习积极性，使学生产生情感体验。因此，想要学生坚持终身体育锻炼，就必须要调动学生对体育的学习积极性，而学生学习积极性的动力又来自学生自身的兴趣。

4. 加强对学生体育能力的培养，为终身体育奠定基础

在中职体育教学中，体育教学的最主要目标就是教育学生能够根据自身的需要进行

体育锻炼，并且能够在各种不同的环境和条件下坚持体育锻炼的一种能力和习惯。然而学生是否能够实现终身体育锻炼，主要取决于学生是否有一定的体育能力，即基本的运动能力、自我运动能力、自我评价能力等[5]，实际上也就是学生应该具有的进行终身体育锻炼的一种能力。

5. 提高教师的专业技能和素质

虽然学生是体育锻炼的主体，但是教师作为学生的引导和教育者，教师的专业技能和素质对学生终身体育意识的形成起到决定性作用。要想增强学生的终身体育意识，首先就要加强教师的自身体育锻炼意识。教师有了良好的专业技能才能更好地让学生投入自己喜欢的体育锻炼。教师的专业技能水平越高，学生得到的体育教育就越好。学生在上课过程中受到教师的耳濡目染，自然会让终身体育意识融入学生自己的日常生活中。只有这样，学生才能长久、更好地坚持锻炼。在教学过程中或者课后教师要为学生制订出更多科学的体育锻炼计划，从而满足学生体育锻炼的需要。学校为了体育教师更好地发展，应该定期对教师的专业技能进行检测，以起到督促教师经常性地进行自我充电的作用，也能够更快地使教师提高自身的专业素质和专业技能。然而，现代社会中职体育教师不仅要具备较为全面的专业知识和技术技能，还要做到与时俱进，不断拓宽自身的体育技能等，以提高自身业务能力。同时，教师还要根据自身的专业特点，制定更为合理的教学措施，改进以往的教学方法。随着多媒体等信息化教学的发展，教师也应当要具备一定的创新能力，不断学习提高自身信息技术方面的知识，使学生体育信息紧跟时代。另外，体育教师还要注重培养学生健全的性格，加强学生德育方面的教育。只有这样才能使学生终身体育意识逐步培养起来。

6. 社会、学校和家庭方面的重视

首先学校方面，需要全面大力地贯彻教育方针，加大力度管理学校体育工作。从整体上，为学生树立正确而有效的终身体育意识。由于受应试教育及升学压力的影响，部分教师、家长，对体育教学认知的态度不够端正，甚至很多老师、家长持不赞成态度，觉得学习体育是在浪费时间。这样，无形中直接给学生造成一种影响，久而久之也开始下意识地避开体育活动。体育教学需要学校、家庭和社会给予大力的支持，才能使体育教学正常而有效地运行，才能更好地对学生的终身体育意识进行培养。此外，必须明确终身体育意识培养的重要性，明确体育教学是终身体育培养的关键。要能够对课间操、体育活动、体育课加以利用，加强终身体育意识的培养。

六、总结

　　加强体育锻炼是培养学生终身意识和提高全民身体素质的有效途径,加强体育锻炼的终身意识适应社会的进步和发展,也是社会发展的潮流。俗话说得好,身体是革命的本钱。只有全国人民在身体状况良好的前提下,才能更好地进行各种社会活动,从而促进社会的进步和发展。希望中职学生和中职体育教师以及学校领导、家长能够把体育终身教育的意识重视起来,使学生在中职阶段能够进一步地培养终身体育的意识,养成良好的体育锻炼的习惯并长久地坚持下去。

参考文献

[1] 杨智伟.中职学校学生终身体育意识培养的研究[M].广州:广东湛江财贸学校出版社,2010

[2] 高广华.中职体育教学中影响终身体育的因素及对策[J].科技创新导报,2013,10

[3] 冷雪联.试论中职体育教学中终身体育意识的培养[J].学校体育学,2013,36(3)

[4] 郑毅敏.浅谈如何培养高职学生终身体育意识[J].常州师专学报,2002(6)

[5] 李继文.论高校体育对学生终身体育意识的培养[J].安阳师范学院学报,2006(5)

互动评改习作有效作文教学

洪永庆 张世惠

厦门市同安职业技术学校 高级讲师 厦门市同安区第二实验小学 高级教师

在传统的作文教学中，"学生作文，教师批改"似乎是天经地义的，结果普遍出现了"教师批改作文，学生只看评语"的现象。作文批改工作变得很被动，老师辛辛苦苦的批改对学生作文水平的提高收效甚微。

叶圣陶先生说："学生作文教师改，跟教师命题学生做一样，学生都处于被动地位。能不能把古老的传统变一变，让学生处于主动地位呢？假如着重在培养学生的能力，教师只能给些指导和引导，该怎样改，让学生自己去考虑去决定，学生不就处于主动地位了吗？养成了自己改的能力，这是终生受用的。"

教育名家的话对我们语文教师而言应该是很有启迪作用的。

现行语文课程标准在习作方面要求学生"修改自己的习作，并主动与他人交换修改，做到语句通顺，行款正确，书写规范、整洁"。这样看来，只有全方位地激发学生对作文批改工作的兴趣爱好，他们才会披情入文，更好地关注作文。组织学生相互审阅批改自己的习作，能更好地激发起他们对习作的主动性，欣赏对方的优点，发现对方习作的不成熟之处，喷发自己的奇思妙想，以旁观者清的心态去修正、润色，帮助对方，也激励自己构建出一篇让自己感动的佳作，这样一来提高学生作文水平的期望就水到渠成，愿景成真了。

在日常的作文教学实践中，教师可以有意识地组织学生开展作文互批互改的探究活动，在学生作文的"互动"评改中，得到了许多有益的启迪。

一、师生互动，探究方法

要让学生学会自己评改作文，教师的贴切指导必不可少。如何让学生更快地掌握评改方法呢？我们认为："授之以鱼莫如授之以渔。"引导探究方法必不可少，师生互动参与评改的尝试非常重要。

（1）学生和教师一起阅读习作，教师引导学生发现文章中的错别字、不通顺的语病句，让学生说心里话，发表真实想法，畅谈如何修改。教师一边用红笔批改，一边向学生介绍批改中常用的符号，教会学生怎样做标记，这就是一种方法的学习和能力的培养。比如错别字用"○"圈出，好词好句用"_____"标出，并让学生学习使用以下早已为大多数人认同的标志符号：

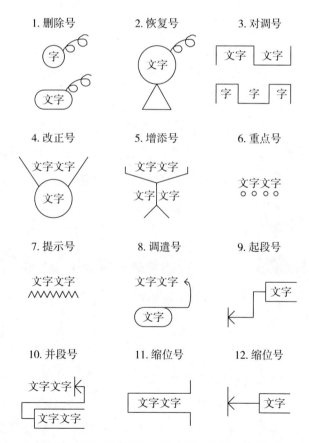

教师有意识地多次教导学生如此修改习作，并要求学生养成习惯，这对于广大学生来说必将受益终身。

（2）学生再读，找出文中的好词好句，教师因势利导，学生各抒己见，发表对文中某个词语或几个句子的感受，从而在不知不觉中培养学生的审美能力与习作水平。

学生评议时，教师实时跟进，一边划示某个词语或几个句子，一边做眉批，引导学生从情感、内容、修辞等几个方面来进行深入的赏析。比如："这个词语用得很好，准确形象""这个比喻真的活灵活现""这一段神态描写的话语生动具体，我们仿佛与作者同时在现场看到了一样"……润物细无声，习作者在老师的表扬中其成就感油然而生，对习作的积极性就自然而然地得到了激发，认真习作的意念也就得到了加强。这对于学生是终生受用的引导。

（3）泛读习作后，教师在学生得到初步的鼓励之后应掌握火候趁热打铁，引领学生再次浏览作文，教师应深入引导学生根据本次习作的要求（如中心明确、表达流畅等）谈谈自己的感受或者提出个人的修改建议，师生联手一起为作文判得失，写评语，教师要告诉学生评语的基本写法——以欣赏为主，多评价别人的优点，给予鼓励；同时，也应该指出今后要注意的地方，以利于进步。比如："读了你的文章，品味其中的好词佳句，真的令人如沐春风！你的阅读面广，视野开阔，积累了丰富的词汇，表达十分形象，值得我们学习。希望你继续努力，写出更好的文章。"

通过这样的师生联手探究评改，让学生初步掌握了作文评改的方法。从学会推敲词语入手，到修改句子，到修改段落，直至批阅全文，由低到高，循序渐进，螺旋式上升，阶段性推进，既提高了学生自批互改的能力，又加强了学生的审美技能，为今后写出更好的文章打下基础。语文素养的提高就是"问渠那得清如许，为有源头活水来"。

二、生生互动，培养能力

"自能作文，不待老师改。"构建师生联手修改学生习作的平台，就是教师把作文评改的主动权交还给学生，引导学生尽量去发现文章中的闪光点，在自改和互评中提高习作能力。

1. 结对互改

这是指作文水平相当的两个同学互相交换作文进行批改。这样交流的目的是让不同层次水平的学生都有修改作文的自主权，特别是给予了较差的学生信心，激发他们对作文的兴趣。对不同水平的学生可以提出不同的修改要求。如水平较差的同学每次批作文时，只要求其把字、词、句批改好，能写出自己读此文的感受，不论对错，只要真实即可。对水平较高的同学，就依能力的水准提出更高的批改要求，比如要说出好在何处，指出自己理解或不理解的句段，写上恰当的评语。在这样的互批互改中，学生地位平等、心情舒畅，就能无拘无束，相互沟通，相互启发。

如评析作文《××趣事》时，同学们就这样互相评议：

"××同学，你的习作主题明确，题目也取得十分有趣，字也写得漂亮，让人情不自禁地想往下读。但你没把事情的过程写得更清楚，让我觉得有点惋惜哟！不过看的作文很开心，期待你的下一篇好文章。"

"××同学，你的文章写得很具体，从每一个动作每一个心理都可以感受到你小时候的那份童真。你的词语用得恰当，句子生动有趣，让人读完回味无穷。可惜，你写的结尾太简单，有点美中不足，希望你能修改一下。"

每一次的作文交换评改就是两个人的交流学习，同学们就在一次又一次的互改中不断相互启迪，取长补短，提高了自己的作文能力。

2. 小组互改

在学生初步掌握修改的方法后，教师就可以引导学生根据自己的性格、爱好自愿分组（4人一组，设组长一人），同时也考虑到各组成员的实际作文水平，确保能够使"互动"批改得到良好的组织和有效的控制。

在习作批改之前，教师首先引导学生根据习作的要求复习相关作文的知识，组织讨论并确定作文的标准，明确批改的要求。然后由组长主持，逐一朗读作文，其他同学旁听，如果遇到自己认为需要修改的地方就提出建议，给予评价，并讲清楚为什么要这样改，同时征求原作者的意见。组长最后把关，归纳性地提出补充修改的建议。这样做使小组成员可以自由地讨论交流，从标点符号到遣词造句，从片段写作到整体的谋篇布局，从谈论哪个词语使用得失到争辩哪个句子该怎么写，只要他们能感受到的，他们有疑惑的、有见地的都可以直言不讳。学生在相互补充、相互启发中充分地发表自己的见解，迸发出智慧的火花，从而看到了自己的优点与不足，知道自己的作文好在哪里，哪里又需要进行改进，应该怎样才能把自己的作文写得更好。

运用这种评改方法可以集思广益，激发学生修改作文的积极性和主动性，培养他们分析问题和修改作文的能力。

三、人媒互动，增强实效

随着多媒体、网络进入课堂，作文的教学也注入了新活力，开拓了新天地。以多媒体、网络为作文活动的教学平台，大大加强了师生在网上交流、评价的渠道，充分调动了学生的习作意识，能更有效地激活学生的写作兴趣。

有以下两种方法可以借鉴使用。

1. 实时赏析

利用信息化教学手段评析学生的习作，不仅省时省力，而且更能发挥聚众人智慧之所长的优势，使评议更加全面，修改更加全面彻底。

当学生完成某一篇文章时，教师可以通过网络浏览学生习作，从中遴选出具有典型优点、明显缺点的习作，投影到大屏幕上，不同的段落与词句可以用不同的字体显示，精彩之处可画红线，不妥之处可以闪烁。学生围绕习作要求，就标点、字、词、句、段落等方面评头品足，发现闪光点，指出不足处，与老师同步点评，增强课堂的魅力；同时，利用信息化教学手段能更加方便地实现增、删、变、换等方面的修改、完善。教师通过多媒体网络监控系统对学生机进行操作监控，可以随时将不同作品传递到学生机的显示屏上，引导学生细致阅读，或朗读欣赏，或品词析句；可以随时发现存在的问题，及时提醒学生，有针对性地进行个别辅导。

这样的人媒互动评改，显示了现代科学技术服务教学生活的先进性，能充分调动学生的课堂参与积极性，让课堂教学成为学生学习生活的一种快乐状态，使习作教学更具有吸引力，使提高学生的习作能力更有坚实的支撑点。

2. 发帖评改

语文教学的外延是火热的现实生活。怎样把课内的评改延伸到课外，让广大学生"得法于课内，得益于课外"，更好地保持学生作文评改的积极性与延续性呢？采用网络发帖就可以实现教师的这一想法。

教师可以利用网络建立习作网站或者班级博客圈，让每个学生都有发表作文的空间，给学生提供一个发挥潜能、展示才华、体验成功的平台。学生可以随时把自己写的文章粘贴上网，利用空闲的时间到空间去阅读作文，开展欣赏与评论。通过发帖把自己的见解表达出来，并进行作文的评改。他们发帖、回帖，商议或争辩，从文章的选材到立意，从内容到语言，不断地思考争辩、切磋交流、合作探究，最终达到共同提高的目的。教师也定时在网上发帖点评，奖励那些"评改小能手"，从而不断地抬升学生的习作热情。

经过一段时间的有意识尝试，我们欣喜地发现，在作文的"互动"批改中，学生作文的参与意识得到了空前的提高。他们对写作的兴趣更加浓厚了，学生的整体作文水平也得到了明显的提高。

当然，寸有所长，尺有所短，无论采用哪种作文评改方法，在实际的教学实践中，受到学生的习作水平参差不齐的客观限制，定然会有一些不尽如人意之处，这就需要教师去明辨、去思索，秉承坚定的理念，不墨守成规，敢于突破，不断创新作文评改方式，寻求一种新的、符合学生学习实际的方法，方能开拓出作文教学的一片新天地。

大教育家夸美纽斯在《大教育论》指出："寻求一种方法，让教师尽量地少教，而使学生尽量地多学。"

叶圣陶先生说："教是为了不教。"

但愿这些真知灼见能给我们以启迪，更给予我们探索未来、追求成功的勇气。

参考文献

[1] 管建刚.我的作文教学革命[M].福州：福建教育出版社，2013

[2] 柳斌.中国教师新百科教育卷[M].北京：中国大百科全书出版社，2002

[3] 朱伯石.写作与作文评改[M].北京：高等教育出版社，1986

[4] 戴圣良.网络环境下的作文教学[D].上海：华东师范大学，2006

[5] 于丹.重温最美古诗词[M].北京：北京联合出版社，2012

谈体育教学质量的提高

高水源

厦门市同安职业技术学校 高级讲师

体育是一门综合性的学科，是学校教育的重要组成部分，提高体育课的课堂教学质量是贯彻教学方针，培养合格建设人才的具体表现。体育教学是师生的协同活动，其教学质量受诸多因素的影响，而教师的"教"与学生的"学"构成了活动过程的两个方面。通过三十多年的教学实践，我认为做好以下几个方面的工作能有效地提高教学质量。

一、精心备课

备课是每一个学科的教师上课前的准备工作，或许有的人认为体育课是不用备课的，只要课堂上让学生活动就可以了，这种看法是极其错误的。其实，认真备课是上好一堂体育课的前提。教师在上课前，应对教材、教法、场地器材等方面作全面的了解和认真的准备，选择适合学生身心发展的项目进行锻炼，以促进他们身体的正常生长、发育，从而达到锻炼身体，增强体质的目的。如果不备课，虽然也能上课，但上课的效果是不会好的。因此，上好一堂课的关键在于备课。特别是职业学校的学生不好教，备课的重要性更加突出，需要在教学当中，好好地备课，真正地备好课，让自己的课堂更精彩，这样才能吸引学生的注意力！

1. 备课的任务

体育教学的任务是增强学生体质，传授体育知识、技能和技术，对学生进行思想品德教育，通过各种锻炼，使学生身心两个方面都得到发展。在教学任务中，应说明教师在课堂上练习什么内容，让学生学会或掌握哪些动作要领，发现哪些错误动作，解决什么问题。目的要明确，不能含混不清，更不能泛泛一提了事。制定任务要符合实际，有针对性，切忌过高或过低，以免挫伤学生练习的积极性，影响教学效果。

2. 备好教材

钻研教材是备课的重要环节。教师只有对教材熟悉，弄清教材的重点、难点、问题解决的方法等，才能达到理想的教学效果。钻研教材时，应运用解剖、生理、心理教育等科学知识去综合分析。例如：投掷标枪教学时，重点是助跑和最后用力，难点是掌握协调用力的顺序，关键是出手角度；跳高教学时，重点是助跑、起跳，难点是起跳时身体的姿势。由于对教材有了比较熟悉的掌握，这机关报课就比较容易上好。

3. 选择教法

科学的教法是体育教学达到理想效果的重要环节，在选择教法上，应根据学生的生理特点和每堂课的不同任务灵活选用，有的放矢，讲求实效。例如，在跳高教学中，采用摆腿触高物和头手触高悬的球进行练习，能改进踏跳向上的技术。通过做这些辅助练习，可以提高学生的学习兴趣，从而改进动作技术。

4. 了解学生

在备课时教师要了解学生，因为学生是我们教育的对象，教与学是双边活动。如果教师盲目地组织教学，对学生要求过高就会使学生掌握的技术水平达不到，打击学生上课的积极性；若要求过低，这堂课就无收获，使学生产生厌烦心理。因此，在教学过程中，要掌握学生的身体健康状况及情绪的变化情况、技术技能水平的高低，对于不同的情况，要不同对待，如果做到这一点体育课就能达到预期的目的。

5. 准备场地器材

一堂成功的体育课与场地、器材的合理安排是分不开的。选择合适的场地、器材，可有效地防止学生在练习中受伤，激发他们上课的积极性。

二、合理安排课的密度和运动负荷

体育课的主要任务是增强学生的体质。因此，安排适当的运动量，对增强学生的体魄有重要意义。如果运动负荷不够，密度小，则达不到增强学生体质的目的，同样，负荷和密度过大，就会影响学生的身体健康。因此只有正确合理地掌握运动量，才能使学生的体质得到全面发展。

运动密度是指一节课中练习的时间与实际上课的总时间的比例。体育教师在课前要根据课的任务、内容、学生特点及教学条件等情况合理地安排练习次数和休息时间，严密教学组织，提高教学效果。每堂课中学生的心率应控制在 120~160 次/分，课的密度在教学条件好的学校应达到 35%~40%，有的课甚至可以达到 50%以上，但最低不应低于 25%~30%。

运动负荷是指练习时所给予人体的生理负荷，它反映人们在练习过程中，练习施加于人体的生理负荷所引起的一系列变化。了解运动负荷的大小，一般可采用观察学生的出汗量、呼吸、面色和精神状态等外部表现。如果呼吸急促，面色灰白，排汗量很大，就说明运动负荷过大。合理的运动负荷是上好体育课的重要一环。如一堂技巧课和中长跑课（两节连上）适宜运动量估算 135 次/分（课平均脉率），准备部分要达到 120 次/分，结束部分要降到 105~80 次/分，这样下课后，学生的体力能很快恢复最佳状态。教师要根据学生的身体情况分成强弱组，区别对待，提出不同量的要求。总之，如果只强调课的密度而忽略运动负荷，或光强调运动负荷又忽视密度，都达不到好的锻炼效果。合理安排运动量应注意几个问题：一是安排一堂课的运动量应遵循人体生理机能活动变化的规律，即由小到大，由大到小；二是一堂课的运动量大小与教材的安排、搭配是分不开的；三是就一次课来说，如遇到教材安排不能得到妥善解决时，就应考虑从其他方面着手来调整课堂运动量；四是精心设计，周密地组织每一堂课；五是一堂课的时间有限，为了保证学生在课堂上有充分的练习时间，教师必须贯彻"精讲多练"的原则。

特别是进入冬季时，由于天气越来越冷，室外的体育课越来越难上，可是冬季又是一个很好的锻炼季节，那么可以选择适宜的运动项目。进入冬季，人体的各个系统处于相对稳定、过渡状态。运动机能也处于较低水平。教师要及时调整教学内容，不一定都按课标或自己制定的教学进度和计划一成不变地去执行，可以结合本地区的气候特点，对课标上的内容进行有效的调整，开展地方校本教材的实施，将一些地方民间体育引入课堂，如蹲斗、踏脚、顶肩、拔腰、斗牛、跳橡皮筋等项目的开展。教师在设置教学内容时，要尽量选择运动强度小、密度稍大的项目，比如耐久跑、武术、健身舞、健美（身）操和跳绳、踢毽子、羽毛球、沙包等，避免运动负荷大、振动性强的项目，如快速奔跑、急行支撑或跳跃；尽量减少以固定器械或持较重运动器材的项目练习，如单杠、双杠、爬杆等练习。选择项目尽量设计为合作类项目或采用游戏方式进行，如合作跑、集体蛙跳、负重比赛等。只有选择适宜冬季的运动项目，才能使冬季体育教学为学生锻炼身体服务成为可能。

三、体育课要生动活泼，气氛和谐

上课是教与学统一的整体。在教学过程中，如何提高学生练习的积极性，不仅是一个教学原则问题，而且也体现出一个教师的教学艺术。爱因斯坦说过："兴趣是最好的老师。"课堂内容要适合学生练习的要求，引起学生练习的兴趣。我在职专从教多年，得到的经验就是多采用游戏法和比赛法，这样往往能够有效地调动学生的积极性。游戏法是教师组织学生在规定的时间内，充分发挥个人的主动性和创造性，达到预定目的的一种练习方法。比赛法主要通过竞争手段，要求学生按所学技术技能，全身心投入比赛中去。用这两种方法练习，不仅能有效发展学生的体力和智力，而且对提高课堂质量也起着重要作用。例如，在练习长跑时，如果单一地让学生绕场地跑，就会显得单调、乏味。如果采用变速跑，即直道加速，弯道减速，效果就会好一些。为了提高学生的反应能力和速度，可采用接力赛跑、25 米往返跑等。运用多种练习方法，可使课堂生动活泼，学生练习积极性高。因此，在组织教学上，应力求课堂内容丰富多彩，切忌"放羊式"或"赶羊式"教学。

实践证明，师生关系和谐是体育教学的关键，一个和谐统一体必定是各个组成部分之间彼此紧密联系，协调一致地朝有序的方向发展，通过多年的教学实践我总结出，要使教师的"教"与学生的"学"紧密联系，齐头并进，应做到：

（1）无论批评还是表扬要以理服人，循循善诱。在课堂上要信任学生，尊重学生，尤其是在氧气沉闷时，教师应及时调整教学方法，提高练习兴趣，活跃课堂气氛。

（2）对那些犯错误的学生，教师应从多关心、多爱护的角度出发，真诚地指出错误，切不可含任何歧视，以免伤害他们的自尊心。

四、献身教育，甘为人梯

俄国教育家乌申斯基曾经说过："教师的人格青年的心灵来说，是任何东西都不能代替的有益发展的阳光，教育者的人格是教育事业中的一切。"献身教育的敬业精神，是对学生进行职业素质教育的核心内容，是建立教师职业道德的基础。任何一种职业道德，都首先要求人们热爱本职工作，忠于职守。作为一名体育教师，只有热爱体育事业和教育事业，才能在其学习期间积极主动地掌握体育教学的知识和技能，将来自觉地担负起教书育人的职责；才能对学生满腔热情，诲人不倦；才能严于律己，为人师表；才能以事业为第一生命，刻苦钻研和探索体育教学的规律，不断改进和提高教学方法，因此教师必须为人师表，在培养学生集体主义，爱国主义精神时，教师应该是甘于奉献的榜样。

参考文献

[1] 赵宏义.教师职业道德[M].北京：新华出版社，2003

九年一贯制学校体育教学衔接探究

陈英

厦门市音乐学校

一、九年一贯制学校体育教学现状

九年一贯制学校规模大，教师、生源构成复杂，学生年龄跨度大，体育教师教学能力以及受自身运动专长的影响，造成体育教学衔接难度大。体育课程标准水平一至水平四不衔接造成重复教学的现象普遍存在，加之体育中考的影响，均成为体育教育成效差的主要原因。九年一贯制学校在体育教学方面的潜在优势是不容置疑的，但这种教育教学模式的劣势也是客观存在，主要有以下方面。

1. 存在的问题

一是水平一至水平四体育课程标准不连贯,造成体育教育在各年段出现重复教学的现象，不符合目前学生学习的需求及体育教学持续发展；二是学生的年龄跨度较大，先天体质差异明显，存在运动技能的学习敏感期，不同年龄阶段的学生对于体育的兴趣也存在显著差异；三是在教学过程中，体育教学受自身专业方面的影响与制约，在实施教学时,所存差异较为显著,在不同体育专业的教学上,专业一边倒现象比较严重,不同体育项目之间的衔接性较差；四是七年级至九年级学生受体育考试内容的影响，往往是考什么项目，就学什么项目、练什么项目，造成体育课内容单一，学生没上课就知道要学什么、练什么，体育课变成了"训练课"，考试的内容比较单一和呆板，强制要求学生硬练或者死练，而这种做法也违背了初中体育考试的目的与宗旨，也使得学生道德教育及身心健康受到了严重的影响，学生体育特长难以培养，同时在一程度上使得学生体育技能学习也受到了严重的影响。

2. 体育教学优势

九年一贯制学校体育师资所占全部教师的比重较高，加上其他爱好体育的老师参与，有利于学校开展体育社团、俱乐部及组织大型、具有特色的体育活动。九年一贯制学生在校时间长，有利于学生掌握体育技能，并形成为其体育特长。此外，可实现体育器材资源合理分配使用，提高体育器械使用效率，有利于学校体育传统特色的培养，有利于体育教学的实施，激发学生体育学习的兴趣，使其主动且积极地参与到教学中来。

二、九年一贯制学校体育教学衔接新思考与方法

所谓"九年一贯制"，指的就是在义务教育阶段，学生持续在同一所学校完成从小学到初中的所有课程，小初一体化的教育模式。近年来，在实施教学改革的过程中，九年一贯制已经成为部分地区的教育名片，取得了骄人的成绩。由此，全国各地结合教学实践和区域整体规划，纷纷开始尝试建设优质品牌九年一贯制学校。体育教学作为学校德育工作以及提高学生综合素质的一个重要构成部分，在教学改革与教育发展中有着举足轻重的作用，如何使九年一贯制学校体育教学衔接更合理、更科学，还需要从学校的管理角度进行体制一体化统筹管理。

九年一贯制，作为我国现行学制的有益补充，如果沿用原来小学或者初中的教学管理模式来管理九年一贯制学校，不仅无法起到良好的助推作用，甚至有可能影响其正常发展。当前体育教学中存在的问题值得所有教育工作者反思，该教育模式中的衔接问题值得我们高度关注。只有不断创新教学衔接新方式，才能真正从形式到实质、由内而外地实现"一贯制"，才能真正发挥其对体育教学的优化作用。更新教学理念，统筹规划教学安排。具体来讲，可以从教师适应性、教学设计、教学内容等方面的衔接着手。

1. 不断完善自身技能结构，加强教学改革的适应性

九年一贯制实施过程中，由于体育教师受到的多为传统教育，在新型教学模式下表现出较大的不适应，为了加强教学衔接效果，落实"一贯制"，首先，要求教师加强自身学习与培训，深刻理解体育教学目标，认识一贯制教学的意义，只有从思想观念上认识到教学衔接的重要性，教师在体育教学中才会将这一理念落到实处。其次，勤学多练，不断提高自身运动水平。在目前的体育课堂教学中，许多教师并不是专业运动

员，在体育运动上的专业水平参差不齐，一定程度上影响了体育教学质量，因此，教师应不断完善自身技能结构，加强与优秀教师和运动员的交流，虚心向专业运动员讨教，力争专业突出、一专多能。最后，重视体育运动理论研究。在体育课教学实践中，有相当一部分教师不重视教材，未能发挥教材的作用。事实上，体育教材中集合了许多优秀的教学实践成果，对实践教学有着十分重要的指导作用。体育教师应积极钻研教材，以教材为参考，紧跟时代步伐，创新教学内容，提升教学水平。只有这样，体育教师才能在新情况、新问题面前"以不变应万变"。

2. 遵循教育规律，优化教学设计

实施九年一贯制的依据，在于青少年成长的螺旋式结构。体育教学要做到无缝对接，体现学生成长的持续性，必须遵循这一教育规律。在教学设计上，要求体育教师充分尊重学生心理、智力特点，深入了解各学龄段学生的运动能力、运动水平，只有在把握基本学情的基础之上，才能做出正确的教学规划。要求体育教师定期举办教研讨论会，结合教学实践，对教学中存在的较为普遍的问题、典型个例进行讨论、研究，在综合分析义务教育阶段体育教学目标与任务之后，从一年级开始对学生精心培养，每个年级都应有明确的教学目标和计划，形成完整的教学体系，使九年体育教学成为一个整体，分步发展，协同进步。

3. 创新教学内容，把握教学节奏

合理编排课时设计，创新教学内容。根据不同年龄段学生的认知特点，设置不同的教学任务。低学龄段可着重跑步、跳远、跳绳等相对简单的运动。随着学生年龄增长，再引入羽毛球、乒乓球、排球等球类运动，注重循序渐进，在完成运动原理、规则等基础知识讲解的基础上开展实践教学，不同阶段各有侧重，逐步发展运动能力，培养运动家精神。积极钻研新教材，紧跟时代步伐，将当下学生喜闻乐见的潮流运动引入体育课程教学，增强教学的时代性和趣味性。此外，还应注意创新教学方法。体育本身是一门非常有趣的学科，深受青少年喜爱，但是要维持这种学习积极性，需要体育教师不断创新教学方法，在体育教学过程中，教师应充分发挥体育课程自身特点和优势，采用竞赛法和游戏法激发学生学习兴趣。

三、结果与分析

在学校管理体制小初一体化、合理布局的情况下，体育教学如何真正实现与完善九年一贯制的教学，具体分析如下。

1. 打通水平一至水平四，结合学校实际构建符合本校的体育教学体系

第一，重组教学内容、结构及板块，选择其中某一部分的内容或者全部知识内容来重组；第二，由于目前所用教材基本上为纸质媒体，有很大部分知识不可动态展现于学生的面前，不便于学生对知识形成过程的感受，此时，教师可借助多媒体软件的应用，充分利用多媒体软件所具备的动态优势，通过图片情境将这种静态知识转变成动态的，以使知识形成过程充分地展现于学生面前，继而帮助学生更好地突破难点，更好地理解与掌握有关知识；第三，在教学过程中，可结合学生自身已有知识及经验，适当地调整教学内容，对教材之前的编排顺序进行合理且科学的调整，为学生提供一个更为广阔且充足的探索空间，使学生自主性及创造性得以充分发挥。此外，为加深学生对知识的理解，在体育教学中还应合理地安排练习。

2. 教师体育教学的衔接

（1）课程的衔接。依据本校课程开发，建立教学计划，严格按照教学进度上课，避免一些项目出现反复教学的情况，也避免老师常上自己熟悉的项目。体育与健康课程衔接教育是有效教学的重要手段。中小学体育健康课程衔接教育缺失，了解学生、适应学生的教育才是最有效的教育。现行中小学教育体制多以小学、初中、高中的形式存在，九年一贯制学校或完中校较少存在，中小学体育健康课程呈段落式存在，在实施教学中课程标准没有衔接，所开设的项目受学校体育设施、教师主观态度和学校管理的影响较大，学生基本没有参与课程规划和设计，体育健康教学显得力不从心，重复教学现象普遍存在，既是教育资源的浪费，也影响了学生主动学习。建议采取以下对策：一是各地区学校以片区或学区为单位结合学校体育设施配置情况开展集体教研，积极着手进行课程标准二次开发，规划片区或学区教学内容，使本学区体育教育得以衔接；二是中小学互派老师上课，了解学生，熟悉教材，促进衔接；三是为学生及体育骨干、特长学生建立档案，记载学生的成长和发展，使他们得以继续培养和发展。

（2）体育教学方法的衔接。在体育教学中，常用的教学方式有探究法、练习法、讲解法、观察法、自主学习法、分解完整法、小组学习法、情境法以及纠错法等，上述这些方式均可供教师选择。为使上述这些教学方式的作用得以充分发挥，笔者建议可将其有效地衔接，将技术教学和体育理论知识传授有效衔接，结合学生的实际情况，明确不同教学方式的衔接。如所学内容倾向于运动技术的掌握，则在教学过程中，教师可将纠错法、讲解法、情景法、直观法以及分解完整法有效衔接；若所学内容倾向于

学生身体素质的提高与发展，则可将自主学习法、练习法以及小组学习法等有效衔接，通过学生自主学习和重复练习，使其身体素质得以提高；若所学内容倾向于学生学习能力的培养与提高，则可将探究法、合作学习法以及自主学习法等有效衔接，通过学生自主学习、合作思考以及探究学习来获得相应的知识。

（3）体育活动组织实施的衔接。根据不同年级学生的特点，采取相应的教学策略，以提高其学习动力。在体育活动组织实施的衔接上，笔者建议可采取项目管理的方式来实施组织管理，学校每一位教师均承担不同体育活动项目管理工作及策划工作，在实施管理时，由项目负责人来进行协调与安排，根据活动的实际需求，协调各项体育活动的开展，采取大课项目管理的方式，结合学校、班级以及学生的体育教学的实际情况与需求，充分利用学校现有的各种体育设备和资源，对学生体育活动的时间及内容进行合理的调控。

3. 体育课与体锻课的衔接

在体育课和体锻课的衔接上，应实现课内外一体化，使课程成为学生学习健康常识及技能的主阵地，通过课外锻炼与体育竞赛，提高学生实践技能。在实际教学过程中，教师应从体育整体发展出发，把课堂教学设计和学校俱乐部、体育互动以及社团等有效结合，将学生自身的实际需求作为主要内容，以此激发学生学习兴趣，调动其学习动力。同时所开展的体育活动应源于社会、生存于社会以及实践于社会。比如，以"奥运会"、"亚运会"等重大的体育赛事为主题进行教学设计，师生共同收集、整理、开发、共享资源，根据课程标准要求，结合比赛期间的时政热点，编辑整理为教学资源，包含地理、体育、政治、人文、环境保护等相关素材，这种活动增加了学生之间主动合作学习、探究知识、爱国情操等。在涉及"兴奋剂"问题上，学生通过研究、探讨，明白了兴奋剂的类别、功能、危害，也了解到生活中常用药物中含有的兴奋剂或镇静剂种类，服用过量或服药不当造成的危害。

4. 学校体育与家庭体育的衔接

不管是学校体育，还是社会体育，均是基于家庭教育所实施的，由此可见，家庭教育非常重要。对此，在体育教学衔接探究上，还要注意学校体育和家庭教育之间的衔接，首先，应该加大家庭教育宣传力度，学校可借助于学生这一桥梁，带动家庭体育活动的开展。其次，对教学内容进行适当的调整，采取不同形式的活动，对于低年级的学生，学校可布置一些体育家庭作业，由家长与学生共同来完成，或者开展亲子体育活动，让家长与学生一起参与到体育活动中来；对于高年级的学生，则可邀请家长参与校运动会，举办由家长与学生共同参与的体育讲座等，这样不仅可使学生活动空间得到拓展，同时还可使学校体育与家庭体育达到优势互补的目的。

四、结论与建议

综上所述，如何更好推进九年一贯制学校体育教学衔接，进一步推动学生的全面发展，使学生在义务教育阶段能熟练掌握两项体育技能，同时使学生在体育运动与学习过程中是真正发自内心的喜欢，这要注意在教师的适应性问题、学生的适应性问题方面的良好过渡，特别是评估标准问题的改革，因为虽然实施了小初教学一体化、行政管理一体化，但 1~6 年级与 7~9 年级之间依然存在诸多差异，而且这种差异的存在是客观的、无法改变的。例如，1~6 年级学生年龄偏小，教育侧重学生参与锻炼兴趣的培养，而 7~9 年级学生由于面临中考，对运动能力、运动水平的要求偏高。鉴于上述差异性，在九年一贯制的教育背景下，教学考核与评价的标准界定存在较大难度，如果统一使用同一标准，则有违教育规律，也不利于学生成长与发展。

总而言之，九年一贯制学校体育教学应着重在教学计划、教学设计等方面下功夫。这不仅是一种新型办学模式，也是一种发展形态，更是一种办学思想。其价值的实现需要包括教师、学生、家长、社会在内的一切教育主体的共同努力。

参考文献

[1] 田风虎.影响济南市九年一贯制学校课余体育训练的人文因素研究[D].济南：山东师范大学，2011

[2] 向征.九年一贯制学校体育校本课程建设的价值取向研究[J].青少年体育，2013（1）：85-86，137

[3] 叶衍峻.现状调查科学链接建立阳光体育长效机制——以 3 所九年一贯制学校开展"阳光体育"活动情况的调查为例[J].青少年体育，2013（1）：19-21

探讨中职学校体育教学中学生自我评价

张丽华

厦门市同安职业技术学校

运动是人的天性，中职生正处在青少年时代，喜欢从事体育运动，但随着年龄的增长，其参与运动的热情却逐渐下降，问题出在哪里？在多年的教学实践中，总结出其产生的原因是多方面的，有教法不当、教材内容安排不科学、教学评价不合理等，但其中最主要的原因在于我们的评价方式存在弊端。现行的评价方式使学生在学习过程中看不到自己的成绩和锻炼效果，大大地挫伤了他们学习的主动性和积极性。在以教师讲授为主的教学模式中，对学生学习的评价以教师为主，集中在书面知识的掌握、技能的熟练程度，往往单凭考试成绩衡量学生的学习水平。在这种自上而下的单向评价中，学生只是被评价者，只能被动、消极地接受评价，而没有评价的权利；"一试定终身"，造成培养出来的学生千人一面、没有个性；忽视对学生的情感体验、探究能力、协作精神等方面的评价等。因此，对学生评价的改革迫在眉睫。本文主要采用文献资料法，运用教育心理学、教育学、学校体育教学等相关知识，根据全国中职体育课程开展课题研究的总体部署及子课题要求，探讨体育教学中学生自我评价。

一、关于自我评价的概念和内容

在心理学中，自我评价属于自我意识中自我认知的一个方面，它既是自我认知的一种手段，又是个体影响自我乃至影响发展的一种手段。自我评价是指人对照目标积极主动地在事物的发生、发展过程中进行阶段性评价，它是学生在学习过程中过程性评价的一个方面。自我评价包括人对自身外貌、能力、行为、品质和需要、动机与目的的分析、认识和所持的态度，是自我意识的重要形式之一。在体育教学中学生个体对自己的看法不但直接影响其行为，而且这种看法与其人格特质和心理健康等密切相关，因而会对其行为产生广泛的影响。

二、中职生自我评价的心理结构模式

个人自我评价与自我认知密切相关，自我认知是自己对自己身心特征的认识，自我评价是在这基础上对自己做出判断。由于自我认知处在不同的发展阶段，自我评价的主要内容也随之发生变化，因此，在不同的发展阶段具有不同的自我追求和不同的自我体验。在调查研究的基础上，根据1989年加藤义明编著关于自我意识的结构，我们认为中职生自我评价的心理结构如表1所示。

表1　中职生自我评价之结构

		物质的自我	社会的自我	心理的自我
自我认识	自我评价	对自己身体的形态、运动能力、外貌、衣着、表现和风度的认识和评价	对自己在群体中的位置、声望的认识和评价	对自己智力、性格与人格特点和道德品质的认识和评价
自我追求	自我体验	追求自己身体、运动动作、技术的完美，由此产生自豪感和自卑感	追求自己的名誉、在群体中的地位、争取得到同学和教师的好感，由此产生自豪感和自卑感	追求自己的心理品质个性以及智慧的发展，要求自己的行为符合体育教学的要求规范，由此产生自豪感和自卑感

三、体育教学中有关自我评价的知识、技术和方法

教师在指导学生自我评价之前，首先要把有关自我评价的知识介绍给学生，使学生明确自我评价的目的与意义，评价的内容、任务或目标评价的标准如表2所示，使学生对自我评价有一个全面、清楚的认识。在进行身体机能、身体素质的自我评价时，有些指标，如心率、肺活量、血压等，学生利用一些手头工具自己就能测出。如下肢爆发力，可测量立定跳远的成绩，通过一把卷尺就能测出。随着人们生活水平的提高、健身意识的增强，各种综合电子测量仪器在不久的将来必将进入人们的生活。各学校在对学生的体质进行测量评价时，要教给学生使用这些仪器设备的方法和科学的评价方法，并将这些仪器设备定期向学生开放，使学生经常性地进行自我测量和自我评价。

表2　自我评价

自我评价的内容	任务或目标
知识的掌握情况	某项运动的开展情况、健身功效、技术要领、练习方法认识和评价

自我评价的内容	任务或目标
运动技术的掌握运用	动技术的掌握程度和熟练运用程度
身体形态及机能	对自己的身高、体重、体型、心率、肺活量、血压等指标的认识和评价
个性心理及情感体验	对运动的兴趣、态度、学习锻炼中的意志、运动表现、风度等的情绪体验
社会适应能力	学习锻炼中的交往与合作、在群体中的地位、体育道德、能否独立锻炼

四、体育教学中学生自我评价

1. 培养体育锻炼能力

首先，现代教育观念认为，教学中在加强学生主体作用的同时，更强调教师主导作用的发挥。体育教学中，学生的学习活动是在体育教师的指导下进行的，放任自流的"自由活动"。研究和调查表明，在体育教学中，体育教师主导作用更多的是对学生启发诱导，评价、反馈矫正，增力强化。其次，现代心理学的研究表明，不知道学习效果的学习，往往是效率低下的学习。因此教师应通过观察，及时、准确地对学生的表现进行评价，让学生了解自己的学习效果，获得学习的信息反馈，达到强化正确，纠正错误，找出差距，促进努力的目的。最后，要即刻反映每一个学生的学习效果，仅仅靠教师一个人的即时评价是不够的，教师在体育教学中要注意学生自我评价作用的运用。大量的自我评价应该来自学生，教师应在组织教学中做出相应的安排，要鼓励和指导学生进行正确的自我评价，在自我评价和他人评价的差异中找出成功和失败的原因。

因此，在学校体育教学中，帮助学生学会正确地自我评价是非常必要的，它将有利于学生坚持目标或修正目标，使学生在体育教学过程中激发健康的心理因素，抑制和消除影响自我发展的心理障碍，它可以为学生提供有关本人进步的信息，了解自己学习锻炼情况，帮助学生认识到学习的难点所在，激励自己；同时对体育教学过程有积极的反馈作用，可以帮助我们了解学生，改进教学方法。对于学生和体育教师双方来说，自我评价象征着对未来学习活动的准备状态，有学生和教师对未来学习经验的选择。现代学校体育教育的发展和改革，日益重视对学生能力的培养，这是现代社会发展对新一代人才的新要求和大趋势。在体育教师的指导下，学生自我探索、自我练习与自我发现，通过大量的身体练习加深对体育知识、原理、技术的理解和感受，不断培养其自我锻炼、自我评价和自我控制、自我调节的能力，最终达到培养体育能力的目的。在体育教学中学生的自我评价对体育能力的培养起着关键的作用。

2．自我评价的特点

体育教学与其他学科之间有两个重要的区别,使得学校体育教学中学生自我评价具有与其他学科的不同的特点。

（1）即时性。体育教学中学生一个技术动作做得怎么样,教师可立刻对学习效果做出评价,而教师的评价又影响学生的自我评价,使学生的自我评价也具有即时性。而其他学科的学习效果要到考试时才能知道,学生的自我评价具有滞后性。

（2）表面化。体育教学中学生的各种活动都展现在全体同学面前,体育教师及其他同学对某个学生的评价常常是直接而又公开的,这使得学生的自我评价也呈表面化特点并伴随强烈的情感体验。

总结体育教学中学生自我评价的上述两个特点,一方面肯定性、激励性的评价将有利于学生学习效率的提高,激发学生的主动学习精神,在成功的反馈中获得快感,增强学习的信心、强化心理素质。另一方面体育教学中即时而又表面的评价容易使一些学习比较差的学生感到自卑,学生身体形态的优劣在体育课上是体现得最明显的,有些学生因身体形态的原因在同学面前做动作,会有意无意地对学生的心理造成伤害,使学生逐渐害怕体育课,逃避体育。

五、结论与建议

（1）调查表明,学生自我评价受到体育教学评价的内容、思想方法、评价标准的影响。在评价自我的体质、身体机能、身体素质和运动能力时,大部分学生较为客观或表现出较低的自我评价,在那些能反映自身价值的心理品质的自我评价上,表现出较高的自我评价。我们认为中职学生对体育教学中反映自身价值的心理品质有较高的认同是心理防御机制在起作用。注重过程的形成评价和激励评价能对学生产生影响,并能激发他们的学习动机和热情。女生和一部分身体素质、运动能力较差的男生自我评价与采用总结性评价时的自我评价有显著性差异。

（2）鉴于学生的年龄特征、还未定性的世界观和不成熟的认知系统,教师要注意正确引导和帮助学生进行自我评价。

（3）开发并教会学生自我评价的具体技术和方法。

（4）目前急需开发和建立科学的评价和自我评价体系。

参考文献

[1] 毛振明.体育教学科学化探索[M].北京：高等教育出版社，1999（6）

[2] 郭享杰，宋月丽.心理学教程[M].南京：南京师范大学出版社，1995（7）

[3] 范晓玲.教学评价论[M].长沙：湖南教育出版社，1999（10）

[4] 张子沙.体育教育心理学[M].北京：警官教育出版社，1999（10）

浅议中职体育教学中影响终身体育的因素及对策

徐双智

厦门市同安职业技术学校

体育教学过程中培养中职生终身体育意识是十分重要的。体育教学不仅是增强学生的身心健康，掌握基本的运动技术、技能，更重要的是教会学生自我锻炼方法，培养学生终身体育意识。中职生的价值观、人生观趋向成熟，学生有较强的求知欲和展现自我的欲望，因此在中职体育教学过程中终身体育教育十分关键，这能让每个中职生终身受益。

一、终身体育的含义

终身体育，是指一个人终身进行身体锻炼和接受体育教育。终身体育的含义包括两个方面：一是指人在生命开始至结束的一生中学习与参加身体锻炼活动，使体育成为生活中不可缺少的重要内容；二是在终身体育思想的指导下，以体育的体系化、整体化为目标，为人在不同时期、不同生活领域中提供参加体育活动机会的实践过程。

二、中职生阶段影响终身体育教育的因素分析

中职生阶段的终身体育教育，需要体育教育主管部门、学校领导的支持，需要全体体育教师共同努力和学生共同配合才能够得以实施。

1. 中职学校领导重视程度对终身体育教育的影响

学校体育教育能否顺利实施，和学校的政策、校领导对体育教学的认识有着直接的关系，学校领导的重视程度是影响中职生终身体育教育的重要因素。由于中职生面临中职高考或就业，很多学校迫于家长要求孩子参加高考的压力，或为了迎合老百姓，认为提高升学率就可以提高招生率，就拼命地抓高考，甚至把体育课由原来的一周两次

改成一周一次，减少体育教学课时，忽略学生的体育教育，导致体育课和体育课外活动不能正常开展，严重影响了体育教学，也直接影响中职生的终身体育教育。

2. 学校体育场地、器材对终身体育教育的影响

随着我国经济持续增长、中职生就业形势的好转，国家对职业教育高度重视，对职业教育的经费投入力度大幅度提高，中职学校体育场地、器材也有了很大的改善，但是仍然存在很多问题。有的学校体育场地被占用现象很严重，有的学校体育场地出现闲置现象，例如：排球场、足球场，在体育教学与课外体育活动中经常会处于闲置状态；体育馆的利用不合理，体育馆原本是发展学校特色体育和开展体育教学活动的重要场所，目前很多学校体育馆只将其用于运动队训练和体育比赛，完全没有发挥它的实用价值；体育器材的使用不得当，很多体育器材处于闲置状态。

3. 中职生自身因素对终身体育教育的影响

中职生的生理和心理发育趋向成熟，他们的自我调控能力和自我意识变强，但是，由于中职生在身体发育、个人心理因素、参加体育运动动机等方面存在差异，男生多会选择运动较激烈的球类运动，女生则会选择运动量较小或有助于改善形体的运动项目；中职生对于自己喜欢的项目会积极参与，反之会出现应付和逆反心理。中职生接受体育的能力也存在很大的差异，经常参加运动的学生接受能力较强，短时间内就可以掌握教学内容，而仍有很多人不能够掌握运动技术，久而久之，就会出现两极分化现象。中职体育教学和学生的心理状态有着直接的关系，学生在心情好的时候，会积极参与运动，在情绪低落时，就会厌烦运动。这些因素严重影响了体育教学效果和终身体育教育的开展。

4. 中职体育教师的业务水平对终身体育教育的影响

中职学校体育教师是中职生终身体育教育的执行者，中职体育教师除了具有体育教师个人素质和专业技术水平、丰富的体育常识和锻炼常识外，还要根据中职生特有的行为、心理，创新体育教学，以提高体育教学效果。然而，个别体育教师只专注于专业队的训练和管理，忽略了自身业务的提高，很多中职体育教师教学态度不认真，没去了解中职生心理，体育课只是让学生自由活动，有的甚至完全失去了教师的职业道德，严重影响了体育教学。

三、中职生阶段实施终身体育教育的对策

全面贯彻党的教育方针，认真实施《学校体育工作条例》，严格执行国家制订的全民健身计划，开满体育课，上足体育课，充分应用现有的体育设施和器材，加强体育教学研究和体育活动的指导，切实加强学校体育的管理，充分调动各种积极因素，保证《学校体育工作条件》的落实。针对我们中职生阶段终身体育教育存在的问题采取对策，培养中职学生终身体育意识和提高中职学生参与运动和自我锻炼的能力。

1. 提高中职学校领导对体育教学的重视程度

体育课的正常进行要依靠学校政策和领导的重视，只有学校领导重视体育教育，加大体育教学投入，才能够使终身体育教育在体育教学中得以体现。学校重视体育教学和活动，重视 "职校生" 体育教育，中职学校体育才能发挥其教育作用，中职体育教学才能够正常开展，中职体育教师才能够全身心投入体育教育事业中去。

2. 要充分利用学校体育场地、器材

体育场地、器材是进行体育教学的前提条件，合理有效地利用好体育场地、器材，开展体育教育与活动，不仅提高了中职生身心素质，也可以培养终身体育意识，使其终身受益。体育场地应该综合利用，如排球场可以改成排羽两用场地，体育馆可作为篮球、排球、羽毛球等教学场地。体育教师应该利用学校的一切体育资源，充分利用学校的网络拓展自己的知识，传授给学生更多的体育知识。

3. 培养中职生终身体育意识

（1）不要忽视中职生的体育健康常识教育。体育教学不仅是传授体育运动技术、技能，还要传授学生体育健康常识。体育教师可以利用室内体育课举办健康常识讲座，体育理论课突出传授学生终身受用的体育知识，使学生感到有知识可学，用得上，有兴趣，愿意学。并切实指导他们在实践中加以运用，借以提高其终身体育意识。

（2）培养中职生体育兴趣。学生参与运动的兴趣直接影响学生运动的效果，只有学生对运动产生强烈的兴趣，才能培养其终身体育的意识。培养中职生运动兴趣要从中职生的生理、心理特征入手，对于男生，激烈对抗的篮球、足球等较受欢迎，对于女生则选择健美操、形体训练、游戏等较好些。中职生一旦产生了运动兴趣，就会主动参与运动，对提高体育教学有着重要作用。

（3）培养中职生自我锻炼的能力与运动习惯。中职生自我锻炼能力较差，没有养成

主动参与运动的习惯。体育教学不仅要教会学生自我锻炼的方法，更要唤起学生参与运动的动机，经过反复教学、训练，使学生能够掌握一整套自我锻炼方法，久而久之成为一种运动习惯，养成了运动的习惯，学生就会终身受益。

4．提高中职体育教师的业务水平

（1）中职体育教师更需要加强体育教师基本功。体育教师是学生终身体育的启蒙人，他们担负着教会学生掌握基本的体育理论知识、技术、技能、激发学生参加体育运动的兴趣，养成体育锻炼的良好习惯等任务，对学生终身体育观的形成起着直接的重要作用。体育教师要加强基本功练习，掌握更多的体育健康常识和健身方法，转变思想、更新观念，真正投入体育事业中去，为广大学生服务。

（2）中职体育教师更需要改善教学方法，合理安排体育课内容。体育教学方法多种多样，如何发挥体育教师"主导"作用也是体育长期思考的问题，教学方法要结合教学内容进行选择，教学内容应根据中职生所处阶段和生理、心理特征进行合理安排，教学方法要符合教学内容，以期达到最好的教学效果。体育教学过程中教师语言幽默、人格魅力较强，往往会使体育教学更为生动，学生更容易接受。

（3）发展中职学校特色体育项目。学校特色体育项目是学校体育文化的体现，以广大学生为中心，特色体育项目在大部分学生共同参与下才能够得以实现，一个学校可以有几个特色体育项目，如篮球、足球、羽毛球、乒乓球等，只要场地器材允许，学校领导重视，体育教师积极，学校特色体育项目完全可以开展起来，这样可以促使更多的学生参与运动，营造强烈的校园体育运动氛围。

总之，中职生阶段体育教学的顺利开展，是中职生提高身心素养的前提和保障，也是培养终身体育意识的重要手段，终身体育教育对于中职生的一生都是十分重要的，中职体育教学可以使中职生学会体育健康常识，学会自我锻炼方法，养成运动的兴趣与习惯。因此，重视中职体育教学，合理有效地利用体育场地设施，积极开展课外体育活动，提高体育教师业务水平，提高中职体育教学整体水平，开展终身体育教育，使每个"中职生"终身受益。

健美操校本课程的开发与应用策略研究

钟庆发

厦门市同安职业技术学校　高级讲师

一、本课题研究背景与价值

《体育（与健康）课程标准》指出："根据各省（自治区、直辖市）实施国家课程的方案，各校应结合当地课程资源、学校和学生的特点，认真制订符合本校实际的体育与健康计划并组织实施。"按照国家大纲统一规定的教学内容、教学进度、教学时数等实施教学，已经很难调动学生学习的积极性。因此，各级学校应根据自己的实际情况开发和利用校本教材，使之能更加符合学校教学情景的需求。

近年来，厦门市的体育教学、教研工作取得了很大的成就，已成为国家一个较突出的新课程改革实验基地。随着教育课程改革实验的全面启动，在教育理念、教学观念、目标、内容、方法、管理与评价诸方面引发了教学领域的一场深刻变革。作为实验区所辖的厦门市同安职业技术学校积极地投入新课程改革实验，这是我校开展课改实验的新起点。我校从各个不同角度进行了不断的探索和研究，现有一支善于实践、勇于创新的教师队伍，关心支持课程改革的领导集体，为承担国家中等职业教育改革发展示范校、国家课程改革实验奠定了坚实的基础。

健美操作为一种健身活动，它是以身体各部位的相对运动为内容，以艺术创作为手段，以人体自身为对象，以健美为目的的一项新型的体育运动项目。它充分显示出形体美、精神美、时代气质的美，深为广大青少年学生所接受和喜欢。经常从事该项体育活动可以发展人体的灵活性、协调性，可以提高上下肢及躯干的活动能力，改善呼吸系统和心血管系统的功能，提高有氧供能的能力，调节神经系统并提高其抗乳酸的能力，而且能起到增进健康、抗病防衰、调节精神的作用。通过对学生的行为表现和问卷调查等得知，全校有 80%以上的学生喜欢健美操运动。由于我校是一所职业中专学校，学生的课余时间较多，女生较男生多，且健美操练习一般不受场地、器材及练习人数、年龄、性别的限制，对练习者身体素质要求不高，没有危险动作，其对丰富和推动学校的体育教学和课外活动有着积极作用。上述因素使健美操作为校本课程成为可能。

二、要解决和研究的问题

（1）促使学生形成积极主动的学习态度，使获得基础知识与基本技能的过程同时成为学习和形成正确价值观的过程。

（2）在整体设置好课程门类和课时比例的前提下，加强地方课程及校本课程建设，注重学科整合，形成新型的新课程体系。

（3）加强课程内容与学生生活及现代社会的联系，关注学生的学习兴趣和体验。

（4）倡导学生主动参与、乐于探究、勤于动手的学习态度，培养学生收集和处理信息的能力、获取新知识的能力、分析和解决问题的能力，培养学生交往与合作的能力。

（5）探索新课程评价机制，发挥评价功能，促进学生主动发展，不断提高教师的教学水平和改进教学实践的能力。

（6）积极开发并合理利用家庭、学校、社会（学区）各种课程资源。

（7）通过实践，探索和总结出健美操校本教材在现有学校条件下的可行性和制约因素。

三、研究的目标

营造浓厚的运动氛围，使健美操运动成为学校的校本课程，激发学生学习兴趣，培养学生创新、创编能力，并使之成为广大师生进行终身体育锻炼的手段之一。

四、研究的方法

（1）实验法、个案研究法：实验组与对照组之间进行比较。

（2）问卷调查法：运用统一设计的问卷向学生或有关人员了解、征询意见。

（3）一般访谈法：通过口头交谈等方式向学生或教师了解健美操学习情况。

（4）专家访谈法：就课题研究过程中遇到的疑难问题向专家请教。

（5）数理统计法：对获得的信息和数据进行数理统计、整理、归纳，并应用体育统计学的有关方法进行处理。

（6）对照分析法：通过对实验组与对比组的相关信息和数据的对比、分析、讨论，得出结论。

五、研究的实验对象和主要内容

实验对象面向全校 2012 级、2013 级，从 2012 级、2013 级职专中共选 20 个班级约 1000 位学生，其中有 10 个班参加实验组，10 个班参加对照组，体育教师共 5 人。

（1）通过对健美操校本课程的开发与利用，以促进学生全面发展和个性张扬为宗旨，探索网络支持下的教学方法和方式，建立新的课程实施评价理念和制度，努力实现新课程的人才培养目标。

（2）以提高体育教师素质为核心，培养一批具有改革意识、课程意识和执行新课程能力的教师，形成一支具有较强课程研究、开发能力的教师队伍。

（3）狠抓创新变革，重视课堂教学改革，把研究型学习引进课堂，促进学生的人格发展和学习方式的根本转变。构建可供选择的课程体系，丰富学生的自主空间。开发和利用健美操运动这一具有"厦门特色"、"同安职校特色"的地方课程和校本课程，建立国家、地方和学校三级课程管理新机制，逐步形成具有校本特色的基础教育课程体系，为新课程的推广积累经验。

六、研究的主要思路和计划

首先选择具有校本特色的健美操教材，通过教学实践，及时进行总结评价，最后提高循环开发，形成适合我校体育发展的体育校本课程。

第一阶段：（2012 年 9 月至 12 月）把握新课程标准的框架和内容要点，把新开发的健美操内容安排到新课程实验之中，试用健美操教材，并对健美操教材的适应性、科学性进行验证，为修改、完善、发展健美操教材提供依据，在新课程标准的指导下，理解和运用校本教材，务实开展教学实践活动。

第二阶段：（2012 年 12 月至 2013 年 5 月）理解实验健美操教材的内容结构，比较新旧教材的变化和特点，科学合理地使用实验教材，使之成为适合学生学习的内容，根据实验教材的特点，了解和引导学生学习方式的转变。

第三阶段：（2013 年 5 月至 7 月）开发并利用"以健美操为特色教育"的校本课程。研究与构建符合素质教育思想的评价体系与评价方法。在实验过程中，逐步形成使每一位教师都易于理解和把握，并使每位学生生动、活泼主动发展的评价体系。

七、研究的成果与分析

（1）按课题组要求完成了《体育课程教学有效性的调查问卷》（教师问卷）和（学生问卷）的问卷调查（包括前期、中期和后期）。

（2）学生主动学习健美操的热情得到进一步激发，人人都要学会健美操的意识已经形成，学习气氛空前高涨，健美操的开发与利用进入实施阶段。

（3）积累了一些健美操教学方面的经验，找到了一些克服学生爱面子不肯积极参与的教学方法（女生对健美操的兴趣大于男生），对校本课程的开发有了不少新的体会和领悟。

（4）校健美操队的表演水平得到提高，成立了厦门建发国际马拉松健美操啦啦队和市职专篮球宝贝啦啦队。

（5）学生将所学的健美操技能带到其他学校进行传授，并积极投身于社区的宣传活动，推动了社区健美操运动的发展。

（6）撰写了《青春的舞步，韵律美的展示》等教学案例及课件。

（7）通过健美操"有效教学"的研究，学习效果明显提高，学生对课堂教学的满意度达到92%以上，《体育教师专业素质、能力因素与模块教学关系研究》获市级论文评比二等奖。

八、课题研究的反思与展望

（1）校本课程的开发应符合学校的教学情景和实际情况。对我校而言，开发"健美操开发与利用的校本课程"是切实可行的。

（2）开发好校本课程，对学生认同体育课堂，对延伸课堂、提高学生参与课余体育活动的心理倾向和行为等都有着十分积极的作用。

（3）学校领导的关心和大力支持，特别是财力、物力和时间方面的保证，是校本课程开发研究成功的先决条件。

（4）学校先进的教学设备和健美操专业教师不足，是制约健美操成为校本课程的最大瓶颈。

（5）制定适合健美操校本课程最基本的教学目标，并在此基础上制定出进一步的、有层次性的发展目标，以适应职业学校"学分制"选项教学的需要。

（6）学生健美操骨干的培养，学校健美操队建立，是"健美操作为校本课程"十分重要的环节，它是校本课程发展的必然和结果。

（7）教师具备一定的健美操水平和音乐的鉴赏能力，是"健美操作为校本课程"的前提条件，因此，教师们要不断提升自身的健美操专业素养，使之成为必然的追求。

浅谈中职"问题学生"的教育与转化

李萍芳

厦门市同安职业技术学校

德育工作是任重而道远的，对于中职学校来说，我们的学生大多是没考上高中而被淘汰下来的学生，这部分学生的素质较差，问题学生较多，因此问题学生的教育与转化已经成为非常棘手的问题。这里所说的问题学生是指那些在行为上散漫，行动上好动，习惯、情绪、心理调控上有程度不同的适应不良或障碍的学生。下面就对问题学生的成因与教育转化措施展开分析。

一、"问题学生"的成因

1. 家庭教育缺失

有的家境很好，生活富裕，又是独生子女，由于父母、爷爷奶奶、外公外婆等亲属过分溺爱，学生就容易滋生许多生活恶习，对学习的态度也是漫不经心，且很娇气，不能接受别人的建议；有的家庭非常贫困，学生往往信心不足，情绪低落，心里时刻存在不安定因素，直接影响学生学习、生活；还有的是暴力、单亲、留守家庭，这样的家庭环境对学生的心理伤害最大，学生或是被虐待，或是被漠视，或是被讥讽，往往会成为性格孤僻、人格不健全的问题学生。无论属于以上哪类家庭环境，不健康的家庭成长环境都会产生大量的问题学生，本文认为家庭环境因素是形成问题学生的最重要因素。

2. 学校教育因素

在学校里，一个班主任要管四五十个学生，工作量之大导致班主任无法对学生予以一一关注，并且有些家长对学生教育漠不关心，无视责任，把教育重担完全交给学校，教师的压力与日俱增，还经常得不到家长和社会的理解，导致部分教师和学校的育人观念发生了变化，以安全为重，以少出不良舆论为重，在教学上对问题学生疏于管理、教育，以致问题越来越严重。

3. 社会原因

网络不良信息的肆虐，不断地侵袭着纯洁的校园，严重影响学生的正确价值观。在色情、凶杀、金钱、名利等错误舆论的诱导下形成了问题学生。

二、问题学生教育与转化的措施

1. 要理解、尊重问题学生

班主任要真诚地尊重、理解和体谅这类学生，尊重他们的人格，理解他们的心情，不要一味地批评指责他们，尤其是不要当众讽刺挖苦他们。即使要批评，也要特别注意适时、适度。适时，就是指在这类学生心态正常的情况下进行批评，切忌在他们失去理智的情况下"火上浇油"。适度，就是在批评时应把握分寸，切忌批评失当。对他们的教育最好采取个别谈话方式，用教师真诚的爱，去温暖他们早已冷漠的心灵，使其真正从内心感到教师关心和爱护他们。只有这样，我们才能取得教育的主动权。

2. 提高问题学生自信心

对于这类学生，教师应多给他们以鼓励和表扬。每当他们取得一点成绩时，教师不要认为这是偶然的，而应归功于他们的主观努力，并且在班集体内大力宣传，以激起他们内心深处希望与进取的火花。即使这样的学生某些方面一直不好，我们也可以适当调整评价标准，然后再从正面表扬，把他们推向进步的"绝境"，使他们没有"退路"。

3. 给问题学生改正和表现的机会

这里有两方面的含义。其一，"问题学生"在行为、情绪、心理调控等方面有这样或那样的适应不良或障碍，因此他们犯错、发生"事故"的频率比较高。每次犯事后，班主任都要给他们提供改正的"机会"，要始终坚信这样的学生是能够教育好的。其二，对这类学生，要多给他们创造表现的"机会"、为班级做贡献的"机会"。尽管我们说，机会对于每个人都是均等的，但事实上，"问题学生"的机会几乎等于零，他们选干部、入团等各种机会很少，甚至没有。班主任对班级的劳动委员、体育委员等班干职务可以适当"下放"。因为这些"官位"对某些"问题学生"来说，可能就是挽救他们的"一剂良药"。

总的来说，对待"问题学生"，我们要特别地关注，我们要相信办法比困难多，相信改变学生的方法一定存在，深入了解他们并有针对性地进行教育，帮助他们创造美好的明天。

参考文献

[1] 万玮. 遭遇问题学生[M]. 北京：中国轻工业出版社，2010
[2] 吴法源，王莹. 没有孩子是差生[M]. 福州：福建教育出版社，2013

论团体心理辅导对中职校班级建设的作用

胡志萍

厦门市同安职业技术学校

一、班集体团体心理辅导的发展现状

班集体团体心理辅导自产生以来已有一百年的历史。在美国，自 20 世纪七八十年代以来，各种类型的团体心理辅导活动，特别是交友集体雨后春笋般地涌现出来，罗杰斯等人倡导的人类潜能开发运动受到越来越多人们的关注，全国各地有几百万人自愿参加这种集体。在青少年心理障碍问题的预防与治疗方面，团体心理辅导与治疗得到了广泛的应用，对此比较有研究的心理学家有赫尔姆斯、鲍姆林德等人。受美国的影响，欧洲与日本等国家也越来越重视团体心理辅导的作用，都展开了相应的研究，并将团体心理辅导运用到各个领域。

团体心理辅导在我国的发展最早主要是在 20 世纪的中国台湾地区。由于受美国的影响较多，中国台湾地区积累了许多的经验。团体心理辅导在其大学中的应用尤其活跃，开展了许多类型的训练，例如人际关系训练，自我肯定训练，朋辈辅导，学习，克服焦虑、自卑等。

在中国香港地区，团体心理辅导在 20 世纪 70 年代末逐渐受到重视，70 年代初期到 80 年代是尝试各类团体辅导活动并有所发展的阶段，80 年代后进入多元发展阶段，服务对象从青少年扩大到老人及各年龄阶段，服务模式有发展性、康复性、预防性、行为修正性等。在中国香港地区，所有大学的学生事务处都有辅导中心，为大学生提供心理咨询、团体辅导。

自 20 世纪 90 年代始，团体辅导的理论与方法被介绍到我国大陆，各地教育、治疗机构对团体辅导进行了一定的研究。在高校主要运用在新生入学教育、自信心教育人际交往及某些问题的心理治疗等方面。但总的来说，在中国，团体心理辅导研究及应用还在起步阶段，许多方面仍需要做大量的、深入的研究。现在团体辅导与治疗的应用范围也日趋广泛，它除了可以被用于治疗各种神经症如恐怖症、抑郁性神经症、神经衰弱症等，还可以被用于调节正常人的心理障碍，用于发展性目标，进行人的潜能训练、拓展训练、成功训练等。

二、中等职业学校学生心理现状

中职生处于情感发展的困难期，再加上对职业学校的学习方式等不能适应，对学习、生活中的新问题、新变化不能主动适应，因此必须把心理素质教育放在首位。中职生较常出现的心理问题包括学习心理问题、情感心理问题。

1. 职业技术学校学生的学习心理问题

学习是学生第一要务和主导活动，职校生的身心发展主要也是通过学习来实现的。职校教育阶段是职校生学习与发展的重要时期、黄金时期，而学生学习心理问题也是职校生最普遍、最常见、最突出的心理问题。

（1）学习目标不够明确。不少职校生对进入职业学校学习自信心不足，甚至没有学习的近期、中期和远期目标，因而学习态度不够认真，只求能够过得去，甚至是得过且过。

（2）学习动机层次不高。不少职校生对学习的认知内驱力不足，对学习提不起内在的兴趣，学习的实用化倾向十分明显，过分追求学习上的急功近利和"短平快"，对学习文化基础课和思想品德课很不情愿，觉得学了将来没有用等于在浪费时间，还不如不学。

（3）学习方法不当，学习习惯不良。不少职校生在初中阶段就没有养成良好的学习习惯，有的还是在社会上混一段时间后来上学的，不知道怎样学更科学、更有效，没有掌握基本的学习策略，因为不会学因而学不好，由学不好到不愿意学，最后发展到厌学、逃学。

（4）学习的认知能力水平较低。相当一部分职校生对学习过程、学习活动和自己的学习习惯缺少必要的反思和自省意识，不懂得科学合理地安排学习时间，不懂得如何进行学习成败的合理归因。

（5）学习焦虑现象比较普遍。不少职校生是读不进书又不得不读书，在家中瞒着父母，在学校应付老师，对学习有着一种"剪不断、理还乱"，摆脱不掉的心理压力。对考试或某些学科、课程的学习存在比较严重的恐惧心理，有明显的厌学情绪和行为。

2. 中等职业技术学校学生的情感心理问题

一般认为，情绪情感是人对客观事物态度的一种反映，是客观现实是否符合自己需要而产生的体验。职校生的内心世界是五彩缤纷、各具特色的，而情绪情感最能体现他们内心世界的丰富多彩和复杂多变。

（1）情绪不稳定，情绪自控能力较弱。处于青年初期的职校生具有明显的情绪两极性，比少年期更为突出，容易出现高强度的兴奋、激动，或是极端的愤怒、悲观。他们的情绪变化很快，常常是稍遇刺激，即刻爆发，出现偏激情绪和极端的行为方式，冲动性强，理智性差。在日常生活中，不少职校生情绪躁动不安，动不动就想哭，大叫大喊或摔砸东西，与同学、朋友争论起来面红耳赤，甚至发生激烈冲突。

（2）社会性情感表现冷漠。就其实质而言，职校生的冷漠是多次遭遇严重挫折之后的一种习惯性的退缩反应。不少情感冷漠的职校生对他人怀有戒心或敌意，对人对事的态度冷淡，漠不关心，有时近乎"冷酷无情"，对集体活动冷眼旁观，置身于外，给人一种"看破红尘"的感觉。有人说职校生情感世界中的"冻土层"很厚，因为在初中阶段老师关爱的"阳光"照耀到他们的时间不仅短而且热量少。

（3）感情容易遭受挫折，挫折容忍力弱。面对当今社会的文凭歧视和社会偏见，以及劳动力市场上越来越激烈的就业竞争，职校生群体普遍感到巨大的压力和深受伤害，对生活逆境没有充分的心理准备，不清楚如何把握自己的命运。一些职校生稍遇挫折，就觉得受不了，产生"还不如死了为好"的厌世心理。出走、打架、斗殴、自残、轻生等现象在职业学校中并不少见，也说明职校生应对挫折的能力比较薄弱。

（4）情感严重压抑，情绪体验消极。受社会大环境的影响，许多家长认为孩子只有进入高中上大学，才有前途和出息，进入职业学校，等于是成才道路上领到一张红牌，被判定为"下场"或没出息。在社会和家庭的双重影响刺激下，职校生的心理压力增大，常常有身心疲惫感，觉得自己活得真累。

三、班集体团体心理辅导在班级建设中的重要作用

班集体团体心理辅导工作开展得成功与否，直接影响到班的建设甚至全体学生的个性形成。要形成一种具有良好的班风、学风，积极向上、团结进取的班集体，就需要对班集体进行团体心理辅导，挖掘班级的潜力，增强班级的凝聚力。团体心理辅导也是学校心理健康教育发挥其发展性、预防性功能的重要载体，是一种有目标、有系列、操作性较强、相对稳定又灵活机动的心理辅导形式。一般来说，团体心理辅导在班

级建设中的重要作用如下。

1. 增强学生的自信心

学生自信心不足主要源于缺乏客观的自我评价、缺乏对他人的信任、缺乏社会经验而导致人际关系紧张等。团体心理辅导的良好氛围能使班级成员之间产生一种安全、温暖、依赖、被接纳的感觉，当他们发觉团体内其他同学同样有心理困扰，其个人心理问题并不特殊、罕见时，就会逐渐改变自我评价，进而改变其观念，而这种观念的改变本身就具有良好的心理治疗作用。

2. 增强自我认识及同学之间的相互认识

团体心理辅导将背景、人格、经验各异的同学组合在一起，为每个参与者提供多角度观察、分析他人的观念及情感反应的机会，使参加者更清楚地认识自己和他人，建立新的自我认同模式和对他人的接纳态度。这一点特别适合大学生在团体活动中比较分析、自我领悟、自我成长，重建理性的认知。

3. 提高学生综合心理素质

改善情感体验，克服焦虑、恐惧、孤独、情绪自控力差、不善表达等。团体辅导的特点、氛围使参加者易体验到共性，有被人接纳之感，从而充满希望和改善的力量；团体活动中期，团体凝聚力使成员进一步产生风雨同舟的感觉进而放松自己、减少心理防卫，互相帮助；团体对成员的支持更使成员感到踏实、温暖，有归属感；很多成员抱着改善的态度加入，加上被他人接受、关心，更进一步加强了信心并从团体中获得情感支持力量，心理素质不断得到加强。

4. 增强班级凝聚力

班级团体心理辅导有利于增强班集体的凝聚力。团体心理辅导，通过创设的各种情景和组织各类活动，使同学之间的交流不断深入，直到同学之间零距离的接触，从身体的接触逐步到心灵的沟通与交流。在活动中，同学们都表现出真实的自我。刚开始时，可能会出现一些不协调，存在心理上的抵制。但随着频繁的接触，使存在的问题和心中的顾虑都得到了解决。同学之间能够相互接纳，信任感进一步增强，形成坦诚而互相信赖的团体氛围，这样班级的凝聚力就会不断增强。

四、运用团体心理辅导进行班级建设

1. 了解清楚所辅导班集体的情况

了解清楚所辅导班集体的情况是有效进行团体心理辅导的前提。例如，班级人数、男女生比例、整体班风、学习成绩、积极性等情况。这些具体情况可以为制订辅导计划和辅导课程提供帮助。每一个班集体表现出的特点是不同的。有的在某一方面差，有的在几个方面差，例如，学生社会适应、人际交往、学习习惯、学习兴趣、学习方法、学习动机等。因此辅导应该在了解清楚班级情况下有的放矢，这样才有针对性。

2. 设计好团体心理辅导课程

设计好团体心理辅导课程是进行班级建设的关键。许多学校都应用了团体心理辅导进行班级建设，但彼此间取得的效果却不同。究其原因，与团体心理辅导课程设计有很大的关系。好的团体心理辅导课程，是在知道学生喜欢什么，讨厌什么，需要什么的基础上，进行深入分析，巧妙设计。在课程实施中，要营造一种团结、积极、融洽的集体氛围，让每一位同学都能够乐于参与其中，乐于与人沟通。因此，团体心理辅导课程的设计必须遵循开放性、参与性、互动性的原则，增强课程吸引力。只有这样才能使一个班集体在辅导中不断发挥团体心理效应，增强同学间的认同感、归属感和集体凝聚力。

3. 监督好辅导活动的过程，注重辅导的实效性

应用团体心理辅导进行班级建设还要监督好辅导活动的过程，保持辅导活动效果的长期性。因为应用团体心理辅导进行班级建设，不是一朝一夕之事，它有一个过程，有不同的发展阶段。阿德勒的团体心理辅导的操作模式包括四个阶段：第一阶段，建立辅导关系阶段；第二阶段，探索个体动力阶段；第三阶段，领悟阶段；第四阶段，重新定向阶段。因此，辅导的前一阶段都为后一阶段奠定了基础，只有监督并评价好活动的每一阶段，才能保证整个辅导过程的有效性。因此要监督好整个团体心理辅导活动过程，注重活动效果。

4. 做好团体心理辅导的评价

及时对团体心理辅导进行评价也是推动班级建设的关键之一。对团体活动的评价，包括个人对自己的评价和对集体的评价。通过团体活动可以使个人提高自我认识，进行自我监督和自我控制，使个人在集体的力量中获得发展。同时，还要对集体

进行评价，辅导是否有利于集体良好氛围的形成，好的集体氛围反过来又可以使团体辅导活动得到有利的开展。当然，如果评价效果不好，就要及时找出原因，对辅导活动进行调整。

参考文献

[1] 张健.中等职业技术学校学生的心理现状及对策[J].才智，2008

[2] 单彩莲.中等职业技术学校学生心理几个问题的分析[J].赤峰学院学报，2006

[3] 林玉琼.团体心理辅导在高职班级教育管理中的应用研究[J].教育与职业，2008

"导"与"演"的教学模式活化英语教学

李慧文

厦门市同安职业技术学校

【摘要】本文通过对中职生现状分析及教材、教学内容的处理阐述教师在教学过程中的"导"与学生的"演"在课堂教学、课前预习、课后复习以及课外活动中的体现与作用，有利于学生提高学习兴趣，进行自主学习，也有利于活跃课堂教学氛围，提高教学效果。

【关键词】现状分析　导与演教学模式　自主学习

一、分析中职生的现状及中职英语教学大纲的要求

（1）学生现状分析。中等职业学校的学生生源质量差，学习基础薄弱、参差不齐。随着普高的扩招，中职学校的生源质量受到了严重影响，大部分学生是由中考分流而来的。有很多学生对理论学习的理解、接受能力都比较弱，英语基础不扎实，又缺乏主动学习的习惯，知识体系比较零碎而不成系统，随着不懂的内容的增多，对英语的兴趣也越来越淡，形成了恶性循环。此外，学生在日常生活中英语的使用率不高，学习的主动性不强甚至产生英语无用论的想法。这种想法导致许多学生不用心学英语或根本不学英语。这种现状给中职英语教学带来了巨大的挑战和困难。这种挑战要求英语老师在英语的课堂教学中更新观念，提升自己的教学水平，积极营造良好的课堂氛围，调动学生的学习积极性。

（2）教材和教学内容分析。中职教学大纲提出英语课程教学的任务是：使学生掌握一定的英语基础知识和基本技能，培养学生在日常生活和职业场景中的英语应用能力；培养学生的文化意识，提高学生的思想品德修养和文化素养；为学生的职业生涯、继续学习和终身发展奠基基础。中职英语教材在话题和内容选择方面充分考虑了学生的生活经验和所学内容在将来生活与工作中的实用性。例如，在话题方面，学生学到

问候、求职、购物、餐厅就餐等常见的话题；在内容方面，会读到现实生活中常见的海报、广告、小故事及旅游介绍等内容。在教学过程中，要通过课堂把知识传授给学生，单凭教师讲学生听这样简单的教学环节是不够的。因此，如何将课堂的内容及时有效地传授给学生，让学生积极主动学习并能够学以致用，要求老师结合教学内容，根据学生的专业需要处理教材，在教学中体现中职教育的特色、职业教育的功能。让教学内容与所学专业形成体系，进行学科之间的知识渗透，以文化课程为专业课程服务的理念调动学生学习的积极性。综上分析，在我们的课堂中，老师不仅是传道、授业、解惑的老师，还应是一名好导演，把我们课堂导成一部精彩生动的微电影，让学生成为演员，用心投入各自的角色中去，在教师的"导"和学生的"演"的环节中完成每堂课的教学内容。

二、"导"与"演"的教学模式的作用

（1）借助信息化教学方式，通过"导"与"演"的教学教学环节激活课堂教学，丰富教学内容，活跃课堂气氛。信息技术引入英语教学，给教和学带来信息交流及思维方式的革命性变化。这就要求英语教师更新教学观念，转变之前教师是教学的主导者的观念，树立学生是教学主体的观念。无论从哪个角度看，学习的主体是学生，学习始终是学生自己的事，任何人都无法替代；教师的职能是教授学生去厘清什么是学习、要不要学习、怎么去学习等命题，让学生逐渐成为学习的管理者，而不是负有学习任务的承担者。要转变学生是"苦行僧"的教学观念，树立快乐教学的教学理念，始终坚持以学生为本。在课件制作、教学内容设计、课堂氛围等方面做到与时代相符合、与学习要求相符合、与学生实际相符合。在教学的过程中教师就是一名通过借助多媒体、课件等媒介对课堂的教学内容进行导出，而学生在学的过程中把自己当作演员，把所学的内容进行演绎，让学生学得快乐、做得快乐、玩得快乐。例如，在 Unit 6 Would you like to order? 中的 Activity 12 act and practice 中，要求用所学的句型和词汇与同伴进行在餐厅点餐的对话。句型为 Are you ready to order? What would you like to eat/drink? Would you like……what about you? I'd like……yes, please. /No, thanks. I'd like……/I'll have the same? 词汇为 Steak burger noodles salad boiled dumplings coffee tea oranger juice milk coca- cola。这些句型和词汇是从前面的听力材料中提取汇总的，希望学生能够通过听的环节完成相关练习后过渡到说的环节。我让学生先四个人一小组进行对话内容讨论，同时精心制作课件，把句型和词汇结合精美的图片展示出来。此外，让

学生们把课堂布置好，把教室的一角布置成餐厅并摆好餐具，然后四人一小组分别扮演顾客和服务员进行点餐对话表演，在表演的过程中，我让一个同学把表演录下来做成微视频，再通过大屏幕播放出来让学生们观看。他们积极性非常高，学习热情被调动起来，对话做得非常投入，课堂氛围活跃，教学效果良好。同样，在这单元的 Activity 20 discuss and write 中，小组讨论菜单制作，比一比哪组的菜单更吸引顾客。我让学生先进行讨论，假设自己开设餐厅，要为自己的餐厅制定怎样的一份菜单。四人一小组进行讨论，并自由发挥。有的小组先给自己的餐厅取了名字，有的小组在菜单上画上精美的图画并注上广告词，有的是西餐厅，有的是中餐厅，有的甚至设计成茶馆或咖啡馆。他们的创意新颖，内容丰富，画面精美，能够把学到的知识表达出来。我把学生的作品拍下来做成 PPT 予以展示，让他们选出最受欢迎的十个菜单，并给予一定的奖励。综上两个环节，借助多媒体功能，教师在课堂上可以是一名好导演，结合教材内容指导学生学习，并让学生把所学的知识通过听、说、读、写各环节演绎出来。这样调动了他们的学习积极性，通过"导"与"演"的结合积极有效地完成了教学任务。

（2）"导"与"演"的教学模式引导学生积极思考，提高自主学习的积极性，可以体现在课前预习和课后复习及完成作业情况。预习是要求学生在上课前自觉独立去阅读新课内容，初步了解所要学习的新知识，为上好新课做准备。中等学校的学生学习的主动性和自律性比较差，他们有的学生上课都不认真听讲，更谈不上提前预习了。任课教师必须根据英语学科的特点对学生的课前预习进行必要的方法指导，以提高课前预习的效率。在指导的过程中，教师要做好角色定位，从导入手，引导学生如何去演来完成课前的预习。首先要让学生明确课前的预习有如下的作用：①预习可以培养和提高自学能力。②预习可以提高听课效率。③预习可以弥补知识缺漏。④预习可以提高笔记水平。让学生明确预习的重要性，就如导演对演员的剧情预告，让演员心中有数，并为课堂的表演做准备。在讲解 Unit 8 How can I get to the nearest bank? Reading and writing 部分时，我指导学生提前预习，并让他们分小组利用课余时间到学校附近的小镇，寻找离学校最近的银行和超市，并把路线描述下来，还要求他们描述学校周边的环境。上课前，先由小组长把他们的路线图描述出来，让学生对学校的方位做到心中有数，讲解完 Reading and writing 的内容后，学生完成相关的练习就比较轻松。在 Activity 16 discuss and write 环节中，要求写出从学校门口到最近的银行的行走路线，我让学生把刚才的描述以地图的方式画在黑板上，教学内容和教学任务通过"导"与"演"的模式得以体现与完成。同样的教学模式在指导学生完成课后作业方面也起到积极的作用。做作业是学习过程的一个重要环节，听完课如果没做作业就如纸上谈兵，光听不及时动手，知识很快就会遗忘。因此，每次课后我根据教学内容布置适量的作业，指导学生完成作业，对于个别不喜欢做作业。不交作业的进行约谈以了解情况，敦促他们认真完成，学生交上来的作业及时批改，并做批注，鼓励他们的劳动。在这一环节中，老师的"导"和学生的"演"的体现不是面对面完成的，而是通过作业来传递。老师的"导"是一种肯定和鼓励，能调动学生自主学习的意识，让学生把所学的知识用笔和纸表达出来。

（3）第二课堂活动及兴趣小组活动是"导"与"演"的教学模式的延伸，促进学生有效地学习。英语的学习最终的功能是应用语言进行交际与交流活动，交际任务是学生使用英语来理解领悟、处理问题、发挥创造、相互交流的教学活动。教学活动不仅在单纯的个体心理层面开展，也在社会集体层面开展，活动的主体是"集体性主体"，不能把教学活动的主体还原为每一个教师和学生，也不能把教师的教与学生的学分割开来。英语学习活动强调在英语教学过程中师生之间、学生之间的相互作用。在英语第二课堂活动和英语兴趣小组活动中，教师的导和学生的演默契配合，可以使学生的英语交际能力和交流水平在这集体活动中得到良好的发挥，促进学生积极主动学习英语。在英语歌曲演唱比赛中，先在班级进行选秀，并由各班学生推荐优秀选手参加初赛，学生的积极性极高，选歌、学歌、评委、录音、录像集体投入，推选出优秀歌手。就如一场英文歌曲演唱会，老师导、学生演、学生评把第二课堂活动举办得有声有色。在兴趣小组活动中，进行一次模拟求职的表演，也是由老师当导演，指导学生布置场景，开设话题，提出句型，由学生组织对话进行表演。活动场面和谐有趣，学生之间互动良好，充分发挥了英语的交际功能。

总之，在教学的过程中无论是课堂活动，还是课外学习活动，老师通过导演的角色把知识传授给学生，或者是运用导演的角色引导学生把知识掏出来运用，目的是要提高自身的课堂魅力，指导学生掌握知识，完成教学任务。因此，一个好的"导演"老师可以让每一节课都是一部好作品，让学生成为好演员。这种"导"与"演"的教学模式可以生动课堂，融洽氛围，提高教学效果。

参考文献

[1] 贾冠杰.英语教学基础理论[M].上海：上海外语教育出版社，2010

[2] 蒋宗尧.教法运用与学法指导基本功[M].北京：中国林业出版社，2007

[3] 万晓艳.信息技术与英语教学的整合[J].长江大学学报，2009，（8）：272—273

加强实践教学，提高学生的专业知识

——环保课实践教学体会

张跃强

厦门市同安职业技术学校　高级讲师

美国教育家彼得·克莱思说："学习的三大要素是接触、综合分析、实际参与。"学生动手实践就是把感知、思维、记忆获得的知识运用到实践中去，以形成相应的技巧、技能。职业学校的学生面临就业问题，不但需要掌握知识，更要善于应用知识，切实掌握专业技能，才能立足社会。因此，教师必须具有开放型的教学观，即把课堂引向广阔的社会，从书本知识的学习引向社会实践，在实践中落实教学目标，把教学智能和品德因素内化为学生自身的素质。下面以环保课实践教学"同安东溪水质监测"为例谈谈如何组织学生进行实践教学。

一、创设实践教学情景，激励学生参与意识

教师的重要任务之一，就是要为学生创设一个理想的教学情景。专业实践课要培养学生的求知欲，诱导学生参与意识和思维。

在开展"同安东溪水质监测"实践活动时，我带学生到实地进行观察，首先告诉学生："东溪是流经同安城关的一条河流，为同安区的重点保护水域，其水质与同安区城关的人民生活息息相关。"然后向学生说明我们将开展对该河流的监测活动。学生的兴趣被调动了起来。这时，我引导学生思考："东溪的水质这么重要，但近来受到各种污染，同学们知道污染来自哪些方面吗？"学生针对教师的问题极积思考起来，并踊跃地发言。之后教师结合学生的发言进行总结："东溪的水质污染源有三个方面：一是生活污水，就是人们日常生活中用过的并为生活废料和人们的排泄物所污染的水，包括厨房、沐浴、衣物、洗涤和冲洗厕所的活水等；二是农业污水，包括农业生产过程中使用的农药、化肥等随雨水流入水体；三是工业废水，它是造成水体污染的主要原因，东

溪上游部分工厂生产过程中排放的废水在水体降解时消耗大量的溶解氧，引起水质的变化。"通过以上的情景设置，激发了学生的求知欲，为深入开展教学提供了条件。

二、精心设计实践教学策略，发挥学生的主体作用

在实践教学中，要始终坚持教师是主导，学生才是主体的教学规律。教师要在引导学生参与上下功夫，精心设计教学策略，使学生能够有效地参与，最终达到实践教学的目的。

在监测活动开始时，先明确告诉学生本次监测的目的是通过对该水体的污染指标进行监测，以掌握水质现状及其发展趋势，为水污染源管理和制定水污染控制措施提供依据；同时为开展环境评价和预测 预报、环境科学研究和环保管理提供基础数据和资料。然后划分几个小组，要求各组的同学制订出方案，再引导学生对各组提出的方案进行可行性分析。最后总结归纳并将确定的方案形成文字，分发给各个小组。具体内容包括：

（1）布设采样点。一是对照断面，设在污染源的上游，污染物不能扩散影响到的地方，目的在于了解水质被新的污染源污染前，水体的组成情况及各种有毒物质含量，以便与污染后（控制断面的水质）的水质进行对照；二是控制断面，废水排入河流后，检测河水的有毒成分和含量，并与对照断面比较，就可以判断河流被污染情况，控制断面设在排污口下游距其 500~1000 米处；三是消减断面，废水、污水排入河流，流经一定距离与河水充分混合后，水中污染物浓度因河水的稀释作用和河流本身的自净作用而逐渐降低，其左、右、中三点的断面浓度差异较小，表明河流被污染的最终结果，也是河流自净能力的标志。

（2）取样。由于监测力量有限，决定在丰水期、平水期和枯水期进行取样，方法是采用采水器采集瞬时水样，如图 1 所示。

（3）监测数据，详见表 1（向学生提供空白表格）。

（4）分析测定。引导各组学生对照分析测定结果，教师再行归纳。由表 1 可看出，两个站位的所有监测项目均符合地表水环境质量

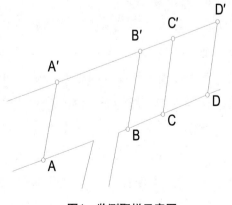

图1　监测取样示意图

标准（GHZB1—1999）中的Ⅲ类标准，除石油类最大标准指数为 1.0 外，其他项目的标准指数均在 0.5 以下，说明该河流是污染较轻的河流，所受污染主要为有机物污染。通过水体的自净，基本上能使水体恢复，不会对下游造成污染。

表 1 监测结果表

项目		PH	BOD$_5$	COD	石油类	亚硝酸盐	氨氮
1	监测浓度（mg/l）	7.02	1.36	1.9	0.0380	0.0080	0.106
	污染物标准指数	0.01	0.34	0.24	0.76	0.05	0.21
2	监测浓度（mg/l）	7.02	2.04	2.79	0.05	0.015	0.152
	污染物标准指数	0.01	0.51	0.35	1.0	0.10	0.30
水质标准（Ⅲ类）		6.5~8.5	≤4	≤8	≤0.05	≤0.15	≤0.5

三、加强实践功能，建立成绩评定体系

（1）本次实践的目的在于让学生掌握监测技术的同时，能把结果应用到实际工作中去，真正实现从"掌握知识→运用知识→解决问题"的过程，就本实践活动而言，就是要指导学生提出污染防治建议，具体如下。①控制工业污染源的污水排放。一是减少废水排出量，减少废水排放是减少处理装置规模的前提，可采取的措施是把废水进行分流，尽可能地节约用水，努力改革生产工艺，避免间断排出工业废水；二是降低废水污染物的浓度，通常，生产某一产品产生的污染物的量是一定的，若减少排水量，就会提高废水污染物的浓度，但可以采取各种措施降低废水的浓度，包括改革生产工艺、改进装置的结构和功能、对废水进行分流、回收有用物质及控制排出系统。②合理利用环境的自然净化能力。一是利用水体环境的自净能力，充分发挥水体的自净能力，但必须对水体的自净能力进行实测和严密的计算，作出正确的评价，在利用时还应当留有余地；二是发展土地处理系统，即发展污水灌溉农业，利用土地的净化能力，使污水在灌溉过程中经土壤的过滤、吸附和生物氧化作用而得到净化。同时，污水中的氮、磷、钾等营养物质为农作物所吸收，这样做也是使污水资源化的一个措施，但水质必须符合灌溉标准；三是发展氧化塘系统，氧化塘是利用自然净力的简易处理技术，其优点是造价低、管理方便、运用费低，污水无毒，在氧化塘的后段可以养鱼，其处理水也可以用于灌溉，因此，氧化塘也是污水资源化的一种措施。

（2）建立完善合理的学生成绩评定指标体系是培养学生实际动手能力，保证教学质量的重要手段。在本次教学实践中，制定了如下的成绩评定标准：一是通过学生的操

作考查仪器操作能力；二是通过观察学生在实践中采样点的布设、取样操作、数据的统计分析、得出的结论等考查学生解决问题的能力；三是考查学生实践表现，主要考查学生实践中是否主动积极、相互配合、有无较强的组织能力。

在本次教学实践中，学生遇到棘手的问题，他们会开动脑筋，多方寻找解决问题的突破口，这实质上就是创新的过程。同时，实践活动丰富了学生的生活，培养了动手能力，积累了大量的实际操作经验，加深了对课堂知识的理解，大大提高了学生的专业知识水平。

合作教学在中职英语教学中的应用

蒋海蓉

厦门市同安职业技术学校　讲师

近年来，中职学校生源素质逐年下降，很大部分学生连简单的英语都听不懂，有的甚至连 26 个英语字母都写不全，更别提 48 个音标会读会写了，可见，当前中职生对英语的学习兴趣不浓，实际运用能力极差。而中职生英语素质是中职生综合素质的重要组成部分。做好中职英语课教学工作对激发学生英语学习动机和兴趣、促进学生英语综合能力的发展有着重要的作用，对提高中职生的专业素质和专业能力、对他们将来择业和就业有着很大帮助。然而，目前中职学校普遍采用"教师中心课堂"模式，在教学活动中，教师处于主导的、中心的地位，学生处于被动的、服从的地位，他们别无选择地接受教师所传授的一切，缺乏实际运用英语的机会，使得中职生的英语能力无法提高。为了改善目前中职英语教学的这种现状，笔者认为可以采用合作教学方式。合作教学是一种以学生为中心的新型教学模式，能够有效提高学生的英语运用能力、交际能力及合作意识。

一、合作教学在中职英语教学中的作用

1. 有利于开展课内外英语语言实践活动

合作教学是一种以学生为中心，通过小组活动，采用合作的方式共同学习、相互促进、共同提高的教学策略。即将不同层次、不同类别的学生，也就是将男生和女生、学习好的和有一定困难的、性格内向的和外向的学生组合在一起。以笔者所任教的一个班级为例，共 30 位同学，笔者根据学生水平，将 5 位划定为 A 组学生，15 位划定为 B 组学生，10 位划定为 C 组学生。又以 A 组学生人数将全班划分为 5 个学习小组，每个学习小组共 6 名学生，A 组 1 名，B 组 3 名，C 组 2 名，其中以 A 组学生为各小组

组长，组长和组员之间可以双向选择，组成一个小组，教师布置学习任务，以团体成绩为评价标准。学生在共同完成任务的过程中，互相帮助，互相学习，互相促进，并不断进行沟通和交流，能有效培养学生英语应用能力。学习成绩不好的学生也能在小组互动中找到自己的位置，能够在此过程中体会到成功的喜悦，因而学习英语的积极性也就提高了。

2. 创造轻松学习环境，降低语言焦虑情绪

中职生的英语基础普遍较差，多数学生对英语学习不感兴趣，失去信心，在英语课堂上很容易产生焦虑情绪，且不同的教学活动和形式学生产生的焦虑感不同。语言焦虑是影响外语学习的重要情感因素，合作教学通过改变课堂组织结构，能有效降低学生的语言焦虑感。当全班学习变为小组合作学习时，小组活动为学生提供了一个相对安全的空间，一个较为轻松、自主的学习环境，学生能以更轻松自然的状态进行语言学习，从而提高学习效率。

3. 增强学生合作意识，培养合作能力

在中职英语教学中采用合作教学方式，能够使学生充分认识到自身目标与小组的集体目标相互依存，只有在整个小组成员都获得成功的前提下，才能够获取自身的成功。此时，学生的努力不再是以个人为单位，每个人都要为小组的共同利益全力以赴，在小组合作学习中往往是一人教大家、大家帮一人，不仅每个组员要充分发挥自己的能力，而且各组员之间必须团结合作。由于目标一致，学生发生冲突时也能跳出自我，用他人的眼光看待问题，听取别人的意见。小组学习将学生的英语学习过程与情感交流联系起来。在小组学习过程中，同学之间有了更多的交流机会，有利于学生间的彼此了解，有利于学生相互帮助，相互支持，相互鼓励，从而促成他们亲密融洽的人际关系的建立，进而培养学生的合作能力和团队精神，并提高其人际交往能力。

二、在中职英语教学中如何实施合作教学

1. 要合理分组

要实施有效的合作教学模式，教师必须对班级学生进行合理的分组，这是合作教学取得成功的前提。每个班级的学生水平参差不齐，而对这些层次不同的学生如何进行分组组合，直接关系到小组合作的成败。小组合作一般以 5 人左右为宜，分组时要合理搭配优等生和学困生，注意使各小组成员在学习水平、心理特征、能力特长等方面得到互补，小组中男女性别比例应协调。这样，一个小组中学生的英语能力有强弱，学

习成绩有高低，学习方法有异同，组员间交流时可以相互影响、取长补短，从而增强学生的合作精神。同时要特别关注学困生，合理安排他们在小组中的作用。比如以小组进行单词接龙竞赛的方式，让优秀生认识到他们记忆单词的优势，学困生也能发挥他们的作用，从中体会到成功的喜悦，以及同学间那种互相关爱的真挚情感。只有这样才能提高教学效率，全面提高学生英语能力。

2. 教师要正确定位自己的角色

为了充分调动学生参与课堂教学的积极性，激发学生的学习兴趣，在英语教学过程中，要始终体现学生的主体地位，教师要成为学生小组合作学习环境的创造者、小组活动的组织者和咨询者、交流机会的提供者。

教师设计的小组合作学习的问题要结合教材要求以及学生的实际水平，难度要适中，且具有一定的挑战性。问题的难度以不脱离学生已有的知识结构，不超越学生当前的认识能力为标准。同时问题的设计也应该尽可能地结合学生的生活实际，贴近生活，从而提高学生参与学习的热情。如在教《基础英语2》Unit 3　Have you ever done a part—time job？时，可以提出问题"What job do you want to do in the future？ Why？"同学们各抒己见，答案不尽相同，由此可训练学生的开放性思维和创造性思维。

在学生进行小组合作学习的过程中，教师应积极地参与到每个小组的活动中去，进行适时的指导和管理，帮助学生发现问题并及时解决问题，以确保各组活动的顺利进行。

3. 要建立恰当的评价机制

对学生小组合作学习的成果，教师应及时给予肯定，多加以鼓励，对不同层次的学生采取相应的评价标准，做到因材施教；要使学习过程评价与学习结果评价相结合，促使学生更关注合作学习的过程，认识到合作学习的重要性。恰当的评价能让学生获得成就感，树立学习自信心，激发学习欲望，从而有助于实现有效的合作教学模式。

4. 合作教学可在课前、课中、课后不同阶段进行

对于中职英语教学而言，合作教学可在课前、课中、课后不同阶段进行。课前，可让小组合作做好基础知识的预习工作。教师可在课前布置相应的预习作业，发挥小组内优等生的长处，让他们充当学困生的小老师，帮助学困生提高英语基础知识和能力，以弥补之前学习上的不足。学生在预习活动中肯定会遇到一些困难和疑问，这时小组成员可以互相讨论、互相帮助，共同完成任务，尤其是开放式作业，更能体现出合作学习的优势。当然合作教学应贯穿在课堂教学中，真正为提高课堂教学效率服

务。比如常采用"头脑风暴"的形式，就某一类别的单词（如交通工具词汇）让各小组在限定时间内集思广益，总结得最多、最正确者获胜。为了让自己小组能够获胜，各组成员都全力以赴，积极参与到课堂活动中，极大地调动了学生的主观能动性。课外，教师可以通过小组长的帮助、组员的勤奋协作实现课外的继续学习，使英语学习得以有效延伸。比如，在课堂上教完一段对话后，教师可让学生课后进行小组合作表演对话，让学生以小组为单位开展竞赛。为了小组的荣誉，每个学生都不甘落后，英语好的学生主动承担内容复杂的角色，英语稍差的学生也会努力地演好自己的角色。中职英语教材中有很多贴近学生生活以及与将来工作场景有关的话题，适合学生日常合作学习时训练使用，以培养学生在日常生活及将来职场中的英语运用能力。

此外，教师要多研究教材和学生，根据教材内容和学生特点，适时、合理地使用不同的合作教学模式，如竞争、辩论、问题解决、设计、角色扮演等。所谓磨刀不误砍柴工，教师平时要不断学习新的教育教学理论，不断充电，探索新的合作教学方法，不断提高自身素质和教学能力，提高教学效率。

三、结束语

当前社会，各种竞争日益激烈，只有学会与他人合作，从他人智慧中获得启迪，取长补短，才能最大限度地发挥个人潜能，取得成功。合作教学，是一种适合当今社会的、以学生为中心的新型教学模式，能够有效提高学生英语运用能力、交际能力及合作意识。

参考文献

[1] 鲁子问，康淑敏. 英语教学设计[M]. 上海：华东师范大学出版社，2008
[2] 吴俊丽. 高职商务英语小组合作学习存在的问题及对策[J]. 产业与科技论坛，2011（21）
[3] 杜薇. 合作学习在中职英语教学中的应用初探[J]. 吕梁教育学院学报，2012（4）

中职学生的认知特点与教学策略

王琳

厦门市同安职业技术学校

一、中职学生认知特点

1. 注意力与记忆力

中职学生作为青少年中的特定一群,他们在注意力和记忆力上具有一般青少年的特点。他们思维敏捷,接受事物快,但往往忽视记忆;探索欲强,易受环境影响,往往注意力不集中。[1]依据教学实践的观察,中职学生在感知对象上是有所选择的,他们注意力容易集中在新颖的东西、相互矛盾的东西、有趣的东西上,对枯燥乏味的东西不感兴趣,注意力容易转移到他们感兴趣的东西上;他们对讲解的理论知识记忆效果比较差。

2. 思维方式

越来越多的实证研究表明,职业院校学生与普通院校学生在智力结构和认知特点上存在明显差异。职业学校的学生强于形象思维（隐喻思维）,更善于掌握经验性和策略性的知识。[2]

3. 认知风格特征

认知风格为个体组织和表征信息的一种偏好性的、习惯化的方式。Riding 等人将已有的认知风格类型归结为两个基本的认知风格维度:整体—分析维度和言语—表象维度。[3]中职学生在整体—分析维度中大多表现为粗放型、冲动型。粗放型的人对于感知上过的东西倾向于放弃细节,在吸收新知识的过程中采取迅速同化的方法,通过教学实践的观察,中职学生在感知大多属于粗放型;冲动型的人对问题没有考虑全面就迅速给出问题的答案,表现为反应迅速但正确率低,依据笔者课堂教学的实践观察,中职学生对问题的回答反应较快,但往往不能正确地回答问题,正确率较低,与认知风格中冲动型相符。在言语—表象维度中，中职学生大多属于具体思维者和视觉型。认知风格的"三分法"中将认知风格分为抽象型认知风格、形象型认知风格、具象型认知风格。具象型认知风格属于技艺型认知。具象型认知风格的特征是直接、具体的，表面、感觉的，经验、常识的，快速、动作的，情绪、激情的。[4]中职学生具有具象型认知风格特征，他们难以掌握和理解抽象的事物原理和规律，而是在与具体的事物直接接触中掌握和理解事物的原理、规律；他们在具体的情境下容易获得关于具体事物的常识和经验；他们难以将讲授的理论知识内化，而是善于从操作实践中内化知识与技能，具有较强的动手能力。他们是富有情感的，对感兴趣的事物注意力比较集中，专注自己喜欢的事物。

二、教学策略

基于中职学生的认知特点，职业教育的类型特点，以建构主义和情境观为理论依据，提出相应的教学策略，旨在提高中职学生学习的效果、效率，培养中职学生的综合能力，以适应岗位的需求。

1. 淡化"课堂"意识

职业教育具有鲜明的职业性和实践性的特征，"书斋式"的课堂理论教学不符合职业教育的教育特征，也与中职学生认知特点不符。教学中应淡化课堂意识，即课堂应不局限在传统的教室，应该走出传统教室，把教室设在实训室，甚至设在企业，课堂不是传统意义上的课堂，而是理解为为解决实际工作过程中所面对的问题的场所。基于这样的认识，在新型课堂中让学生意识到自己是课堂的"主角"，学生不是坐在那里被动地接受教师传授的知识，而是通过学习主动构建知识，学生可以围绕主题进行讨论、在面对问题或存在困惑时随时向教师提问，寻求教师的帮助。这样的课堂是自然的、具体的、多变的，符合学生的认知特点。

2. 精选教学内容

安德森等人把知识分为两大类：一类是有关事实、概念、规则等的"陈述性知识"；一类是有关经验性的智慧、技能和认知策略等的"程序性知识"。[5]职业教育课程内容是由实践情境构成的以过程逻辑为中心的行动体系，以强调获取自我建构的隐性知识——过程性知识为主。[6]在教学内容的处理上，教师应该大胆处理教材，以"必需、够用"为度，精选教学内容。如果教学内容面面俱到，就会存在"面广而不深"的问题；对学生而言，他们觉得要学的东西很多但好像学了没什么用，这样会降低他们的学习积极性。由此，教学内容的选取会影响教学效果。教学内容的选择应以工作过程为参照系，教师在专业知识框架中筛选岗位所必需的知识，通过对知识进行筛选、整合，构成一个个内容丰富的、切合实际的典型的主题。教学内容以主题的形式呈现，突出关键知识点，让学生课堂学习有效率，有效果。以关键知识点为基准点，让学生通过自主学习、合作学习自我构建相关的岗位知识。

三、创设适宜的教学情境

学习发生的最佳情境不应是简单抽象的，相反，只有在真实世界的情境中才能使学习变得更为有效。[7]基于中职学生在具体的情境下容易获得关于具体事物的常识和经验的认知特点，在教学中创设适宜的教学情境，以此激发学生的学习兴趣并增强学生学习的积极性。

1. 真实情境的创设

莱可夫和约翰逊认为，人的大脑内天生具备一种通过身体的经验去感受和体现最基本概念的认知机制。[8]创设真实的工作情境，让学生在真实的情境中去体验和感受。为增强学生的学习兴趣，塑立学生的职业意识，在教学初始阶段，以校企合作为契机，教师组织学生去企业等相关工作场所实地参观、调查，让学生感受真实的工作环境，了解各典型工作岗位的任务、工作流程和规章制度。在教学进展阶段，教师依据教学内容，组织学生去企业等相关工作场所亲自体验典型的工作岗位，让学生在体验中熟悉典型工作岗位的任务、工作流程，让学生在体验中学习。在教学结束阶段，教师依据学生所掌握的知识与技能，安排学生去相应的工作岗位进行实践，让学生在实践中构建自己的专业知识，提升胜任岗位的能力。

2. 仿真情境的创设

在教学中可以通过真实情境创设和仿真情境的创设相结合的方式进行情境的创设。利用仿真实训室，运用多媒体、仿真软件，通过模拟真实的工作场景，设置真实工作过程中的典型问题，让学生在这种虚拟的环境中获得真实工作的体验。仿真情境的创设目的是让学生在具体的情境中学习、演练，让学生在一次次模拟中，熟练运用专业知识并不断将知识内化，在此基础上提高解决具体问题的能力，为学生在真实的工作情境中学习打下基础，同时增强学生的信心。

四、创新教学方式

在教学中可以选用多种教学方法，如项目教学、案例教学、仿真教学、角色扮演等方法。在教学过程中可以采用以一种教学方法为主、其他为辅的策略。如选择项目教学法为主，案例教学法、仿真教学法、角色扮演法为辅。通过设置矛盾、提出问题、呈现困境、布置任务等方式来组织教学。具体来说：第一，设置矛盾，教师通过挖掘教学材料中或学生活动中呈现的矛盾因素，提出与已有经验"相悖"的问题，"设法打破"学生的平衡机制，引起学生的认知冲突以促进学生的思维发展。第二，提出问题，围绕教学内容，提出相应的问题，通过问题的提出推进教学进程，引导学生把握关键知识点。第三，呈现困境，教师通过设置一些困难情境，让学生暂时遭遇一些挫折，激发学生解决问题，摆脱困境的欲望，其求知欲随之增强。在探索解决问题的方法与途径的过程中，学生能够生成新的知识，一旦找到解决问题的方法，学生会在成功体验后增强自信与学习的积极性。第四，布置任务，让学生在具体任务中动手、动脑，在完成任务的过程中，不断熟练操作、将知识内化并生成新知。

要达到教育教学的目标，前提是充分了解所教的对象。通过把握教育对象的特点，有针对性地采取相应教学策略，这样才能实现有效教学。作为中职教育工作者，通过分析中职学生的认知特点，为教学策略的选择提供依据，让中职学生乐学、好学、学会、学好，成为社会需要的技能性人才。

参考文献

[1] 张国强.中职学生注意力及记忆力调查分析报告[J].职业技术，2006（18）：19

[2] 刘晓明，楼平.参与隐喻：职业教育教学方法论的必然选择——基于职业教育对象的认知特点研究[J].东北师大学报，2011（6）：192-194

[3] 于晓宇，王艳.认知风格理论回顾与新进展[J].合作经济与科技，2014（03）：67

[4] 薛维峰.高职学生认知风格特征及教学策略.[J]教育与职业，2012（6）：177-178

[5] 布卢姆.教育目标分类学：认知领域[M].上海：华东师范大学出版社，1986：191

[6] 姜大源.职业教育学研究新论[M].北京：教育科学出版社，2007

[7] 袁玫根，刑若南.学习理论研究的主要取向及其教育启示——基于行为和建构主义学习理论的比较[J].教育学术月刊，2012（11）：26-28

[8] Lakoff G，M Johnson.Metaphors We Live By[M].Chicago：Unversitg of Chicago Press，1980

浅谈如何创建良好的师生关系

李荣芳

厦门市同安职业技术学校　高级讲师

师生关系是指教师和学生之间的教育关系、道德和心理关系，它是在教育过程中为完成一定的教育任务，以"传道、授业、解惑"为中介而形成的一种特殊的社会关系。"亲其师，信其道"，良好的师生关系是各项教育教学工作顺利开展的基础和桥梁。如何创建良好的师生关系呢？下面浅谈我的一些做法和体会。

一、教师要有"包容心"

教师不仅要赏识学生的优点，更要包容学生的缺点。"聪明的学生人人爱，后进的学生惹人嫌。"常常听到有的老师这样抱怨，这正是教师缺乏包容心的一种表现。长期的教学实践让我认识到，在职校的学生中判定谁是"坏孩子、双差生"是不科学的，为时过早的。因为职校学生正在发育成长阶段，还未定型，意志也不够坚定，出现这样或那样的缺点和错误是不足为怪的，因此，我认为职校教师对学生应当学会宽容、谅解，给学生更多的关心和爱护，也就是教师对学生要有包容心。

教师对学生有了包容心，则有利于良好的师生关系的建立；反之，教师对学生过分挑剔，死盯住学生的缺点和错误不放，就容易造成师生关系的紧张和对立。我曾任教过这样一个班，该班的班风和学风都较差，很多老师一谈到这个班就摇头，都说这个班令人头痛。我认为要使这个班的状况得到改善，首先要和他们建立良好的师生关系。于是，我充分利用课外时间主动去接近他们，了解他们心中的渴求，用宽容的胸怀理解他们的苦闷和快乐，和他们一起探讨问题，激励他们积极上进，帮助他们克服缺点、改正错误。后来，学生没有把我当成去"管"他们的老师，而把我当成他们的好朋友。有了这个良好的师生关系作基础，接下来我在班上的教育教学工作开展得非常顺利，我和学生之间的关系特别融洽，也特别容易沟通。

二、教师要"有所为有所不为"

有的教师整天为学生的学习、纪律、生活琐事忙得团团转，累得身心疲惫，可学生并不接受教师的这一做法，认为教师对学生的这种事无巨细都要亲力亲为的做法让他们没有了自由和私人空间。这个现象说明，教师的这种做法是吃力不讨好的。因此，要建立良好的师生关系，教师就要对学生"有所为有所不为"。教师的"为"表现在原则性、方向性的把握上，"不为"则体现为给学生更多的选择和时间、空间上的自由，对他们的活动不随意插手，不随便干预。教师对学生的这种"有所为有所不为"的做法是非常必要的，既有利于发挥学生的主人翁意识，又有利于发挥学生的主体性、自主性和创造性，还有利于发掘学生内在的潜力。

三、教师要掌握批评的艺术

有的老师对待犯了错误的学生不顾场合地大肆批评，甚至"新账旧账"一起算，把学生批评得一无是处。我认为这种做法是不妥当的，是不利于良好师生关系的建立的。古人云："责人要含蓄，忌太深；要委婉，忌太直；要疑似，忌太真。"也就是说批评要把握好分寸。学生犯了错误最怕老师当着全班同学的面直接点名批评，把他们的自尊心一扫而尽，让他们抬不起头来走路。因此，教师对待犯了错误的学生要做的是引导学生吸取教训，"不要被同一块石头再次绊倒"，避免以后再犯。教师要认识到批评学生再怎么严厉也是于事无补的，引导永远比批评更重要、更有效。

教师批评学生的艺术就在于启发学生的自我意识，引导学生通过自我教育、自我反省，自觉地去改正错误。反之，教师如果用粗暴的方式批评学生和惩罚学生，他们就容易产生对抗情绪，表现为口服心不服，对老师心存怨恨。理解学生，感化学生，启发他们的"向善"心理，就能给犯了错误的学生一片阳光，同时学生也能感受到老师是真心关心和爱护他们的，从而尊敬老师和信任老师，使师生关系更加融洽、和谐。

总之，如何创建良好的师生关系是一门艺术，也是一门学问。教师只有从学生的根本利益出发，热爱学生，关心学生，尊重学生，这样才能达到建立良好师生关系的目的。

沟通——打开心灵天窗的钥匙

李慧文

厦门市同安职业技术学校　讲师

学校德育教育是使学生健康成长的保障，是素质教育必不可少的内容，是学生成长为社会主义现代化建设者的重点工作，各级行政或职能部门都非常关心孩子的健康成长，尤其是职业学校，对学生的成长考核，也不再单去看文化课成绩的高低，而是从多方面、全方位地去考核学生。我们应该对技术技能、思想修养、待人处世等方面加以重新认识或定位，但更为重要的是提高职专生的整体素质。在开展此方面工作时不但要讲究方法，有时甚至要别有用心地去研究纠正学生不良行为的方法。多数学校为了约束学生的言行，制定了许多制度，条条框框巨多，显得生硬而难以操作，故违纪事件屡有发生，甚至是屡禁不止。究其原因，呆板的、生硬的条条框框学生不乐意接受或者干脆不接受，给你来个我行我素，把这些条条框框抛于脑后，使老师无从下手，甚至觉得处理这些问题非常棘手。想想学生的违纪，诸如破坏公物，拿别人寻开心，拔气门芯，破坏小树苗等，就不难分析这是条条框框的罪过。当然不是说学校不应该有这些条条框框，而是说解决问题还是要抓住关键的一环。这关键的一环，那就是如何从心灵上去做德育工作。我们应该架起师生沟通的桥梁，更深切地做好德育工作。

所谓心理沟通，即指师生之间在心理上互相容纳，即理解对方，接受对方，能互相信任、互相尊重。具体讲，就是学生能理解教师对他教育要求的合理性和正确性，乐意接受教师的教育、指导和帮助，并化为行动；教师能理解学生言行产生的背景，透析学生言行的真正动机，体谅其具体情境，知其所想。在情感上，师生之间相互接受，将心比心，不曲解对方，能够换位思考，互相体谅和尊重。有这样一种有趣的教育现象：有的教师温文尔雅，给人感觉很娇弱却能叫那些顽皮不驯的学生听话；有的老师批评学生，能叫他心服口服，有的老师批评学生却引发学生的逆反心理。这些现象是令人深思的，它除了说明思想教育工作要注意方式之外，很重要的一点就是教师在学生心目中的位置。教师热爱学生，满腔热情地真诚帮助学生，学生理解老师的一番苦心，愿意接受老师的教导，这是一种相互理解的新型师生关系，体现了心理上的相互沟通。师生心理沟通是教师打开学生心灵天窗的钥匙，是教育成功的秘诀之一。其主要突出以下几点。

一、突出了学生的主体地位，体现了以人为本的原则

学生在校是受教育者，处于主体地位；老师是实施教育者，处于主导地位。但学生不是被动地去接受来自每一位老师的教育，他们也是有思想，有情感，有各种意志品质的活生生的人，尤其是职专生，他们觉得自己成为"大人"，在看待问题上他们有自己的主张与见解，认为并不需要事事都向老师或父母请示，直截了当地根据自己的想法去解决问题，有时能够使问题顺利解决而有时确是添乱使情况越来越糟。如期初机电（1）班有个同学在跟同学聊天谈论年段的拔河比赛时无意中开了句玩笑，说隔壁班的男生个大无力，引来隔壁班男生的不满，特别是有两个好强的脾气暴躁的男生，他们认为自己被诋毁了，很没面子，决定用武力教训一下那个气焰嚣张的男生，该男同学也不甘示弱，纠集几个同学想跟他们决一高低。在了解情况后，我先单方进行教育，耐心地引导，苦口婆心地劝。做通了他们的思想工作以后，我把双方约到一起进行谈判教育。在交谈的过程中，我把他们当成大人、当成朋友，引导他们用理智的方法去解决问题，从而制止了一场可能带来严重后果的恶斗。而且在交谈中体现了教师对学生的关爱，体现了以思想教育为基准的原则。

二、通过沟通促进良好行为习惯的养成

培养职专学生良好行为习惯，是德育教学的任务之一，由于受遗传因素、家庭条件、社会环境等方面的影响，学生之间存在较大的差异。在平时的学校生活中，教师就应注意观察学生的个体差异，应对每个学生都有全面细致的了解。而要了解学生光靠观察还远远不够，要利用各种机会和学生沟通，沟通多了，就能了解学生的思想动态和行动表现，及时解决他们的思想困惑，纠正其不良行为。而事实证明，要想让学生接受老师的观点，批评说教的效果远及不上和学生谈话的效果明显。老师应首先把自己摆在和学生平等的位置上，从关爱的心态出发，动之以情，晓之以理，用人格力量去感化他们，要让学生真正地从心底感受到老师对他们的关心和爱护。记得有一次，年段有位男生留了长头发，多次叫他去处理一下，其有行动但不见效果，甚至用一次性

的染发膏把留海搞成闪蓝色还汲着双拖鞋大摇大摆地来到学校。我站在走廊上满肚子怒火地看到他走过来，真是气得脸都绿了。他也看到了我，准备往另一边台阶走。我叫住他，把他请进办公室。他以为我要大发火了，低着头，双手垂放在一起，准备接受批评的样子。我深吸一口气，拉了把凳子放到他面前，然后又倒了杯水给他。我说："大热天的先喝水吧，你刚过来学校，歇口气，我们聊聊。"他有点迟疑，然后坐下。我先问他染发的原因，他说仅仅是好玩而已。我把《中学生守则》和《中学生日常行为规范》的要求跟他讲明，然后又从个人审美观出发告诉他我的看法，以及他此行为给同学带来不良的影响，甚至女生会把他看成另类。经过耐心的教育，该同学当场答应把留海的颜色去掉，拖鞋先放在抽屉里面。我为此感到很高兴。通过交流使部分同学的不良行为得到改正，使年段的德育工作开展得更加顺利。

三、通过师生的交流理解体现出教育者的关爱

"爱是理解的别名"，要爱学生，才能教育好学生。对于学生来说，教师的爱是一种神奇而又伟大的力量，是除了母爱之外，世界上又一伟大的爱。这种爱是无私的。但师爱不同于母爱，因为师爱是一种理智与心灵的交融，是沟通师生心灵的桥梁。师爱可以引导学生产生巨大的内动力，去自觉、主动地沿着老师指出的方向迈进。只有当教育者给学生以真挚的爱，给学生以亲近感、信任感、期望感，学生才会对老师产生依恋和仰慕的心理，才能向教师敞开内心世界，我们才能"对症下药"，收到应有的效果。因此，班主任必须用自己的爱心去感化学生，做到动之以情、晓之以理、寓理于情、情理结合，才会产生动情效应，从而收到较好的德育效果。

然而，作为一名德育人员，爱优秀生并不难，难得的是爱后进生，尤其是爱"双差生"。老师热爱教育，热爱学校，也要热爱学校中的每一位学生，对待学生不能因为他的学习成绩好而特别亲之爱之，也不因为他的成绩差、行为不端而恶之厌之，而应该一视同仁，平等对待。著名的教育家陶行知先生曾对教师说过一句名言："从你的教鞭下有瓦特，你的冷眼里有牛顿，你的讥笑中有爱迪生。"这句话告诉我们，不能把后进生看死了，随着年龄的增长、环境的变化、班主任工作方法的改进，他们也会发展变化，即使不能成为瓦特、牛顿、爱迪生，也要把他们塑造成一个对社会有益的人。

在传统的"师道尊严"理念的影响下，人们常常有这样的观点，学生就应该服从老师，被老师批评是理所当然的事。然而，这种观点在当今社会显然已不适用，学生尤其是处于生长叛逆期的职专生，他们追求个性发展，个体意识明显加强，更追求人与

人之间的一种平等交往。因此，教师在与学生的交往过程中，尤其是当学生犯错误时，一定要有换位思考的意识，尊重学生，理解学生，及时与学生交流，及时地引导和教育。理解，就是理解学生的思想实际、心理实际和生活实际。在开展年段班级的德育工作时，要注重学生德育素质的提高，还必须遵守一切从实际出发这一分析、处理问题的原则。尊重，就是充分尊重学生的意见和要求、尊重学生的人格，平等待人，其中，尊重中学生的人格尤为重要。在教育与疏导中，我注意引导他们参加各种有意义的活动，这样既可培养学生的动手能力，也提高了学生为社会服务的思想观念，陶冶了情操，更促进了师生之间的相互理解。总之，要当一名合格的班主任，就必须搞好师生之间的心理沟通，才能使学生从情感上深深地体验到班主任是可敬可亲的，其既是学业上的导师，又是生活中的父母，更是个人成长中的朋友。

培养中学生的自我教育能力

吕晴华

厦门市同安职业技术学校　讲师

随着社会经济机制逐步和"全球化"接轨，引发了多元的价值和道德观念。当然，学生的道德意识也呈现出更为丰富而复杂的多样化和个性化，这就需要教育不仅要注重群体的培养目标，还要注重个体的发展特征；不仅要注重外因对学生个性的内在影响，也应注重个性素质对学校及社会的特定反弹作用。显然，在学生成长的过程中，从了解当今学生独特的心态着手，帮助他们提高适应环境和社会的能力，交给他们解决自我困惑和认识社会的钥匙，使其自觉自立地成长是及其重要的。因此，培养学生健全的个性和健康的心理素质，提高学生的自我教育能力，应该成为当前教育的一个重要途径。

首先，从初中进入职专，学生更深刻体验到成长的喜悦，也感受到对自身学习成绩的一种失落。但大部分学生还是充满希望的，同时也伴随一种不安和动荡。他们的视线更多地转向自我内心的精神世界，感情深处日益重视自身在他人心中的形象，并特别容易受到伤害，他们会陷入矛盾中并力图通过反思和批判，重新确立新的自我；其次，现在学生的心理承受能力相当脆弱，情绪易于波动，易走极端和偏执，他们时常感到自我的渺小和失落，认为这种状况是老师和家长不理解自己所致，并以一种消极的反抗来证明自我。他们也希望在他人的安慰中寻求解脱，对理解自己内心的朋友敞开心扉，而对其他人却缄口不言，容易形成长期的自我闭锁心理；最后，进入职专后，一方面，初中时期的伙伴关系面临解体；另一方面，身体的发育和自我意识的发展所带来的矛盾，又强迫地诱发着伙伴关系的重新组织，以消除脱离家长等所产生的孤独感和某种不安，取得与别人的协调，在与别人的比较中，发现自我，确立自我，肯定自我。那些给人以关怀和爱心的人，是最能赢得学生肯定、信任和赞扬的。另外，现在学生的群体意识、竞争意识普遍增强等。

通过以上分析，我们在班级管理中，应及时更新观念，重视引导学生进行自我教育。我充分利用心理健康课程引导和培养学生的自我教育能力，具体如下。

一、引导学生正确认识自我

要培养学生的自我教育能力，首要的是引导学生正确地认识自我。人人都想成才，可成才都是要付出努力的。客观条件固然重要，但更重要的在于自身，如果每个人都善于发现自己的优点和长处，并努力挖掘出来，就会增强自信心，就能用美战胜丑、用聪明战胜愚昧，用"新我"战胜"旧我"，那么，人人都可以成为优秀人才。当然认识自己的缺点也是很重要的，这样我们才能知道自己的不足以及自己今后要注意和完善的地方，使自己变得越来越完美。

二、让学生感到成功的幸福

职专生的基础往往是比较差的，他们取得的一点进步都是不容易的。老师要善于引导他们进行比较，他们的今天比他们的昨天好，即使不然，也应让他们相信他们的明天会比今天好。因为纵比远比横比好。一个人要取得成功，往往要经历曲折痛苦的过程，但一旦战胜了自我，取得成功，即使是最不爱动感情的人，心头也会产生幸福和自豪感。作为班主任，我常常鼓励学生参与学校、团委举行的各项学科竞赛活动，在他们取得点滴进步的时候，就及时给予表扬，并激励其他学生努力向上。同时引导学生认识到这种幸福感产生于自我教育，认识到要获得这种幸福和自豪感就必须经常进行自我教育，经常扶植"新我"，战胜"旧我"，老师及时给予表扬和鼓励，让学生经常感到成功的幸福。这样有利于学生积极向上及身心健康。

三、引导学生制订自我教育计划

著名教育改革家魏书生认为，学生要进行自我教育，要做自己生命航船的主人，仅有认识和情感是不够的，必须把认识和情感变成一点一滴的行动。职专生是学生自尊心增强的阶段，由学生自己制定出的目标，比起学校老师规定的目标在心理上更容易接受。我利用教《生涯规划》这一课程，要求我班学生制订出自己的短期计划（三年或五年）和长远规划（十年或二十年），并告诉他们：只要大家有信心，努力奋斗，你们对将来的设想一定能实现。同时提醒他们，随着时间、形势等因素的变化，对自己的规划要进行适当的修正，今后的很多事情都是要靠自己来把握的。这样就能使学生由被动地接受教师给的任务变为主动地实践自己的计划。当学生极目未来，确定自己的奋斗目标时，往往会充满做自己命运主人的自豪感。

四、引导学生持之以恒地执行自我教育计划

俗话说：贵在坚持。只有不断地战胜自我，才能形成真正的自我教育能力。坚持体现着沉着，沉着拒绝急功近利。我班利用晨间的"书香"阅读，让学生朗读一些名人成功的事迹，因为其包含了成功背后他们持之以恒的一面。坚持是一种品质，需要我们去培养，而坚持的可贵之处，也正在于它培养了我们的许多品质。

总之，他人教育说到底还只是一种外在条件，学生处于被动状态，效果不一定明显。决定教育最终效果的还是自我教育的能力。唯有实现个人的自我教育，才能达到个人的自我完善，才达到了教育的自我完善。

寄宿生管理工作浅析

邵加兴

厦门市同安职业技术学校　讲师

我校是一个由厦门市第二技工学校、厦门市育才职业学校、同安卫生职业中专学校等三校于 2008 年整合的大学校。如今在校生 3579 人，现有男女寄宿生 2300 余人，学校管理压力巨大。

宿舍管理稳定了，学校管理的半壁江山才能稳定。

学校领导对寄宿生管理很重视，对宿舍在最短时间内做铁大门，一二层安装防盗网，三四五层隔间也安装防盗网，并在每层宿舍的走廊上安装两个监控器。校领导对寄宿生安全很重视，校长、分管副校长、学生处、保卫科长经常性对寄宿生进行教育。我校寄宿生是周一至周五实行全封闭式管理，宿舍 24 小时至少有 6~13 名生管老师，每天学校安排一位校级领导、三位行政领导进行 24 小时值班，以处理寄宿生的突发事件，如学生打架。此外，至少一名医生 24 小时参与值日，以诊治生病的寄宿生。

1. 制度建设方面

对每位新招聘的生管老师进行培训：一是使生管老师尽快熟悉各项管理制度的要求；二是统一管理标准，增强制度执行的公信力；三是不断发现和解决管理中存在的问题；四是落实职责，增强规范管理能力。生管老师应做好以下工作：

（1）建立寄宿生管理档案和寄宿生违纪档案及数据统计工作，并及时将有关材料送交学校各部门。组织寄宿生办理住宿登记和安排，确保教学顺利进行。做好学生宿舍期初财产登记和期末财产清点工作，制定宿舍财产承包责任制及赔偿制度。

（2）设立《厦门市同安职业技术学校生管老师记事表》，对宿舍大事进行记录（家长来访，学生请教记录，学生违纪）；设立《厦门市育才职业学校周五至周日住宿登记表》对周五至周日寄宿生进行点名查房；设立《厦门市同安职业技术学校寄宿生晚上点名表》对周一至周四的寄宿生进行点名查房；设立《厦门市同安职业技术学校寄宿生长假登记表》对长假（如国庆节）住校生点名查房。

（3）认真观察每个学生的饮食和异常状况，防止学生食物中毒和疾病的传播。发现学生食物中毒后应立即采取急救措施并及时上报学校；对传染性疾病要及时采取隔离措施并上报学校，对患病的学生所接触的物体进行消毒。

（4）负责学生午休的纪律和晚休查铺工作，巡视学生的入睡情况，教育学生遵守休息制度，做好情况记录工作。对晚上查房夜不归宿者每天早晨 9 点前把前一天的旷宿情况上报学生处，生管老师晚上点名查房，有请假的要有班主任、各部长的签名，长假要有教务主任、分管校长的签名才行。对旷宿的学生要求班主任了解原因，落实去向后告知家长并批评教育，多次旷宿的学生按《厦门市同安职业技术学校宿舍管理制度》、《厦门市同安职业技术学校宿舍管理补充说明》的规定进行处理。

（5）增强安全意思，消灭各种安全隐患，查处各种安全事件。第一，做好防盗工作。生管教师每天必须在早晨、下午、晚上学生上课后对宿舍进行巡逻，检查宿舍门窗的安全防范情况，没有上锁的要及时上锁，门窗有损坏的要及时修理。对于已经出现的偷窃事件应积极查处，情况严重的要及时向学校反馈；第二，做好消防安全工作。每日必须对寄宿生宿舍的电路、开关以及插座情况进行检查，防止学生乱用电、用火，发现情况要及时处理，情况严重的必须向学校反馈；第三，做好学生的人身安全工作。加强巡逻，防止社会闲杂人员进入宿舍区对寄宿生进行人身伤害，如发现情况应及时制止侵害的发生，并及时向学校汇报。此外，必须监督好男、女寄宿生不相互串宿舍，特别是女生晚休后应及时锁好门；第四，做好防破坏工作。认真落实学校财产保护制度，财产保护应落实到每位寄宿生，要教育好寄宿生爱护学校的财物，对于人为损坏的财物应要求损坏者立即修理好，对于情节严重的应及时上报学校；第五，抓好寄宿生在宿舍的纪律教育，防止学生在宿舍赌博、吸烟、喝酒、打牌等违纪行为的发生；第六，搞好文明宿舍的评比活动，建设好宿舍文明，协调宿舍内发生的矛盾纠纷，维持宿舍良好的秩序和优美环境，期末对表现突出的宿舍长进行表彰。

为规范寄宿生请假，特制定如下规定：

（1）上课期间禁止寄宿生入宿舍区，生病者的确需要入宿舍区休息的必须有班主任和校卫生室医生的签名方可。

（2）寄宿生如有事上课时要回家，必须向班主任书面请假，由班主任签名。具体而言：假条一式三份；请假半天须部长签名；一天须教务主任签名；一天以上须校级领导签名。请假单一张交班长，一张交门卫，一张交生管老师后方可离校。

（3）如寄宿生请假手续不齐全，学校一律不准假；如私自离开学校，学校将严肃处理。如早训时进行安全教育（交通安全、用电安全、用火安全），定期召开寄宿生大会、寄宿生宿舍长会议，每周两次广播《厦门市同安职业技术学校宿舍管理制度》《厦门市同安职业技术学校宿舍管理补充说明》《寄宿生请假制度》等。全体寄宿生入学时，班主任在第一次班会上要求学生学习《厦门市同安职业技术学校宿舍管理制度》《厦门市同安职业技术学校宿舍管理补充说明》，并让学生签自行学习的回执。

2. 实例分析

作为分管宿舍工作的老师，我深感自己责任重大，哪怕做了 99% 的努力，只要出现 1% 的安全问题都将被一票否决。抓好宿舍管理工作是一项长期而烦琐的工作，晚上查房、纠正学生宿舍的违纪行为、卫生检查、宿舍安保信息的反馈、管制刀具检查等马虎不得。如有一位女生三天没到校上课，班主任在晚上查房的回执单上写"放假回家至今未归"，我就赶紧找该生父母的电话，竟然是学生本人的电话，并已关机，只好通过派出所查找该生父母的电话，该生父亲回答该生没有回福州老家，他在工地也不知道该生去处。我就代表学校履行告知的义务，并告诉其学校的规章制度。还有一例：有一位女生要退宿，前面两关即班主任、部长已经签名，学生到学生处要求退宿。我打电话给该生母亲，从通话中发现有可疑之处，查找该生父母的电话发现填写的是她本人电话。我打电话给部长，部长说她了解的是班主任要退宿，我再打电话给班主任，班主任说该生母亲要求退宿。我说出我发现的疑点，再一起教育该生，该生才说出是让同班同学冒充其母亲的。至今该生还住校，也不敢让家长到校来要求退宿。

3. 当前宿舍文化存在的问题

（1）劳动意识淡漠。很多同学，由于自身家庭条件优越，在家是衣来伸手，饭来张口，因此来到学校，对于宿舍中的值日，总认为是别人的事情，与自己无关，或个个打扮得花枝招展，但宿舍卫生却乱得一团糟。

（2）夜不归宿现象。有些学生组织纪律意识淡薄，总喜欢游离于团体之外，到外面找同学或朋友玩，出现夜不归宿的现象，这对于学校宿舍文化是一个非常不好的灰色效应。

（3）时间观念不强，做事爱拖拉。早上上课、下午上课，迟到现象严重，有些学生就是爱拖拉，总要迟到几分钟，时间观念不强。

（4）夜聊现象。比如熄灯之后无休止地"侃文化"，为什么上课时总有一些同学打不起精神？很多人是因为参加"卧谈会"时间太长，寝室卧谈可以交流感情、增进理解，本无可厚非，但有些学生熄灯之后，卧谈才真正开始，或者是和外面的朋友短信聊天，狂聊至深夜，严重影响第二天的学习。

（5）违规电器，成为安全隐患。一些违章用电，比如电吹风、电热水壶、电拉直器等，屡禁不止，这些安全隐患不容忽视。

4．我校宿舍文化改进措施

（1）厦门市各兄弟职校的部长、班主任每周都有下 2~3 次参与寄宿生管理；并都已经制度化，效果好，我校在寄宿生管理要上档次和规模，只有走这条路才行。

（2）生管老师的人数和素质问题，这是变数大而头疼的事，招聘的生管老师素质不高，难于胜任育人任务。

（3）学生干部的作用。本学年重视学生干部参与自我管理、自我服务、自我教育，这可能是解决学生宿舍管理问题的有效途径之一。下学年选拔一些学生干部全面负责学生宿舍的日常管理工作，强化学生自我管理意识，让威信高、信息多、最了解学生的学生干部参与管理，有利于宿舍管理部门及时发现问题、解决问题。

（4）德育积分的运用，下学年可以用来探索宿舍管理。

总之，寄宿生管理是让人常常失眠的工作，整天提心吊胆地过日子，只有一学年结束，寄宿生都回去了，才敢说我安全完成本职工作。

如何做好男生班的班主任

杨锦恋

厦门市同安职业技术学校　高级讲师

这两年的班主任工作，我担任的都是男生班的班主任，承担的也都是男生班级的教学工作。下面我结合我的教学及两年来班主任工作中的事实，简单地谈一下对职业学校"男生班"班级管理的浅显认识。

我们都知道进入职业学校的学生层次不齐，他们中绝大多数是中考的失败者，另外还有一部分是在社会上流浪了一段时间后再重新回到学校来的。不管是哪种情况，他们的身上都或多或少地存在陋习。他们这个年龄段独立心理、批判心理、逆反心理增强，他们处在情感上不成熟的过渡期，总觉得自己已经是大人了，他们力求摆脱对成人的依赖，老师、家长在他们心目中的权威降低了。他们不再以教师为中心，不再绝对服从教师的命令，你也不可能再像初中那样对他们哄哄吓吓就可以了。他们中有的人情绪不稳定，多变化，不易控制，可以说是软硬不吃；他们自觉不自觉地向老师闭上心扉。这给班主任的思想教育工作带来了巨大的挑战。可见，要切实做好班级管理工作是一件不容易的事情。

一、选好一班之长是重中之重

班干部是班主任老师的得力助手。我觉得班干部选好了，选对了，班主任工作就成功了一大半。尤其在男生班级中，一班之长，更要用心选拔，不一定要学习好的，也不一定要乖的，老实内向、品学兼优的学生也不一定能胜任班长。在男生班级中，班长一定要有威信，要有凝聚力，最好有一定的霸气，甚至要有那么一点点"坏"，这样的学生才能镇得住其他男生。当然这个学生首先一定要能分辨是非，明白事理，敢说敢做。选好班长后，然后再确定其他班委，班主任在最初的几周时间内，一定要跟紧他们，带好他们。要经常和他们沟通聊天，传授他们当好班干部的一些方法和技巧。很重要的一点是，要强调班委会成员自身一定要团结。这样，班干部一声令下，全班同学很快都会行动起来。例如：黑板报的投稿、编辑；学校组织的各种竞赛活动以及运动会；同学之间的小矛盾、小摩擦，基本上都由班干部自行解决处理。班级的班规也由班干部自主制定，班干部的主导作用在我班得到了充分发挥。

我在担任机修班班主任的这两年中，最让我有成就感的就是选对了一个好班长，组建了一支强有力的班委。班长张××在这两年中迅速成长起来，做事积极主动，工作认真负责，在班级中有很大的影响力，班级的事情我都能完全放心地交给他。该生的工作能力和组织能力两年来也明显提高，本学年被评为市级优秀学生干部。其他班干部，也都有很好的表现，发挥了很大的作用。

二、努力引导班级学生重新认识自我

在男生班级中，很多学生从接受教育开始，学习成绩都在群体中垫底，这就造成了很多学生对自己丧失信心，认为很多事情自己是根本做不到的。加之很多学生的学习目的、学习动机很模糊，从而造成了对学习的厌烦。因此男生班级中整体的学习气氛往往非常糟糕。即使是很多他们原先没有接触过的、零起点的专业课，也很难激发他们的学习兴趣。再者，很多学生往往觉得自己到职业学校来就是来混日子的，父母把他们放在这里是为了把他们养大，是怕他们这么小到社会上去学坏了。他们中的很多人没有自己的理想，也没有责任感，更谈不上使命感。他们往往情绪不稳定，自控能力差，经常因为一些很小的事情和同学发生口角，甚至大打出手，不考虑后果。有时候也会和老师发生不应该的冲突。由于自控能力比较差，他们经常会犯一些明知故犯的错误。作为班主任，此时的主要责任就是想方设法引导学生重新认识自我，激发他们的自信心。

在男生班中，有些学生是屡犯不改、屡教不改的，其也是最让我们班主任头疼的学生。对待这样的学生班主任要善于发现他们的优点和长处，并且要大力宣扬，为他们提供一切可以展现自我的机会。比如有体育特长的学生，一般也都是集体荣誉感很强的学生，他们往往也爱表现自己，可以通过体育竞赛，提高他们的自信心，扩大他们在班级中的影响力。同时他们也能很好地影响班级的同学，让身边的同学慢慢也具有集体荣誉感，班级的班风也就会好起来。我班的学生虽然学习成绩不是很好，但都有很强的集体观念，特别是在学校组织的集体项目的竞赛中，我们都取得了很好的成绩，在学校中有一定的知名度，班级学生也都引以为傲。他们对于那些有损于班级名誉的同学都会"群起而攻之"，这样班级违纪的现象就少了。

三、用"心"走到学生的中间去

要用"心"走到学生中间去，寻找他们感兴趣的话题，在平时生活中尽量给予他们自己力所能及的帮助，努力做他们的朋友，凡事先从学生的角度考虑问题，逐步改善师生关系，让学生有勇气把自己的心里话告诉班主任。男生一般都比较讲义气，他们也喜欢有义气的班主任，不喜欢动不动就摆架子、板着脸的班主任。有时班主任和他们开开玩笑，没大没小的，反而更能得到他们的心。

我印象深刻的一件事情是，记得有一天早读课时间，三个平常表现不是很好的男生去小卖部买东西而上课迟到了，在班级门口被值班领导逮住了，他们欺骗领导说已向老师请假，这时我刚好从班级出来，值班老师顺便向我求证，我看了他们一眼，发现他们正用求救的眼神看着我，我看到他们已经认识到自己错了，否则他们不会那么在意的，我也就送了个顺水人情，向值班领导撒了个善意的谎言，他们也就过关了。回到班级中，我马上批评了他们，并且不忘和他们开玩笑，说他们"陷害"我，把我也拉下水，全班同学都笑了。也许是我很"仗义"的做法打动了他们，他们觉得如果再和班主任作对好像很不仗义似的，从此之后，我发现这三位男生变乖了很多，别人上课捣乱他们还会帮着我训他们呢。

总之，两年来，我觉得职业学校的班主任工作的确是一门艺术，特别是男生班的管理，班主任在工作中的一个小小的疏忽很可能对学生造成巨大的影响。因此，班主任在班级管理方面不但要细致，而且要有信心，在很多地方还要注意教育方法和教育手段。只有这样才能教会他们做人、做事、生活，从而提高学生的综合素质。

培养学生健康人格

高水源

厦门市同安职业技术学校　高级讲师

教师是人类灵魂的工程师，他担负着传播人类文明、科学文化知识，培养合格人才，提高民族素质等教书育才之重任，故教师的知识水平、业务能力、思想品德、心理素质如何，将会直接影响人才的质量与教育效果。对教师而言，不只是教书，而且要充分利用"会教书"这一工具来育人，并引导学生掌握如何学习、如何做人。作为一名教师在从事德育管理工作中，除了有夯实的业务水平和道德水准之外，还必须以满腔的热情对待事业、对待学生，同时还必须自觉地以高标准要求去塑造自身的人格，才能培养出学生健康的人格。捷克教育学家夸美纽斯指出："教师的职务是自己的榜样教育学生。"古语也说："善歌者教人习其声，善导者教人习其志。"其过程为潜移默化。一句话，教师要想不愧为"人类灵魂工程师"的光荣称号，在必备的素质之外还必须在人格塑造上勇于履行"以身立教、为人师表、教书育人"的师德标准。

教师是人类灵魂的工程师，其职业有着自身的特殊性质，且决定了教师人格在整个教育过程中具有不可忽视的重要作用。因此说，教师的人格魅力是提高教育质量的前提。对于一个教师，对自己育人的工作职责是否明确，教育态度是否端正，是衡量一个教师职业道德的标准，也是师德规范的首要问题。

十年树木，百年树人。培养人的工作关系着国家民族的未来发展。结合我校"一年做人、二年成型、三年成才"的办学理念，就自己在从事职业教育德育建设实践中的体会，做以下总结。

首先，教师崇高的思想品德对学生思想品德的形成起着奠基作用。我们所教育的学生，世界观尚未完全形成，还处在可塑性最强时期，是形成人格及人的基本素质的关键时期。正因为这样，国家对这样的教育投入很重视。我们说，一个人能否成才主要取决于他是否有良好的道德行为习惯。职业学校教育的重点应是"成人"的教育，"成人"才能成才，即良好的道德习惯，一技之长、一专多能。作为教师，应秉承这样的理念，担任学部学生德育教育工作，是学部集体德育教育的主要组织者及教育者，因而，个人的品行在学生人格素质形成中起重要作用。应该说，人的素质是个整体，而人格素质则是其根和主干，它决定学生素质发展的方向。教师又是他们心中的偶像和榜样，其思想素质无形中会给学生以潜移默化的影响。"学高为师，身正为范"，教师崇高的思想品质对学生品德的形成起着奠基作用，也在这些学生心灵中播下希望的种子，只有这样，才会有一个良好的结果。

其次，教师的良好职业道德对学生思想形成起着催化作用。一个合格的教师不仅品质要高尚，而且要有执着的奉献精神。要达到这一境界，就要求我们具有崇高的品德、良好的风范、满腔的热情，去关心和爱护学生。古人云："亲其师而信其道"，这样的老师才让人党的可敬可亲，学生才会乐意与之接触，与之交流，与之沟通；同时，还应具有强烈的事业心与责任感，工作一丝不苟，对业务精益求精，爱岗敬业，严谨施教。这些同样影响和感染着学生，日复一日，久而久之，小树会逐渐长成参天大树。

再次，为师者的文明言行举止对学生思想品质的形成起着修正作用。教师以传授知识为天职，以教怎样做人为重任。为此，教师应具备怎样做人的基本要素。以身作则，为人师表，才能在学生的人格培养中起到感召效应，培养出言行一致的学生；以真实的知识、诚实的为人、温情的内心、文明的举止来塑造学生健康的人格。我们说，一言一行都是教师内在素养的外在体现，这些都会给学生以潜移默化的影响，学生也正是通过我们日常的传道和举止来了解教师的人格。桃李不言，下自成蹊，教师应注重自我修养，注意日常的言行举止，处处给学生做出表率，言传辅以身教，身教重于言教，学生会受到感染，其不良的行为和习惯也会受到约束，得以修正。

最后，教师良好的心理素质对学生思想品质的形成起着完善作用。一个心理不健全、不健康的教师很难成为一名合格或优秀的教师。反之，同样也不能成为一名合格或优秀的学子，将来也难出众，挑起大梁。比如，遇到困难、挫折、误解等不顺心的事，或者是张皇失措、退避三舍、怨天尤人，或者从容镇定、迎难而上、宽宏大量。这些都是展示个体人格心理素质的表现。因此一个健全的人格气质的完整是德育教育者必须包含的心理素质教育。只有用健康的心理素质去教育我们的学生，才能使他们从心灵深处健康成长。

总之，作为教师，特别是从事德育教育管理者来说，要做到发自内心的、表里如一的、言行举止统一的优秀品德，要塑造出合格的人格必须先塑造好自我，正人先正己。只有这样，才能在学生身上产生"随风潜入夜，润物细无声"的潜移默化作用，使他们受到教育和感染，引起他们的共鸣和效仿；要以诚相待，做学生的知心朋友。作为德育工作者应切记：要用规范纯洁、准确鲜明、生动幽默的语言来拨动学生上进的心弦，把知识的真理和美好的情感送进学生的心田。用情理结合的教育手段，教育学生知道做人的道理。人常说："经师易得，人师难求"，要给学生一滴水，自己应有一桶水。因此，我们都应该加强自身的修养，不断学习，全面发展，提高思想认识和道德觉悟，严格要求自己，以良好的师德形象为学生树立一个表率，以自己的人格力量为学生良好品德形成尽力量。用我们纯洁的心灵，扎实的知识，健康的人格，为学生健康人格形成尽力量，使小树成长成参天大树，才能实现学校的办学理念，培养出合格的人才。